深度区块链

用技术重构世界

庞宇雄 著

北京大学出版社
PEKING UNIVERSITY PRESS

内 容 提 要

本书系统而全面地介绍了区块链的相关知识，以及如何应用区块链知识打造一个"区块链+"项目，分享并解析了区块链落地应用案例，分析探究了区块链的价值、未来发展趋势及有关区块链的其他问题，为区块链应用的开发和创新提供了思路；深入剖析区块链与各个行业的深度融合，详细讲解从商业模式到技术实现；同时深入分析了区块链技术如何与大数据、物联网、人工智能相结合。

本书既包含区块链技术的行业应用知识，又有对区块链应用场景及发展趋势的探究，可以帮助非专业人员系统地了解区块链；同时，本书也有对一些技术原理、开发应用实践的讨论，期望帮助开发工程师深入理解区块链核心原理和典型设计实现，更加快速、深入地投入区块链的开发工作当中。适合所有想充分了解区块链技术和应用的人阅读，投资者、创业者、技术人员都可通过本书了解区块链。

图书在版编目（CIP）数据

深度区块链 / 庞宇雄著. — 北京：北京大学出版社，2020.5
ISBN 978-7-301-31053-3

Ⅰ. ①深… Ⅱ. ①庞… Ⅲ. ①电子商务-支付方式研究 Ⅳ. ① F713.361.3

中国版本图书馆 CIP 数据核字 (2020) 第 015519 号

书　　　名	深度区块链 SHENDU QUKUAI LIAN
著作责任者	庞宇雄　著
责 任 编 辑	吴晓月　刘沈君
标 准 书 号	ISBN 978-7-301-31053-3
出 版 发 行	北京大学出版社
地　　　址	北京市海淀区成府路 205 号　100871
网　　　址	http://www.pup.cn　　新浪微博：@北京大学出版社
电 子 信 箱	pup7@pup.cn
电　　　话	邮购部 010-62752015　发行部 010-62750672　编辑部 010-62570390
印 刷 者	河北滦县鑫华书刊印刷厂
经 销 者	新华书店
	720 毫米 ×1020 毫米　16 开本　18.5 印张　308 千字 2020 年 5 月第 1 版　2020 年 5 月第 1 次印刷
印　　　数	1—4000 册
定　　　价	68.00 元

未经许可，不得以任何方式复制或抄袭本书之部分或全部内容。
版权所有，侵权必究
举报电话：010-62752024　电子信箱：fd@pup.pku.edu.cn
图书如有印装质量问题，请与出版部联系，电话：010-62756370

推荐序 一
Endorsement

习近平总书记在两院院士大会讲话中,再次强调了以人工智能、量子信息、移动通信、物联网、区块链为代表的新一代信息技术对国家创新发展的深刻影响。从人类社会发展史来看,人类先后经历了农业革命、工业革命,正在经历信息革命。进入信息时代以来,大数据、人工智能、区块链先后成为信息互联网革命的动力。

区块链先天具有传递信任和价值,重构价值体系、秩序与规则的能力,能有效规范技术发展,推动解决信任危机,合理制约权力,推进更加广泛、公平的社会参与。从技术的发展趋势来看,区块链将成为变革互联网的技术基石,推动互联网完成从信息互联网到价值互联网再到秩序互联网的梯度跃升。

区块链具有四大技术特征,一是去中心化,精髓是不允许出现不受约束的权力;二是分布式账本,目的是让谁都说了算、谁都说了不算;三是智能合约,核心是构建一套网络的规则,把不守信的、违约的人以至于将来所谓不受管理的"超级机器"扔进虚拟世界的"监狱",让他们失去在互联网上存在的价值和自由;四是不可篡改的时间戳,既能把道德、规则和法律植入人脑,又能植入机器,做到可追溯、可信任,让网络空间的道德、规则和法律有一个可证明的载体。区块链不仅能够运用在金融领域，而且在很多方面都有应用前景。当前很多的区块链企业、机构掌握着很好的技术，但是缺少好的应用场景。例如，利用区块链技术，可以方便、高效地对政府海量、烦杂的诚信数据来源、采集、加工、应用等全流程进行见证、真实性验证、价值链上权益分配，也可以实现可追溯、可审计并在保护数据安全和隐私的前提下进行数据协同和数据计算结果的契约式共享，为传统行业及新兴产业跨越式发展提供技术和诚信支撑。

区块链技术的发展必然离不开行业场景的深度应用，庞宇雄等青年学者在分析总结大量区块链应用实践材料的基础上编写了相应案例模式分析。区块链已经在跨境支付、结算/清算等金融领域先行试验，在医疗病历存储、电子发票、数字版权、选举投票、资产登记、供应链管理、产品溯源、公证、征信等非金融领域相继完成概念验证，并开始出现实用化场景。据世界经济论坛调查报告预测，到2025年，全球GDP中有10%的相关信息将用区块链技术保存，区块链的发展和应用前景值得期待。

马尔强

推荐序 二
Endorsement

习近平总书记在中央政治局第十八次集体学习时强调,区块链技术的集成应用在新的技术革新和产业变革中起着重要作用。要把区块链作为核心技术自主创新的重要突破口,明确主攻方向,加大投入力度,着力攻克一批关键核心技术,加快推动区块链技术和产业创新发展。

金财互联是国家税务总局"金税三期"纳税服务平台和风险应对与实名办税监控系统承建商,国内首家区块链电子发票的厂商,中国财税产业互联网领域的龙头企业。以云服务为依托,运用大数据、人工智能和区块链等先进技术手段,对财税产业的产品生产、营销和服务等关键环节进行数字化改造,进而重塑业态结构与生态圈。通过赋能财税专业服务机构和财税专业人员,实现线上线下融合、各方高效协作的智能化财税服务新模式,致力于为几千万中小企业和亿级家庭、个人提供场景化、精准化、智慧化的财税服务新体验。

金财互联正积极参与到区块链的研发创新过程中,区块链技术会成为未来商业信用的基础设施,它用技术的方式来重构,来提升商业效率,所以区块链技术对商业有巨大的价值。

基于过去大量的研发积累和技术沉淀,金财互联在2019年数博会发布的《中国大数据企业排行榜 V6.0》中位列区块链技术公司第一名。

庞宇雄主导的金财互联人工智能与区块链研究院是金财互联面向未来的研究型技术产业落实机构，下设人工智能实验室、区块链实验室、大数据实验室。金财研究院聚焦前沿信息核心技术研究与应用，布局金财互联未来发展方向，服务金财互联作为科技公司的长期发展战略。

本书中很多资料分析和技术实现模式是我们研究院的部分研究成果，希望能与各界交流分享，共同推进智慧社会建设。

徐正军
金财互联控股股份有限公司 CEO

前言
Foreword

新事物往往不是凭空而来的,发展和演化也不是一蹴而就的。认识新事物,首先要弄清楚它的来龙去脉。区块链(Blockchain)结构首次被人关注,源于2008年中本聪在《比特币:一种点对点的电子现金系统》一文中对比特币原始架构理念的阐述。从记账技术数千年的演化来看,区块链实际上是记账问题发展到分布式场景的必然结果。但把计算机、密码学、软件工程、经济学、金融与货币、商业战略和组织管理等都放在一起来勾勒未来应用场景时,人们一方面在观念碰撞和实践磨炼中前行,另一方面又开始模糊区块链的定义及其用途。

在讨论区块链时,很多专家都选择了从互联网的视角出发。互联网技术、商业模式和公司巨头已为人所熟知,而区块链将升级与迭代现有的互联网。从技术上看,区块链是现有信息互联网的升级,是一组关于"价值"的技术或协议——价值的表示功能、价值的转移功能和价值的表示物。从产业上看,它将像互联网一样形成一个新产业,尽管其相关技术产业目前正处在一片空白、机遇无限的阶段。从经济上看,互联网已经扩展为"互联网+",并赋能一个个产业,而区块链则从最初就展现出了"区块链+"的可能性。随着主要由互联网相关技术驱动的数字经济的成型,区块链因其功用、特点也必将成为其技术基础设施的一部分。

现阶段区块链主要包括公有链、私有链和侧链 3 种类型。以比特币为代表的公有链作为一种公开账本，具有人人皆可参与的特性，任何人都可以发起交易，也都可以参与验证交易，同时也可以读取区块链上的所有信息；私有链又分为纯私有链和联盟链，其中纯私有链中的共识过程由几个受信力高的节点完成，而联盟链则是预选取网络内多个节点作为共识节点，由这些共识节点共同决定每个区块的生成（参与共识过程），其他节点可以参与数据交换，但不过问记录过程；而侧链是一种特殊的区块链，它负责确认其他区块链上的数据，通过双向挂钩（Two Way-Peg）的方式使 Ripple 币、比特币等不同数字货币在区块链上按照规定的汇率进行转移。

目前，来自全球学术界和科技界的各种力量投身到了区块链的开发和创业大潮之中，也诞生了一批非常有创新意识的创业公司，已经有超过数十家全球顶级的金融机构、风险基金高调宣布参与各种区块链应用开发项目。当然，也必须要清醒地认识到，区块链技术的发展在国内外都尚处在早期阶段，各种技术方案和商业模式等也需要进一步的探索和实践。特别是在我国，区块链作为一个全新的概念和理论，人们对它的认知、研究和实践才刚刚起步，要想在这一领域形成优势，引领世界，还需要人们给予足够的重视、更多的投入，需要理论研究者、行业应用企业、科技开发者，以及政府监管部门的积极投入和良性互动。在这样的大背景下，国内深度分析区块链技术的商业应用和案例的书籍尚少，而机缘巧合，我较早接触区块链的底层核心技术并参与了众多区块链项目的落地应用，在做实际项目和研究过程中收集和分析了大量的应用场景和实际案例。我在开发应用实践与相关案例研究资料的基础上写成了此书，并希望此书能为我国区块链技术的开发应用提供一定的参考和借鉴。

如果您想和我沟通，可以通过微信（panglong_888）与我联系。

庞宇雄

目录 Contents

第1章
为什么提出区块链+

/ 1.1 区块链的兴起 / 2

/ 1.2 区块链技术与挑战 / 3

/ 1.3 区块链未来发展趋势 / 4

第2章
从全球看区块链应用的演变

/ 2.1 美国：数字资产历程与技术应用场景 / 8

    2.1.1 美国数字资产管理历程 / 8

    2.1.2 美国区块链应用领域的 10 个场景 / 10

/ 2.2 欧盟 / 14

/ 2.3 英国 / 15

/ 2.4 新加坡 / 16

/ 2.5 俄罗斯 / 17

/ 2.6 德国 / 18

/ 2.7 日本 / 18

/ 2.8 其他 / 19

第 3 章
通证经济体系设计

/ 3.1 通证经济系统原理剖析 / 24
  3.1.1 经济学中的区块链逻辑 / 24
  3.1.2 可流通的加密数字凭证 / 25
  3.1.3 通证经济 / 25
/ 3.2 通证经济系统运作 / 26
  3.2.1 通证经济价值 / 27
  3.2.2 通证经济运作 / 28
  3.2.3 行业区块链的应用 / 29
/ 3.3 通证经济系统设计 / 30
  3.3.1 通证经济设计的核心点 / 31
  3.3.2 通证经济设计判断要素 / 32
  3.3.3 通证模型过程 / 34

第 4 章
区块链与供应链金融

/ 4.1 供应链金融模式分析 / 40
  4.1.1 供应链金融的概念 / 40
  4.1.2 企业供应链金融的需求分析 / 42
  4.1.3 供应链下游企业需求点分析 / 43
/ 4.2 区块链在供应链金融中的应用 / 43
  4.2.1 供应链金融实践中遇到的问题 / 44
  4.2.2 区块链针对供应链金融问题的解决方案 / 46
/ 4.3 广电运通供应链金融服务平台案例 / 49
  4.3.1 产品应用背景 / 49
  4.3.2 供应链金融实现模式 / 50
  4.3.3 广电运通区块链供应链金融方案优势及
    亮点 / 54

/ 4.4 浙商银行供应链金融案例 / 58
 4.4.1 方案优势及亮点 / 59
 4.4.2 仓单通存货融资模式 / 62
 4.4.3 订单通融资模式 / 65
/ 4.5 平安银行"壹企链"智能供应链金融平台案例 / 65
 4.5.1 平安区块链平台解决的难题 / 66
 4.5.2 平台方案优势 / 68
 4.5.3 实现模式 / 69

第5章
区块链&银行

/ 5.1 央行数字货币案例 / 74
 5.1.1 数字货币分析 / 74
 5.1.2 基于区块链法定货币的支付体系思考 / 75
 5.1.3 央行数字货币的总体框架 / 77
 5.1.4 架构实现模式 / 80
/ 5.2 跨境支付和清算案例 / 82
 5.2.1 基于区块链的跨境电子支付模式应用分析 / 82
 5.2.2 招商银行跨境区块链平台案例分析 / 86
/ 5.3 票据案例 / 88
 5.3.1 区块链票据解决银行业的问题 / 89
 5.3.2 数字票据交易模式设计 / 90
 5.3.3 区块链技术在票据市场的风险控制 / 91
/ 5.4 信用证案例 / 93
 5.4.1 信用证的作用与难点 / 93
 5.4.2 银行区块链信用证案例 / 94
/ 5.5 区块链资产存管案例 / 98
 5.5.1 邮储银行托管业务案例 / 99
 5.5.2 基于区块链的货币基金存放业务案例 / 100

第6章
区块链 & 金融

/ 6.1 消费金融 / 104

  6.1.1 互联网消费金融运营模式 / 105

  6.1.2 基于区块链的消费金融区块链平台案例 / 106

  6.1.3 互联网消费金融资产证券化案例 / 107

  6.1.4 百度金融 ABS 区块链应用案例 / 113

/ 6.2 证券 / 115

  6.2.1 区块链在证券领域的应用场景 / 115

  6.2.2 区块链在公司债券的应用 / 118

  6.2.3 基于区块链的债券案例 / 122

/ 6.3 保险 / 124

  6.3.1 区块链技术应用于保险领域的优势 / 125

  6.3.2 中国人保集团对区块链技术的研究及应用实践 / 125

  6.3.3 阳光保险区块链应用案例分析 / 126

/ 6.4 信托 / 127

  6.4.1 区块链技术可解决信托业现存问题 / 128

  6.4.2 区块链应用于私募股权投资——北方信托案例 / 130

  6.4.3 基于区块链的家族信托尝试——万向信托案例分析 / 134

第7章
区块链与溯源、食品、农业

/ 7.1 区块链溯源 / 138

/ 7.2 区块链猪肉溯源案例剖析 / 139

/ 7.3 农资溯源案例 / 144

/ 7.4 区块链技术在农产品供应链的应用案例 / 145
  7.4.1 基于区块链的数据真实可靠 / 146
  7.4.2 数据上链——质量安全可追溯 / 146
  7.4.3 区块链技术的应用增强了供应链管理效率 / 146
  7.4.4 区块链助力农村金融有效落地 / 147
  7.4.5 区块链技术与农产品供应链结合存在的问题 / 147
/ 7.5 区块链中药材质量追溯案例 / 149
/ 7.6 农业区块链物联网一体化案例 / 152
  7.6.1 数据采集系统 / 153
  7.6.2 数据存储上链系统 / 153
  7.6.3 数据查询和验证系统 / 154

第8章
区块链与税务

/ 8.1 区块链税务的实际意义 / 156
/ 8.2 国外税务区块链应用案例 / 159
  8.2.1 美国税务区块链 / 159
  8.2.2 爱沙尼亚政府 / 161
  8.2.3 英国政府 / 162
/ 8.3 区块链在税务中的应用 / 162
  8.3.1 基于区块链的电子发票 / 163
  8.3.2 解决发票管理难点 / 164
  8.3.3 发票真伪鉴别 / 165
  8.3.4 发票全流程管理 / 165
/ 8.4 财税一体化中的区块链应用案例 / 166
  8.4.1 区块链给企业财税管理带来的变化 / 167
  8.4.2 开票流程模式剖析 / 167
  8.4.3 智能业务流转剖析 / 168
/ 8.5 税务综合应用联盟模式案例 / 171

8.5.1 全国首个电子发票区块链平台 / 171

8.5.2 "税链"平台企业应用 / 172

8.5.3 改变记账方法 / 173

8.5.4 电商发票 / 174

/ 8.6 财税区块链公有链模式案例探索 / 176

8.6.1 财税公链设计模式 / 176

8.6.2 纳税信用公示子链系统 / 178

8.6.3 增值税管理子链系统 / 179

第 9 章

区块链与电商新零售

/ 9.1 区块链电商信任、制度问题解决案例 / 182

9.1.1 电子商务信用问题 / 182

9.1.2 电商制度问题 / 183

9.1.3 区块链与电商网络技术结构 / 185

9.1.4 区块链信用评价制度的实现过程 / 185

/ 9.2 区块链电商 C2M 模式中的设计应用案例 / 188

9.2.1 区块链在农产品电商 C2M 模式中的应用 / 189

9.2.2 区块链技术在电子商务交易模式中的特征 / 190

9.2.3 区块链技术在农产品电商 C2M 模式应用的整个设计过程 / 190

/ 9.3 数字营销广告 / 191

/ 9.4 区块链新零售 / 197

/ 9.5 广电运通区块链惠民生态案例 / 200

第 10 章

区块链与政务

/ 10.1 电子档案应用案例 / 204

10.1.1 政府 A 部门电子档案应用现状 / 204

10.1.2 区块链电子档案的特点 / 205

10.1.3 区块链能解决的问题和综合思路 / 206

/ 10.2 打造基于区块链技术的电子档案信任体系案例 / 207

10.2.1 区块链电子档案系统设计案例 / 209

10.2.2 系统整体架构设计 / 211

/ 10.3 公安领域应用 / 213

10.3.1 区块链技术在公安领域的应用探索 / 214

10.3.2 公安区块链系统设计案例 / 216

/ 10.4 政务办公应用 / 217

10.4.1 公民身份认证 / 218

10.4.2 公民和机构的诚信管理 / 218

10.4.3 政务信息公开 / 219

10.4.4 政务区块链案例 / 219

/ 10.5 区块链医疗 / 222

10.5.1 电子病历共享案例 / 223

10.5.2 医疗系统分级诊疗案例 / 224

10.5.3 基于区块链的中医云健康系统案例 / 224

第 11 章
区块链与智能物流

/ 11.1 区块链供应链物流信息生态圈模型案例 / 228

/ 11.2 用区块链构建物流信息化体系案例 / 230

11.2.1 基于区块链建立"一物一码"可信供应链服务体系 / 231

11.2.2 建立区块链行业共信服务体系 / 232

11.2.3 构建新一代区块链物流信息化平台 / 232

/ 11.3 区块链技术构建中欧跨境电子商务生态圈案例 / 233

11.3.1 当前跨境电子商务综合服务存在的问题与区块链解决方案 / 234

11.3.2 基于区块链的信用风险管理体系 / 235

11.3.3 区块链供应链智能体系 / 236

11.3.4 区块链跨境物流体系 / 237

11.3.5 区块链海关监管体系 / 238

/ 11.4 区块链技术对企业物流效益案例分析 / 239

/ 11.5 区块链的托盘资产数字化案例 / 242

/ 11.6 区块链技术在"一带一路"区域物流领域的应用 / 245

第 12 章

区块链 & 物联网

/ 12.1 区块链物联网初级实验案例 / 252

/ 12.2 基于安全的区块链物联网试验案例 / 255

/ 12.3 基于区块链的 RFID 大数据溯源案例 / 258

/ 12.4 基于区块链的车联网数据交换系统设计 / 260

/ 12.5 基于区块链智能合约的物联网数据资产化方法 / 262

第 13 章

区块链与大数据人工智能

/ 13.1 大数据区块链 / 268

13.1.1 区块链大数据安全应用 / 268

13.1.2 基于区块链的数据协作共享 / 269

13.1.3 基于区块链大数据的政务决策案例 / 271

/ 13.2 区块链对人工智能的影响 / 274

参考文献 / 279

第1章
为什么提出区块链+

在过去的20年里,信息互联网给人们的生活带来了翻天覆地的变化。区块链技术一时声名鹊起,其在商业、金融、医疗等领域的广泛应用前景引起了科学界、商界乃至政府的关注。有观点认为,区块链技术的运用预示着价值互联网的到来;也有人说,区块链技术代表的就是价值互联网。其实,目前区块链技术正处于迅速发展阶段,技术支持应用较多但成熟度较低,其发展主要依靠底层协议的标准化。因此,在区块链发展的背后更应意识到主观投机与客观技术的风险,应给予监管宽容空间,但也须有防控底线。在未来,区块链技术带来的无处不在的价值交换,将使人类社会进入一个多种设备无缝对接的价值互联世界。

1.1 区块链的兴起

区块链作为一种独立的技术出现,最早可以追溯到比特币系统。抛开比特币价格的波动,单就比特币系统本身的设计而言,可以把它视作一次电子货币在概念和技术上的实验。例如,在传统的电子支付系统(如银行转账或第三方支付等)中,由银行或支付服务提供方来验证并记录系统中发生的交易,账本控制在中心机构手中。而区块链去中心化的分布式结构应用的诞生,标志着人类开始构建真正可以信任的互联网。通过梳理区块链的兴起和发展可以发现,区块链引人关注之处在于它能够在网络中建立点对点之间可靠的信任,去除了中介在价值传递过程中的干扰,既公开了信息又保护了隐私,既采取共同决策又保护了个体权益,既提高了价值交互的效率又降低了成本。

区块链技术是利用块链式数据结构来验证与存储数据,利用分布式节点共识算法来生成和更新数据,并利用密码学的方式保证数据传输和访问的安全,再利用由自动化脚本代码组成的智能合约来编程和操作数据的、全新的分布式基础架构与计算范式。简言之,在区块链系统中,每过一段时间,各参与主体产生的交易数据都会被打包成一个数据区块,该数据区块按照时间顺序依次排列,形成数据区块的链条;各参与主体拥有同样的数据链条,但无法单方面篡改(任何信息的修改只有经过约定比例的主体同意方可进行),只能添加新的信息,而无法删除或修改旧的信息,以实现多主体间的信息共享和一致决策,确保各主体身份和主体间交易信息的不可篡改及公开透明。

区块链发展到今天,已经涌现出许许多多、形形色色的区块链项目,这些区块链项目在技术上的共性包括区块、账户、共识和智能合约,这4个主要部分构成了目前区块链系统的通用模型。区块链技术的革命性在于它实现了一种全新的信任方式,通过技术层面的设计创新,使在价值交互过程中人与人的信任关系能够转换为人与技术的信任。由程序自动化执行某些环节,使商业活动得以以更低的成本实现。近年来,区块链不断被炒热,但技术本身并未大规模落地商用,更多的是一些金融、物流、公益方面的试点。区块链目前在性能、权限和隐私保护、链间互通等方面仍存在诸多问题,其技术还处于发展阶段,仍需进行各方面优化，以满足 3~5 年后可能的大规模商用需求。

1.2 区块链技术与挑战

区块链技术被广泛认为是一种可以在数字空间中构建信任的系统技术，其主要特征包括去中心化、多副本冗余、防数据篡改、分布式环境下建立共识等。区块链的相关应用，如溯源、供应链金融、资产证券化和智能合约等在不同的领域被逐步采纳和推广。区块链的核心构建技术和理论，包括有链式安全存储、共识算法、对等网络和智能合约等。自区块链概念首次提出后，区块链技术从加密数字货币逐渐延伸到各行各业的创新应用。目前，大众对区块链的认识从一个由对等网络中的节点共同维护和扩展的共享账本这一比特币的底层技术，转变成为"区块链+领域"的应用发展模式。认知的转变从某种程度上说明了区块链技术正成为全球技术创新的竞争高地。区块链是一种集成式创新，其涉及的技术包括对等网络、拜占庭容错[1]、智能合约及分布式共识算法等。基于这种集成式的技术堆叠，区块链形成了一个可以在数字空间里达成一致信任的去中心化系统。其核心思想是在对等网络的去中心化特性下，在节点之间达成一致性共识，并共同维护一个按时间顺序以链条的方式将数据区块首尾相连的数据链条（该数据链条上的每一个区块均以数字签名等数据校验方式防止数据篡改和伪造），以实现一个去中心化共享账本。这种模式可以解决传统中心化系统普遍依赖中央权威、信任和共识而造成的高成本、低可靠性和低安全性等问题，对于传统社会组织和运作方式是一种颠覆性的变革。

区块链这种具有普适性的技术架构，可以很容易扩展延伸到其他应用场景。事实上，根据目前区块链的发展情况，区块链技术可以分为三个阶段，即区块链 1.0 模式、区块链 2.0 模式及区块链 3.0 模式。区块链 1.0 模式以可编程数字加密货币体系为主要特征，该阶段的区块链可扩展性稍微欠缺且功能相对单一，主要能力体现在价值交换上，如比特币、数字资产、在线支付等。随着智能合

---

[1] 拜占庭容错：即拜占庭将军问题，是由莱斯利·兰伯特提出的点对点通信中的基本问题，含义是在存在消息丢失的不可靠信道上试图通过消息传递的方式达到一致性是不可能的。

约的兴起,人们通过在区块链上运行和存储计算机程序代码,实现了数字化合约的可信存储和执行,使区块链技术进入 2.0 模式。金融领域的区块链应用层出不穷,不但标志着区块链技术从加密数字货币这单一的功能逐渐扩展到其他金融领域,而且还实现了现实世界中业务系统数字化的协同工作,让区块链技术得以在包括股票、清算和私募股权等众多金融领域崭露头角。区块链 3.0 模式则强调区块链向行业的渗透,区块链技术陆续被尝试应用到物联网、隐私保护和商品防伪等领域中,其应用范围涵盖了社会的方方面面。区块链技术去中心化、去信任的特点,能够从根本上减少组织形态的摩擦并且提高协作效率,以便在大规模协作领域更好地提升个人或组织的工作效率。与此同时,区块链技术也有其局限与面临的问题。首先,由于区块大小具有容量限制,且共识过程需要一定的时间,因此交易的吞吐量和区块链的容量成为区块链大规模应用的障碍。其次,目前的工作量证明共识算法需要至少 6 个区块的确认,才能在概率上确保交易的安全性,因此区块链的实时性较差。而如果参与共识的算力联合起来超过总算力的 51%,算力联合体则很容易发起恶意分叉或双重支付的攻击。最后,区块链的隐私保护亟待加强。目前人们可以通过一定的技术手段获得网络中节点 IP 的相关信息,通过追溯交易对其进行聚类,获得很多有价值的信息,而用户的使用不当也可能会造成分布式应用程序(DApp)的隐私泄露。

1.3 区块链未来发展趋势

区块链因为其对现有经济社会产生的巨大影响,以及对人类互联网活动形态的重塑,正逐渐成为"价值互联网"的重要基础设施。很多国家都开始积极应用区块链技术,开辟国际产业竞争新赛道,抢占新一轮产业创新的制高点,以强化国际竞争力。区块链的发展趋势主要有以下几个方面。

(1)应用模式升级。当前区块链底层可扩展性有限,难以支撑大规模的应用落地。其可扩展性最直接的表征一般采用 TPS(每秒事务处理量)来间接描述,以代表系统每秒能够处理的业务量,并作为核心指标来衡量系统吞吐量。鉴于公有链与日俱增的安全性及交易量与现网容量之间的平衡问题,未来 3~5

年区块链若能实际落地并且大规模地应用至各个领域，也终将以联盟链、私有链或由两者组成的混合链为主。需要指出的是，比特币模式增加了区块链网络的维护成本，对于低价值、低风险的交易来说并非完全适用。

（2）弱中心化。在我国实践推进的区块链系统架构将是构建可信任的弱中心体系，将分散独立的各自单中心提升为多方参与的统一中心，以提高信任传递效率，降低交易成本，即在信息不对称、不确定的环境下，建立满足各种活动赖以发生、发展的"信任"生态体系。

（3）从金融创新带动其他行业应用突破。区块链的应用将先从要求交易各方相互建立信任、但又不容易建立信任关系的领域切入，如金融、证券和保险等领域。随着应用的普及和社会认知度的提高，区块链将逐渐向社会各领域渗透。例如，区块链已经初步应用于政治选举、企业股东投票、博彩等领域。

（4）智能合约的社会化。在未来，所有契约型的约定都将实现智能化，利用智能合约可以保障所有约定的可靠执行，避免篡改、抵赖和违约。除可以将社会中的有形资产转变为数字智能资产进行确权、授权和实时监控外，区块链还可应用于社会中的无形资产管理，如知识产权保护、域名管理和积分管理等领域。

（5）新技术交叉融合。区块链与人工智能、物联网等新技术融合，不断拓展技术应用新空间，进一步释放创新创业活力。人工智能的发展要以海量大数据为基础，而区块链可以确保数据的安全性和可信性。二者一旦深度结合，就可以产生更多新的应用，创造安全的智能学习环境，创造具有更高的智能制造和智能管理水平的组织，提供更广泛的智能应用。

（6）产融结合。未来三年将是传统行业与区块链融合更紧密的时期，随着区块链开始改变市场结构，企业将会关注到商业的变革，带有智能合约技术的新生态系统将会被整合到现有行业中，新型的商业模式和监管服务模式将会涌现，社会企业数量将会大大增加。跨链技术将实现不同区块链之间，甚至区块链和传统 IT 系统之间的价值流转。结合区块链技术目前的发展速度和现有技术、市场、监管体系的成熟程度，可以预见，区块链生态在 3 年之内将实现广泛落地，与具体产业场景深度结合，创造出新模式，切实推动实体经济转型升级、提质增效。

（7）成为数字中国建设的重要支撑。区块链技术在实体经济中广泛落地，为实体产业"换道超车"，为实现"可信数字化"提供了机遇。随着区块链技术，以及物联网和工业互联网的进一步推广和普及，大量交易将由线下转向链上，企业的管理系统和机器设备的联网率也将显著提升，物理空间的实物资产也会被更广泛地映射到网络空间，数字资产将成为企业资产的重要组成部分，实体产业的商业模式也将实现前所未有的深度变革，这将极大地加快我国数字化的进程。

（8）跨链功能将成为标配。公链项目通过支持跨链功能、侧链/子链或提供跨链相关接口和协议，为平台未来的可扩展性奠定基础。公链是否能更好地与其他链兼容，更好地支持跨链互通将成为影响其生死存亡的关键因素。而兼容和互通意味着能链接更多的资源和用户，有更多引流渠道，从而促成区块链的生态建设。

第 2 章
从全球看区块链应用的演变

区块链技术及概念日益受到全球资本市场的重视。区块链技术被称为继计算机技术、网络技术之后对计算模式的跨越式创新，世界各国对区块链技术的应用与发展均给予高度关注，其应用已扩展到大数据、物联网、智能合约、数字货币与装备制造等多个领域。区块链开始引领传统智能硬件走向时代变革。在世界范围内，很多政府机构、组织及大型企业都已部署区块链技术应用，涉及金融、制造、交通、医疗和房地产等众多行业。各国纷纷抢滩区块链应用研究并抢先布局相关产业。微软、IBM（国际商业机器公司）、施耐德电气、三星等公司都已围绕区块链技术采取行动。目前全球有 2200 多家与区块链技术相关的创新公司，其中约 500 家获得了风投注资。毫无疑问，区块链技术在未来会有更进一步的发展，同时还将对金融业产生巨大影响。发达国家面对区块链技术这一巨大的应用前景，已开始从国家层面思考区块链的发展道路。中国也启动了相关的研究和实践。

2018 年 6 月，世界经济合作与发展组织对外发布的关于《区块链在公共服务中》的报告透露，全球至少有 46 个国家已经启动或正处于区块链技术相关的规划阶段，相关规划超过 200 项。

2.1 美国：数字资产历程与技术应用场景

美国在全球数字资产监管领域一直处于重要地位。2018年，美国将数字资产明确定性，并推出一系列的政策，形成了较为完善的监管框架，对整个市场监管起到了指导性的作用。目前，美国是全球少数实行多头监管的国家之一，其监管主体包括证券交易委员会（SEC）、金融犯罪执法网络（FinCEN）、商品期货交易委员会（CFTC）、货币监理署（OCC）和州金融管理局（DFS）等。

2.1.1 美国数字资产管理历程

2015年1月26日，纽约证券交易所入股的Coinbase获批成立比特币交易所，宣告美国以纽约州为代表的比特币监管立法初步完成。

2015年6月，纽约金融服务部门发布了最终版本的数字货币公司监管框架BitLicense，美国司法部、美国证券交易委员会、美国商品期货交易委员会和美国国土安全部等多个监管机构分别在各自的监管领域表明了对区块链技术发展的支持态度。

2015年，纽约证券交易所宣布投资比特币交易平台Coinbase，高盛集团投资了比特币消费者服务公司Circle，大型贸易公司DRW控股有限责任公司旗下的子公司则在尝试加密货币的交易。同年6月24日，纳斯达克宣布和以为金融机构和企业提供区块链基础而闻名的比特币技术公司Chain进行合作，Chain成为在纳斯达克首家参与测试区块链技术的公司。2015年年底，各大金融机构都加大了区块链技术研究力度，硅谷的科技巨头也先后推出了区块链项目。

2015年12月30日，纳斯达克通过区块链平台完成了首个证券交易。纳斯达克表示，区块链账本将股票发行给一位不愿意透露姓名的私人投资者，通过去中心化账本证明了无须任何第三方中介或清算的股份交易的可行性。通常，纳斯达克在处理此类股份交易时，需要经过大量的非正式系统，如今区块链技术取代其纸质凭证系统，将每一家公司每笔股权交易的信息都放到区块链上，公司融资多少、估值多少一目了然，交易变得公开透明，解决了原来信息不对称的问题，使投资决策更为简单、高效。

2016年1月20日，区块链财团R3CEV进行了首个分布式账本实验，通过使用以太坊和微软Azure的区块链即服务（BaaS）连接了巴克莱银行、BMO银行金融集团、瑞士信贷银行、澳大利亚联邦银行、汇丰银行、法国外贸银行、苏格兰皇家银行、道明银行、瑞士联合银行、意大利联合信贷银行及富国银行11家成员银行。根据R3的声明，这些银行将通过分布式账本上的代币资产来模拟交易，排除了中心化的第三方参与。

2016年6月，美国国土安全部对6家致力于政府区块链应用开发的公司发放补贴，鼓励企业研究政府的数据分析、连接设备和区块链。国防部则致力于研发一个去中心化的分类账，以保证地面部队通信及后勤免受外国侵扰。除政府外，产业界也纷纷开始对区块链技术展开布局。

美国区块链技术公司（Blockchain Technology Corporation，BTC）制作了基于区块链技术的投票机，以期在美国大选时派上用场。纳斯达克则宣布以区块链技术取代原来的传统投票方式来进行股东投票。

美国对数字资产的定性主要分为3种类型，涵盖了证券属性、商品属性和货币属性。

（1）证券属性主要受SEC监管。2017年，SEC曾发布"DAO Report[1]"，规定只要数字资产涉及证券（参照"豪威测试"[2]），便须受到监管，至于发行主体是否为去中心化组织、是否以法定货币或数字资产形式提供服务均不影响监管效力。2018年，SEC主席Clayton表示，数字资产发行销售过程中涉及的通证是以筹资为目的，具有证券性质，需受到监管。

（2）商品属性。主要受CFTC监管，涉及美国的期货和期权市场。早在2015年，CFTC就将数字资产视为商品，相比于SEC，CFTC对数字资产的监

1　DAO Report：数据去中心报表。

2　豪威测试（Howey test）：美国最高院在1946年的一个判决（SEC v. Howey）中使用的一种判断特定交易是否构成证券发行的标准。如果被认定为证券，则需要遵守美国1933年证券法和1934年证券交易法的规定。目前对于很大一部分ICO（首次货币发行），都有被最终认定为证券发行的可能，从而接受更加严格的监管。

管显得相对开放，其主要监管期货、期权等场内的合规衍生品。

（3）货币属性。主要受 FinCEN 和 DFS 监管，旨在打击金融及数字货币交易中洗钱、恐怖融资和其他金融犯罪，它们对数字资产的监管更侧重货币属性，即其流转层面。在 2013 年，其就已明确规定数字资产交易所及其管理者是货币转移服务商，需注册成为 MSB（Money Service Business，货币服务业务）。此外，每个州亦有各自货币转移方面的规定，数字资产交易需获取相应州的 MTL（Money Transmitting License，货币转移许可）。

2.1.2 美国区块链应用领域的 10 个场景

1．在全球供应链中追踪商品（商品溯源）

美国消费者对食品安全的担心促使企业对供应商、供应商的供应商和其他供应源的原材料、加工过程等进行追踪。例如，沃尔玛的视频安全总监 Yiannas 花费数年时间从农场、工厂到沃尔玛的商店进行（水果、牛排和蛋糕）追踪，就是为了能够快速找出像沙门氏菌爆发这类问题的源头。这一过程非常复杂，而且非常耗时。Yiannas 使用区块链进行产品溯源和追踪后，效率得到了很大提高，对商品的溯源时间从将近 7 天缩短到了 2 秒。

在制造业，区块链可以被用来增强复杂供应链的协作和流水线化。以汽车为例，汽车是由来源于世界各地的 3 万多个部件组成的。如果制造商可以看到供应链中 2 级、3 级甚至 4 级供应商和原材料的流动，就可以降低协作的费用和时间，提供给消费者更便宜的产品。欧洲的空客公司就使用区块链来分析供应商和其他组件的源头，并与合作商共享收入。这些数据帮助空客减少修复飞机零部件的时间和费用，可以让飞机更加准时地将乘客送往目的地。

2．重塑制造业，确保 3D 打印的质量和可追踪

3D 打印重塑了美国的制造业，有超过 50% 的美国制造业企业使用 3D 打印技术进行原型部件和最终产品设计。区块链可以解决制造业中 3D 打印存在的质量、溯源、知识产权等问题，从而推动 3D 打印技术的市场应用。使用区块链可以加密生产过程中的数据，使企业可以保证和验证产品的质量。

在传统的生产模式下，设备的操作、生产和维护记录是存储在单一、孤立的系统中的，一旦出现安全和生产事故，企业、设备厂商和安全生产监管部门都难以确保记录的真实性与一致性，进而采取措施防范及改进设备。区块链技术能够将制造企业中的传感器、控制模块和系统、通信网络、ERP 系统等系统连接起来，并通过统一的账本闭合链，形成 M2M 网络[1]，让企业、设备厂商和安全生产监管部门能够长期、持续地监督生产制造的各个环节，提高生产制造的安全性和可靠性。同时，区块链的可追溯性和不可篡改性也有利于企业审计工作的开展，便于发现问题、追踪问题、解决问题和优化系统，极大地提高了生产制造过程的智能化管理水平。穆格公司全球性地部署了 3D 打印机，对制造流程、最终产品质量等关键信用环节做担保，同时开发了 Moog VeriPart 系统，以便在零部件打印过程中，直接将二维码和防伪标识打印到产品上，这样用户通过手机扫描就能获得产品的所有信息。产品在订购、制造、流通、使用、维修和回收等环节的所有信息都会通过区块链技术被同步到各个节点，让这些 3D 打印的零部件在全生命周期内都有迹可循。例如，身处德国的客户可以从美国弗吉尼亚的制造商那里获得飞机零配件的数字图纸，在德国本地打印，减少仓储、物流等成本的同时，还完全不用担心产品质量问题。区块链能够成为融合、连接数据信息流的安全层和中间件。产品生产所需的所有相关文件，都可以通过智能合约来达成，以形成信任关系。例如，有某个公司需要穆格公司的零件，他们可以在穆格的供应链中提出需求，由智能合约生成订单，在产品由图纸到成品的生产过程中，由区块链记录下制造的每一个环节，以应对可能发生的任何问题，并允许供应方、需求方甚至监督方随时审阅；当产品完成验收时，由智能合约执行交易。这样就打破了传统的生产模式，随着制造业对互联网及其安全性的要求越来越高，区块链或许将进一步成为制造业发展的基石。

3. 创建个人一生的一站式医疗记录

区块链对美国复杂的医疗系统有很大的影响。例如，医疗区块链可以追踪一个公民的完整医疗历史，包括用药记录、疾病史和受伤情况等，还可以帮助

1　M2M 全称 Machine to Machine，是指数据从一台终端传送到另一台终端，也就是机器与机器的对话。M2M 应用系统构成包括智能化机器、M2M 硬件、通信网络、中间件。

病人控制自己的数据。如果公民换了工作或保险项目，或去别的州工作，他的医疗记录都不会受影响。区块链还可以改变保险支付方式，如果诊所确认病人已经被治疗过，智能合约就可以触发保险责任范围，以预防欺诈或不准确的保险报销。

4．使贸易物流流水线化

国际贸易交易中的进口商、出口商、托运人和银行等所有参与者都在维护己方与交易相关的文档。这些文档数量庞大，如果出现修改，维护起来会非常麻烦。区块链可以解决这个问题。Maersk（马士基，海运集团）与 IBM 一起创建了一个多方参与的基于区块链的完整贸易生态系统平台，仓库、货运代理、港口、海关、出口商和进口商等都可以在一个数据交换平台上进行操作。所有的参与者都可以看到完整的交易，访问相关的文档，共享数据和信息，看到实时更新的数据。系统中的数据在没有其他用户参与的情况下，单个用户无法修改、删除或添加任一区块。

5．促进和保障海关贸易

每天有几百万件产品到达美国海关，而预测分析和机器学习这样的新技术已经应用到全世界的海关机构。例如，海关利用机器学习模型识别出了香烟逃税的问题，原因就在于商品申报的重量比以往重量轻。许多区块链已经在英国、韩国、新加坡等国的海关管理机构中进行了测试。

区块链记录也可以实时、安全和透明地共享给边境管理局，用来分析商品安全、知识产权等问题，还可以减少边境管理局的成本，使产品更加便利地通关。

6．防止选举舞弊和确保选民身份

2018 年 5 月，美国西弗吉尼亚州（West Virginia）成为第一个允许使用区块链技术进行互联网选举的州。选举是区块链技术最有潜力的应用领域之一。其安全性和身份保护机制可以减少诈骗，帮助选民匿名选举，并随时查看结果。而且使用区块链技术进行选举，每个人只能投一次票，投票的结果也是不能更改的，每个选举点都可以实时看到选举的结果。区块链以其分布式的特点，使黑客攻击变得更加困难。

7．农作物保险

保险是一个巨大的行业，但是定制化的策略在一些领域通常是无法实现的。例如，适合农民需要的定制化的农作物保险策略费用仍然太高，但区块链可以自动化决定触发哪些条款，可以减少整个过程的成本费用。Etherisic 公司就使用区块链技术来确定哪些条件可以满足农作物保险的条款，并立即创建支付。

8．创建能源生产者和用户的网络

许多企业都引入了智能电网来平衡电力生产和使用的不平衡问题。其中一个诱因就是用户安装了太阳能，自己产生能源，并交易超出的部分。区块链也可以用于智能电网的优化，尤其是用作能源生产者－消费者或"专业消费者"之间的非中介能源交易平台。例如，德国南部区域需要来自北部区域的电能，但北部的电网无法处理电能的激增或对其进行运输。平衡电能的成本每年超过 12 亿美元。TenneT 通过使用区块链技术来解决这一问题。每个家庭都安装了智能软件，以便实时对电网的变化做出反应，如果电网欠电，用户可以将多余的电充进电网；如果电网电量太多，则可以对用户的电池进行充电。所有产生的事务（交易）都有安全日志。

9．创建可以自己运行的智慧城市

美国已经有上百个城市使用智慧城市应用来管理交通、应对犯罪、传输能源和预警污染等。这些智慧城市应用的背后是连接传感器和其他工具来获取城市相关数据的物联网（Internet of Things）。区块链可以放大物联网对城市运行的影响，使城市更加自动化地运行。

10．货物到达时自动支付

国际贸易金融模式下，来自 B 国的买家收到来自 A 国的卖家的产品，卖家便可以马上收到款项。有些买家和卖家非常熟悉，彼此信任，因此无须中间流程，卖家相信买家在收到货物后会进行支付。

但在大多数情况下，不会有这么长期的交易关系。卖家经常会面临一些不确定性，如不清楚买家什么时候会支付，也不清楚买家是不是会支付。这就是为什么会有银行、保险公司等为企业贸易背书的原因所在，但即便如此，卖家仍然不能完全确保买家一定会支付。

区块链的出现和应用改变了这一情况。交易相关方都可以实时访问同样的数据和数字化的文档，而且文档不需要存储在多个数据库中，只需要保存一份就可以了。如果是使用智能合约的话，当传感器通过货物标签了解到货物到达买家后，就可以自动触发付款流程。基于区块链的支付系统要比传统支付系统快很多，就像发邮件一样，短短几秒就可以完成整个支付流程。新加坡的 DBS（数据库系统）和斯坦福的 Chartered 都证明了这种基于区块链的系统的可行性。区块链还可以改善供应链金融（Supply Chain Finance），以使卖家更快地收到买家或银行支付的款项。智能合约可以自动触发银行到卖家的支付进程，如果整个供应链都使用区块链，那么各相关方的支付便均可自动化、数字化、端对端、加速地完成。这可以增加各相关方的现金流，减少供应链中的金融漏洞，进而促进企业的发展。美国、加拿大的 ICO 项目数据如图 2-1 所示。

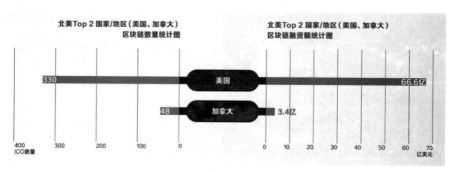

图 2-1 美国、加拿大的 ICO 项目数据图

2.2 欧盟

2016 年 2 月，欧盟委员会把加密数字货币放在快速发展目标领域的首位，这项举措推动了各个机构对数字货币的政策研究。同年 4 月 18 日至 21 日，欧洲数字货币与区块链技术论坛（EDCAB）为欧盟议会的政策制定者举办了一个集中讨论区块链的"博览会"。同时，欧洲中央银行表示，该中央银行计划对区块链和分类账簿技术与支付、证券托管及抵押等银行业务的相关性进行评估。

2018年2月1日，欧盟委员会在新闻发布会上宣布启动欧盟区块链观察站和论坛，该项目旨在将各国区块链技术领域的经济发展联结在一起，以充分利用目前欧盟广阔的技术前景。这个项目最具实践意义的部分是将包括监管机构和政界人士在内的各个机构和人员联结在一起，共同开发新用例。这将建立一个开放的论坛，由市民、创新者、政府部门、监管机构、区块链技术专家、高层管理人员和行业利益相关者共同探讨，并制定新的理念和发展方向。欧盟委员会数字经济与社会专员玛丽亚·伊万诺娃·盖博瑞在官方新闻报道中表示，该项目将成为全球最全面的区块链技术案例和专业知识库之一。欧盟28国已经在积极思考如何更好地融入区块链热潮之中，以及如何在接下来的时间里通过推动它来普惠民众。欧洲议会在发表的研究报告中指出，区块链将"改变欧盟居民的生活"。2018年5月，欧盟开始启用《欧盟数据保护条例》，这意味着所有机构都需要保存所有个人信息，同时也对区块链在欧洲这片相对保守市场的推广发挥了积极的效用。欧洲的ICO项目数据如图2-2所示。

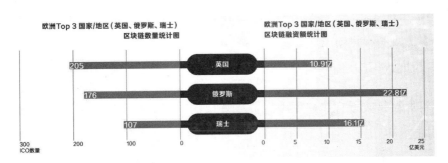

图 2-2 欧洲的 ICO 项目数据图

2.3 英国

英国政府发布了关于区块链的研究报告——《区块链：分布式账本技术》，第一次从国家层面对区块链技术的未来发展与应用进行了全面分析，并给出了研究建议。白皮书建议将区块链列入英国国家战略，并推广应用于金融、能源等领域。英国政府2018年进行了区块链试点，以跟踪福利基金的分配及使用情况。英国工作与养老金部称，政府希望这一计划能够提供金融参与度的深度信息，并为财政预算提供支持。区块链对英国尤其有用：在无协议脱欧的情况下,将导致目前英国边境从每年 5500 万海关申报单增至 2.6 亿,而目前政府尚未对海关管理做出任何政策安排。英国的现有软件程序将无法处理如此大量的数据。而区块链可以帮助解决这一问题,即区块链可以帮助海关对产品进行溯源,并确定商品的来源和适用的关税。

在国际援助系统中,欺诈一直是一个严重问题。前任联合国秘书长曾表示,联合国 30% 的发展援助都被腐败行为吞噬了。为了化解这一难题,由 42 个知名慈善机构组成的英国 Start Network 与创业公司 Disberse 建立了合作关系,使用区块链追踪资金的流向,以透明、迅速的方式减少资金损失并降低资金滥用的风险,使慈善资金最大限度地发挥作用。Disberse 平台使用区块链技术来确保减少因银行手续费、低汇率和货币价格波动而造成的资金损失,名为"Positive Women(乐观女神)"的英国慈善机构据此完成了一个试点项目,该机构通过使用 Disberse 平台来减少转账费用、提升转账速度,以资助其在斯威士兰的教育项目。Positive Women 最终通过区块链技术节省了 2.5% 的费用,这笔节省下来的费用可支付 3 名学生一年的教育经费。下一步,Start Network 还将使用该平台为现有项目处理一系列小额支出。

2.4 新加坡

新加坡是较早宣布探索法定数字货币的国家,其法定数字货币项目名为"Ubin 项目",该国计划通过 3 个阶段的努力,实现全球各国央行通过区块链技术实时处理汇款交易功能。2018 年,"Ubin 项目"已进入第三阶段,新加坡开始与加拿大银行合作,使用两家中央银行发行的加密通证测试和开发跨境解决方案。新加坡将通证分为证券型通证(资本市场产品)和功能型通证两类,而资本市场的监管框架只适用于证券型通证。

新加坡除在资本市场应用区块链技术外,在物流领域也有应用。Yojee 基于区块链技术的软件可以将货物从装载、运输、取件的运输流程清晰地记录到链上,以此实现用户优化和车队管理,通过机器学习将物流交付工作自动分配给司机,减少对人工调度员的需求,充分利用现有的"最后一英里"交付基础设施来帮助物流企业调整车队,不仅降低了物流供应商的成本,而且为客户提供了更便捷的交付。依靠区块链技术，Yojee 可以真实可靠地记录卖方、买方、价格和合约条款等相关信息，通过双方及多方独有的签名进行全网验证，并在全网加密记录一致的前提下，将这条有效数据上传到整个网络，实现信息共享。通过区块链记录货物从发出到接收过程中的所有步骤，确保了信息的可追溯性，从而避免丢包、错误认领事件的发生。对于快件签收情况，只需查询区块链即可，这就杜绝了快递员通过伪造签名冒领包裹等问题，并可促进物流实名制的落实。企业也可以通过区块链掌握产品的物流方向，防止窜货，利于打假，保证线下各级经销商的利益。针对电子商务公司，Yojee 推出了一款名为 chatbot 的软件，以帮助电商公司在无人值守的情况下预订送货。Chatbot 可以将客户的详细信息（地址、交货时间等）反馈至系统，然后由系统自动安排正确的快递。Yojee 的软件对于小型物流公司尤其有用。小型物流公司由于货量不够大，很难与大型国际公司竞争，Yojee 在其平台上将这些小型物流公司捆绑在一起，以便它们能够受益于规模经济。此外，为了让更多小型物流公司加入平台，Yojee 系统在确保物流公司相互合作的同时，可以保护物流公司的 IP、路线和客户信息资源等信息不泄露。Yojee 最吸引人的是其自主交付技术。Yojee 的软件支持自主交付车辆，其自动化管理网络与自驾车的结合可以使小型物流公司比大型车队更有优势，在 Yojee 注册的公司都可以按需使用自主卡车车队。

2.5 俄罗斯

俄罗斯互联网发展研究所（Internet Development Institute）准备了一幅名为"经济与金融"的路线图，其中管理区块链的提议也包括在内。2017 年 1 月，关于"合法化"区块链技术的发展路线图被提交给了普京总统，其中对技术发展的未来法律框架进行了规划。莫斯科市政府实行"积极公民"计划，希望通过区块链技术记录公民对法律及政府项目的投票。该计划已被用于选择新体育场座位的颜色和命名新的公交线路。此外，市政府还在开发区块链技术的其他用途，计划扩大该项服务的覆盖范围。

这个独特的社区工具最近通过实施基于以太坊的共识机制得到了升级。针对选民们担心他们的选票无法被正确统计等问题，创建了基于以太坊的系统以提供真正的透明度。该计划取得了巨大成功，官员们寻求在明年扩大其使用范围。

2.6 德国

德国是世界上首个承认比特币合法地位的国家。2013年8月，德国宣布承认比特币的合法地位，并将其纳入国家监管体系。德国银行业协会Bankenverband（BdB）认为区块链技术可能会对金融市场产生重大影响。2016年，德国联邦金融监管局（BaFin）对分布式分类账的潜在应用价值进行了探索，包括在跨境支付中的使用、银行之间转账和交易数据的储存。

电动汽车快充和共享充电桩是目前区块链技术在能源方面应用最广、操作性较强的领域。2016年，瑞士银行、德国电力公司莱茵集团（RWE）与汽车技术公司采埃孚（ZF）合作，为电动汽车创造了区块链电子钱包。这使车主的电力收费、停车收费，甚至高速公路收费都能自动完成身份验证和支付，而无须经过第三方人工确认。2017年，这项解决方案已经被美国加州初创公司Oxygen Initiative引入并在该州推广。RWE目前正在尝试在无人驾驶电动汽车领域应用区块链技术，以最大限度地降低交易成本。例如，当车主不需用车时，将其租出，通过电子形式与身份信息得到认证的用户就车的使用达成协议，再将协议编码成智能条约，并在用车完成后，自动向用车人收取费用。无人驾驶电动汽车共享服务的车主和用户间的结算、交易信息将同时更新，而这一切操作都与第三方无关。

2.7 日本

日本金融厅（FSA）在2016年初提交了议案，关于国内经济管理条例对日本国家立法机关带来的改变。这让比特币变成一种资产，交易所并由此引进了反洗钱（AML）和了解你的客户（KYC）规则。2016年5月，日本首次批准数字货币监管法案，并将其定义为财产。日本30多家对研究开发区块链技术感兴趣的公司成立了首个区块链行业组织，叫作区块链合作联盟（BCCC）。日本经济贸易产业省（METI）则发布了有关区块链技术的新调查结果，建议政府"验证使用案例的有效性"。

日本是世界第三大经济体，其政府及社会对区块链和数字货币的发展有着积极的态度。日本和区块链的缘分很深，比特币的缔造者中本聪（Satoshi Nakamoto）就有一个日文名字，美国《新闻周刊》曾传言中本聪是一个日籍美国人。日本的区块链行业除了比特币的应用，在其他行业如房产存证、身份认证、供应链金融和清算结算等也有颇多应用案例。日本科技巨头富士通开设了欧洲区块链创新中心，以推动智慧城市项目合作。日本的互联网金融巨头 SBI 是全球最活跃的公司投资者，至今已投资了包括 Orb、R3、Ripple、Kraken、Coinplug、Veem、Wirex 和 Bitflyer 在内的 8 家公司，覆盖了包括交易所、汇款和银行的区块链联盟，以及区块链解决方案等多个渠道。SBI 和 Ripple 也有深度合作，并共同建立了合资公司 Ripple Asia。Ripple 是全球区块链支付网络的缔造者，目前 Ripple 网络已经纳入 100 多家金融机构。GMO 是日本互联网巨头，在互联网基础设施、在线广告媒体、互联网金融和娱乐等领域颇具影响力，并拥有 9 家上市公司。在区块链领域，GMO 宣布投入 100 亿日元（约合 9000 万美元）建立并运营挖矿数据中心，并研发专用的挖矿芯片。日本目前有两个主流的区块链协会，一个是日本区块链协会 JBA（Japan Blockchain Association）；另一个是虚拟货币商会 Cryptocurrency-association，其会员在第一批拿到牌照的交易所中占了大多数席位。

2.8 其他

澳大利亚：2016 年 3 月，澳大利亚邮政 (Australia Post) 开始探索区块链技术在身份识别中的应用，计划将区块链技术用于选举投票。维多利亚州和塔斯马尼亚州政府的实体财产主任 Tim Adamson 称，这一系统将做到防篡改、可追溯、匿名和安全。区块链技术在澳大利亚也被应用于政治领域，一个新政党 Flux 正在试图利用区块链技术改写通货膨胀与政治制度，向其数字化转型局承诺拨款 521 000 美元，以进一步探索区块链与澳大利亚政府的整合。该计划的重点是计算与区块链技术相关的实施成本。2017 年，澳大利亚额外拨款 590 万美元用于智能公用事业试点项目。这个独特的计划用于研究如何使用区块链技术来提高数据分析能力，并改进当前的能源分配系统。

西班牙：2018年4月下旬，西班牙BBVA银行成为第一家在区块链技术上研发出可向大众发行贷款的全球性银行。该银行称，区块链技术的使用使7500万欧元贷款流程所需的时间从几天缩短到几小时。

韩国：电子巨头三星已开始利用区块链来管理其全球商品货运供应链，其副总裁兼区块链首席执行官SongKwang-woo表示，该集团研究区块链项目落地应用的IT子公司三星SDS正在实施该技术，预计在应用成熟后可削减20%的成本。

以色列：CartaSense是一家已成立8年的公司，它将联网的传感器部署在货盘上，利用分析技术来判断货物可能会延误或损坏的时间。CartaSense的客户不必亲身交付经过扫描和签字的纸质文件，而是使用区块链数据库完成相应工作。在该数据库上，货运公司能够记录包裹、货盘或集装箱的每一个阶段。CartaSense的客户Kuehne+Nagel是世界上最大的货运公司之一。

加拿大：加拿大承认比特币的"货币地位"，并修订法案规范比特币业务。2013年12月，世界上首个比特币ATM机在温哥华投入使用。2016年6月，加拿大央行展示了利用区块链技术开发的CAD-Coin（电子版加元）。

荷兰：2016年11月，在阿姆斯特丹举行的EMART能源交易会上，23家能源交易公司结盟开发使用能源区块链，其中Yuso和Priogen Trading公司使用由PONTON开发的Enerchain（恩尔链）作为交易工具。Enerchain软件让使用加密技术的交易机构以匿名方式发送订单，由另一家交易机构查看该订单，整个过程不经过第三方运营的中心化市场。该联盟旨在探寻区块链技术是否可以支持现有市场主导的交易量和交易速度，以提升运行效率、降低交易成本。而通过集中所有交易数据，任何参与方都可以获得统一的信息，并使用记录中的价格数据。

委内瑞拉：2018年2月，委内瑞拉政府发布了加密货币——石油币（Petro Cryptocurrency，PTR），它以奥里诺科重油带阿亚库乔区块1号油田的50亿桶石油储量作为发行石油币的物质基础，并规定每个石油币与1桶石油等价。石油币是委内瑞拉政府试图拯救国内经济的产物。2014年至2018年，委内瑞拉货币在四年内贬值超过99%，国民对法定货币玻利瓦尔失去信心，在这样混乱的局面中，国民一方面开始回归到以物易物的生活方式，如以面包换取药品；另一方面则开始大量涌向比特币等数字资产，从2014年8月到2016年11月，委内瑞拉比特币用户数量从450人上涨到8.5万人。为了防止国民最终抛弃以政府信用为背书的法定货币玻利瓦尔，政府决定推出石油币，并于2018年11月最终宣布确认石油币成为该国法定货币，将玻利瓦尔价格与石油币挂钩。目前，石油币可以使用人民币、美元等法定货币和比特币、以太币等数字资产购买，国内采购石油的交易也都需使用石油币进行支付，如各航空公司的飞机在委内瑞拉当地补充燃料时也需支付石油币。同年12月，政府又开始以石油币支付居民养老金。

迪拜：该国将区块链应用到城市服务中，目标是在2020年前成为"全球首个由区块链驱动的政府"，并将所有政府交易转变为区块链模式，使用区块链管理数以亿计的政府文档，包括签证申请、账单支付和许可证续领等。通过区块链技术将"权力交给人民"，使每个人都参与到与他人的直接交易中。例如，迪拜的区块链系统可以记录所有房地产合同，以及连接房主和房客以方便支付水电、通信等费用。预计每年可节省近1亿页的文书纸张、2510万小时的工作时间、4.11亿千米的公民出行里程。

巴林：2018年5月，巴林王国开始关注并采用区块链技术，以降低维护该国汽车注册数据的成本。巴林交通总局（GDT）宣布了一项在该国开发基于区块链的车辆登记系统的新计划，现在正在寻找技术合作伙伴以专注于该系统的设计和实施。

印度：印度的许多州也在讨论区块链的应用，如安得拉邦与瑞典公司ChromaWay基于区块链的公民数据合作，以及对其在智能城市、交通等领域的应用的探索。

此外，爱沙尼亚、格鲁吉亚、瑞典等国家也均已在政府和公共部门开展区块链应用。

第3章
通证经济体系设计

  区块链很重要的应用就是价值在互联网上的直接流通,这种流通不是单纯货币化的流通而是生态化价值的流转,通过实体或虚拟资产的Token(通证)数字化,将资产上链,实现资产赋予公信的数字化,使之能够直接通过网络来跨国界、短时差、低成本地进行交易与转移。通证经济学(Token economy)是在区块链技术产生之前就出现的一个经济概念。通证可以解读为"具有流通性的加密的数字化权益证明",我们日常用来登录任意一个系统时所用的登录账号、密码即为通证的一种。而在区块链网络经济中,通证(常表现为数字代币)则被作为一种推动区块链生态圈里各个角色的协同运作的激励性的经济工具。在一个相对成熟的通证经济社会中,所有应用的开展都将以智能合约为基础,而通证则是对现实固有价值和内在价值的数字化,通证的产生依据市场化原则,其流通具有高度的自由。通证就像目前的"打白条",是一种"资产数字化",个人凭借其信用背书将资产赋予权益性证明以在通证网络中流通。在通证经济社会,大家被鼓励把自己的所有权益包括但不限于工资、存款、不动产、股票、合同、期权和证书等内容都进行"通证化",但凡市场能够赋予认可的价值,都可以在通证网络上进行通证化流通、交易,并且可以在现实生活中进行兑现和消费。

3.1 通证经济系统原理剖析

"通证经济"这个术语给大家带来了很多困惑。人们通常并不清楚它确切指什么。简单来说，通证经济就是利用激励和密码学来设计新的系统、应用和网络。通证经济专门用于构架，这与机制设计颇为类似，涉及数学和经济学理论。通证经济并不是经济学的一个分支，而是一个包含了经济激励机制和经济理论的应用密码学领域。比特币、以太坊、Zcash 和其他所有公链都是通证经济的产物。

通证经济使区块链变得有趣，并区别于其他技术。从中本聪的白皮书中，我们了解到通过把密码学、网络理论、计算机科学和经济激励巧妙结合，我们可以创造新的技术。全新的通证经济系统能够实现这些学科无法独自实现的事。

3.1.1 经济学中的区块链逻辑

在传统的价值体系中，只有可以被记录在账本上的事物才可进行价值交换并流通，因而记账是产生财富的基础。然而，现实世界中绝大多数事物无法被量化，可被记账的事物是极为有限的。但是"Token"可以将实体资产、虚拟的数字资产，通过数字的方式进行记录。例如，门票、积分、合同、证书、点卡、证券、权限和资质等。区块链在一个去中心、去信任的分布式账本中，通过约定的规则和安全的密码储存信息，形成了一套自有生态体系，通过把规则作为研究对象，把原本分散的、投机的、不平等的人们串联起来，使他们公平地行动以形成制度经济学；通过把此种制度加密，将规则隐藏起来，采用相应机制让规则运转，并改变现有的中心化账本模式，形成制度加密经济学。数字货币中使用加密技术结构来管理虚拟货币单位的生成，并验证资金在全球范围的转移，在此过程中区块链技术体系解决的核心问题是在分权体系中形成共识的拜占庭难题。这其实是伟大的创新，可以想象一下，这么多人在不同的社会组织结构上各司其职，形成一个共识，这是人类几千万年来一直在寻求的机制，其核心是超越技术，涵盖机制设计、博弈论、货币、技术和社会学等问题的深层经济学。从发展和实践来看，通证有以下 3 个要素。

（1）数字权益证明，也就是说通证必须是以数字形式存在的权益凭证，它必须代表一种权利,一种内在价值(Intrinsic value)。

(2)加密,也就是说通证的真实性、防篡改性和保护隐私等能力由密码学予以保障。

(3)可流通,也就是说通证必须能够在一个网络中流动,以便随时随地可以被验证。其中一部分通证是可以交易、兑换的。

事实上,从身份证到学历文凭,从货币到票据,从钥匙、门票到积分、卡券,从股票到债券,人类社会全部权益证明都可以用通证来代表。需要特别说明的是,通证并不一定要跑在区块链上,但是区块链为通证提供了坚实的信任基础,它所达到的可信度,是任何传统中心化基础设施都无法提供的。

3.1.2 可流通的加密数字凭证

在过去,大多数人把主要注意力放到了价格暴涨和各种暴富的传奇上,而通证的真面目被掩盖了。人们弄一条链,发一个新数字货币,附加一堆先进技术,再拉上几位名人做背书,就上交易所,进行庄家拉盘、价格炒作。而所谓的币完全没有服务实体经济,成了空气币。空气盘速度快,但是始终不落地,迟早要崩下来。最近币价大跌,很多炒币投资者退出,行业褪去浮躁,更多人开始关注 Token 本身的意义。Token 是可流通的加密数字凭证,是数字资产存在的一种形态,现有的数字资产可能存在银行账户、股票交易所和债券登记公司这些中心化的登记机构或交易机构的账户体系上。而在区块链的时代,数字资产是在多中心链式结构上流转的。在区块链技术结构里,密码学是最基础的保障体系,在区块链上发行和流转的通证,骨子里就带着密码学的基因。通证代表着权益,而密码学是对权益最可靠、最坚不可摧的保护,区块链只是一个交易和流转的基础设施。通证之"通",就是要具有高流动性,能快速交易、快速流转,安全可靠,而这恰恰就是区块链的一个基本能力。

3.1.3 通证经济

我们可以把通证经济理解为将通证允分利用起来的经济体系设计。

(1)供给侧,通证的供给充分市场化,高度自由,任何人、任何组织、任何机构都可以基于自己的资源和服务能力发行权益证明,而且通证是运行在区块链上的，随时可验证、追溯和交换，其安全性、可信性、可靠性是以往任何方式都无法企及的。每一个组织和个人现在都可以很轻松地把自己的承诺书面化、"通证化"和市场化。这是人类社会从来没有的能力。

（2）流通速度。这是个关键点。区块链上的通证的流转可以比以前的卡、券、积分和票快几百几千倍，而且由于密码学的应用，这种流转和交易又极其可靠，纠纷和摩擦呈几百几千倍地降低。如果说在传统经济时代，货币流转速度是衡量整个社会经济发展的一个重要指标，而在互联网经济时代，网络流量是衡量一个国家、一个城市发达程度的重要指标，那么在"互联网+"经济的时代，通证的总流通速度将成为最重要的经济衡量指标之一。当每个人、每个组织的各种通证都在飞速流转、交易时，人们的生产和生活方式将会完全改变。

（3）价格发现。由于通证高速流转和交易，每一个通证的价格都将在市场上被迅速地确定，这就是通证经济的看不见的"手"，它比今天的市场价格信号要灵敏和精细几百几千倍，将把有效市场甚至完美市场推到每一个微观领域中。

（4）通证应用，亦即围绕通证的智能合约应用。仅此一项，就可以激发出千姿百态的创新，它所创造的创新机遇、掀起的创新浪潮，将远远超过先前计算机和互联网时代的总和。

基于以上4点认识，可以坚信通证将是下一代互联网新经济的关键。国家的管理意志将由密码学、智能合约及与之相配套的一系列制度和基础设施来确保实施，任何组织和个人都无法"上有政策、下有对策"。通证经济既能促进自由交换，又能加强监管，这是市场经济的一次大升级，其本质上是用密码学、用包括跨国界的开源开放超级计算机等未来信息基础设施来重新定义市场经济。

3.2 通证经济系统运作

通证经济是围绕通证这个中心建构的一整套经济活动体系。伴随着人类物质生产力的无限潜力，下一代对环境和地球资源是否有效利用的关注，以及未来共享经济的普及，通证经济将从对拥有物质资产的追寻转换为对使用权通证、对虚拟IP通证的追寻，有可能会直接解体荷兰人建立的、作为资本主义基石的现代股份公司制度。这是大势所趋。例如,被称为公共商品的公共交通、地铁及自来水等的使用率非常之高,而有些商品,人们虽然拥有,但是基本上不用。区块链的关键不是由一个中心化权威完全决定,而是在于发挥整条链的参与者的参与作用。而通证不仅解决了服务估值、定价、交易和流通的问题,而且解决了参与者的经济激励。

3.2.1 通证经济价值

Token 的概念在区块链诞生之前就已经存在了,它并不是区块链所特有的产物。Token 和游乐场的金属币、电子游戏中的游戏币、Q 币等属性相当。比特币的价值是一个独特的存在,其社会共识完全是自发形成的,靠的是人们对数字货币技术的不断了解和技术信任激励制度,没有任何第三方的背书。Q 币的价值来自用户享受 QQ 提供的服务,如更换头像、衣服,或者在某个游戏中兑换金豆。实际上这是商业类 Token 的一个典型特征,由某个发行方在后面做价值背书,Token 价值在发行方的承诺里得到实现,而在其他地方无法实现。

判断一个 Token 的价值,首先,一定要考虑其价值来源及其成为比特币的机会,以及是否有商业主体进行背书,而一旦有商业主体进行背书,就要去看这种背书能带来什么样的价值。其次,要了解社会共识的范围,如比特币的持有者是全球自发产生的,目前是千万级别用户,估值 1 万美元。社会共识产生的价值往往与这个社会共识群体的平方数成正比,这是互联网的一个规律,即梅特卡夫定律。据研究,比特币价格的变化与梅特卡夫定律非常贴合,也就是说比特币的价格与持有比特币的人数的平方成正比。按现在比特币只有 1000 万人持有来算,它现在的价格是 1 万美元;等到将来有 1 亿人持有比特币时,其价格将会成为 100 万美元;以此类推。

Q 币的持有者、使用者在 QQ 生态环境内已经超过 1 亿人,但 Q 币现在的价格是 1 元。Q 币并没有因为其使用者的增加而增高。这是因为腾讯承诺给它什么样子的服务,它就会有什么样的价值。由于腾讯在体系内一直给 Q 币提供 1 元的服务,因此 Q 币的价值就永远是 1 元。

总之，对于不同类型的 Token 而言，其价值来源决定了价值的变化或波动，而并非简单地由用户的数量来决定。

一个区块链项目 Token 的用户增加，与 Token 的价值上升不一定有关系。

这涉及它的经济体系的设计，如果这种 Token 是某种固定的产品和服务的兑换，那么它实际上不应该增值，否则就会出现价格上涨与消费意愿的矛盾。一旦因为价格的上涨导致消费意愿消失，那么它的整个经济体系可能会停止运转，也就是说会导致没有人用这个 Token 去消费，而反过来又会导致这个经济体系的整体价值下降，进而阻碍 Token 上涨。

所以，总体来讲，绝对不能以用户量的多少来判断通证的价值会与它的数量甚至数量的平方成正比。客观看，比特币的稳定性比较差，只在局部保持相对稳定；反观 Q 币则没有什么波动，因为腾讯公司只要一天不倒闭，那么 Q 币便永远只值 1 元。

很显然，目前各类区块链项目的币价处于初期的混沌之中：价格暴涨暴跌，找不到任何价值锚定的支撑和参考；区块链通证估值的障碍比早期互联网公司建立估值的障碍要多。在传统的市场中，资产定价理论已经实践多年，其背后的思想本质来源于费雪（Irving Fisher）的《利息理论》——资产价值为未来收入折现。在涉及公司估值的时候，各类折现方法都是围绕企业经营利润展开的。实际上，公司的估值都是针对公司股权进行的。从这个意义上讲，公司估值是对利润进行资本化的过程（折现）。而区块链通证估值理应也遵循收入折现的逻辑。

3.2.2 通证经济运作

Token 实际上有一个演进的过程。在计算机互联网世界，Token 就是指令牌，即许可证、通行证、密码和口令。它与所有权是分离的，可以许可你使用，但不表示你拥有它。在儿童游乐场，也可以去柜台买一个 Token，然后用这个 Token 去玩所有的游戏。丢两个 Token，旋转木马就可以旋转五分钟，但旋转木马并不会成为你的，你只是拥有了五分钟的使用权而已。这时，儿童游乐场的 Token 便具有了结算功能，这是计算机世界的 Token 所不具有的。这个 Token 与赌场筹码一样，假设每种玩法都用现金玩，结算就非常复杂，换成赌场筹码后结算就会非常简单。在观察任何一个项目 Token，或者设计一个 Token 模式时，必须要考虑 Token 是一直平稳波动还是持续上涨，是否会受到人的主观判断的影响而暴涨暴跌，这都需要项目方或投资人去考虑。

通证经济模式扩大了供给市场。在理论上，所有的资产权益都是可以通证化的。任何人、任何组织都可以基于自己的资源和服务能力发行权益证明；此时，提供产品或服务的人不再局限于传统的生产商，任何人都既可以是消费者，又可以是生产者。通证经济重新定义了生产关系。当资产权益通证化后，其流通是发生在区块链网络内的，区块链技术保证了整个流通过程的公开透明，以及随时可验证、可追溯。这不仅极大地降低了交易过程中的监督和审核成本，而且其安全性、可信性、可靠性是以往任何一种交易方式都无法比拟的。因此，资产权益在区块链上能实现高速流转和交易，从而使其价格在市场上也能迅速地被确认。

区块链项目的"白皮书"里说了很多共识算法，但它的技术共识和社会共识与价值来源本质上没有关系。也就是说，一个项目的技术部分，可以作为考核这个团队实力的一个标准，但它本质上不会是这个项目的 Token 未来价格变化的依据。这就与互联网项目一样，投项目还是投人，可能会决定项目的成败，但它并不等于这个项目本身的未来价值。技术算法本质上是团队设计理念的一个体现，但不会百分之百等同于 Token 未来价格的变化。

3.2.3 行业区块链的应用

对于传统产业来说，如何有效结合区块链的技术思想是一个很重要的课题，因为并不是所有的行业都需要应用到区块链的底层技术。对于大多数企业来说，区块链的核心是资产通证化，是在通证结构的基础上建立经济生态。对于一个商业生态模式来说，商业经济的本质是价值和效率，实体企业的产品和服务是立足市场竞争的根本，可在这个基础上进行各种营销行为，其中 Token 是价值的承载。与资金流不同的是，Token 可以是产品和服务的载体。但是在 Token 经济中，一切基于算法和代码的共识机制，虽然其中包含了共识的效率和以工作量为考核奖励的分配机制，但经济激励模式要融合生产厂家、用户和消费商等不同角色才能成为生态。

在国内，虚拟货币的 ICO 被定义为违法的集资行为，而产业区块链经济模式本质是资产数字证券化，通过联盟链或行业公链建立产业分布式账本，再通过基于区块链的密码技术安全共识算法建立信任，最终在产业链条建立分布式的共识机制，并根据行业经营的特性设计生态经济模型，然后针对行业商业结构设定智能合约规则和激励机制。目前，在国内不能向大众直接募集资金，因此在模式的闭环上，必须考虑邀请合法的金融机构来共同参与，以完成整个生态模式设计。

Token 模型并不是一副万能药，这种模型的机制、玩法都是公开透明的，任何团队都可以学习，但最终效果仍旧取决于团队的素质、执行力，以及项目是否提供了真正吸引用户的优秀产品。在通证经济体系里面，有两个核心要素。一是所谓的经济体，就是当下看到的实体经济，包括新型经济、用户、智能合约和产品服务；二是交易平台，例如，过去的以物易物必须要有一个公共、公平的交易平台，未来持有的 Token 所享有的服务，也是要通过平台进行交换。用户一旦有了区块链技术，有了 Token 就可以随时了解信息，了解合约的运行情况，自行点评每个合约，并通过推广来获取激励。

真正的通证经济改造或者说真正的链改不是解决一个商业模式及激励机制，而是将实体经济与区块链技术甚至数字技术相结合，形成自己的商业生态。通过 Token 经济改造，企业的资产收益权可以 Token 的形式进行发行，然后全球都可以在公开市场上购买、持有和流通 Token，以此来支撑实体经济的发展和运营。在未来，Token 可能就像股票一样，成为每个用户的权益或分红的权证。

3.3 通证经济系统设计

所谓通证经济系统设计，就是对整个系统里多方角色的激励进行设计，激励各角色沿着系统的目标行动，以实现系统目标和各角色个体利益目标的一致。从区块链商业落地的角度来看，通证是核心连接点，只有有效地设计通证模型，才能激励与治理一个产业生态圈，从而构建成"通证经济体"。

3.3.1 通证经济设计的核心点

1. 需求确认和边界设定

开始设计之前，要考虑使用通证经济设计的必要性，也就是说是否真的需要用到区块链技术来解决问题，以及在此基础之上有无跨边界的需求。就算没有跨越边界的需求，通证仍然可以存在，所设计的通证经济系统也能在公司内部进行流通，如腾讯平台发行的在内部可以使用的企鹅币。只有在跨越边界的需求越来越强时，通过区块链来实现的通证经济的作用才会越来越大。当然，突破边界的客观需求是存在的，这也是通证经济系统重要的作用，但从现实角度考虑，这种需求需要保持适度，如何认知、设定这个边界，也是在设计中需要考虑的问题。

2. 基本原则与共识

在整个设计过程中要保持正义的原则，要有可行性。另外，这个社会不只是由普通公民组成的，政府、监管机构和交易所也是社会的一部分，设计通证经济体系一定要考虑所有利益相关方的认知，符合规章制度的要求，政府和监管机构共同促使达成整个社会的共识，通证经济才能推行。

3. 通证属性与发行机制

通证不等于货币，通证的价值要大于货币的价值，但是通证价值源于其货币属性，其基础价值按照货币运行规律来实现。记账单位、交换媒介和价值存储，是货币的三大属性。通证的价值和属性也从中衍生而来。

现在要面对的问题是，需要设计几层通证？通证的功能和属性是什么？通证发行总量是多少？如何发行？发行后如何在系统内及二级市场流通交易？不过，由于通证经济设计是一个全新的领域，并没有太多可以直接套用的成功案例，需要更多大胆的想法和新颖的设计思路。

4. 激励机制

激励，是撬动整个经济系统的杠杆。优秀的激励机制可以在短时间内吸引大量的用户流量，为系统注入新生力量，同时让系统内的角色保持活跃，让整个经济系统健康运行。就目前来看，激励机制大多围绕"挖矿"展开，为参与者输送利益或给用户创造成就感,以此达到激励效果。此环节设计容易落入俗套,掉进常规化陷阱。后期会作详细分析。

5. 经济增长要素

通证经济系统设计必须符合传统经济发展规律。按照马克思的观点,经济增长方式可归结为扩大再生产的两种类型,即内涵扩大再生产和外延扩大再生产。外延扩大再生产就是主要通过增加生产要素的投入,来实现生产规模的扩大和经济的增长。同理,在通证经济系统中,要实现经济的增长也需要增长要素的注入。

3.3.2 通证经济设计判断要素

在传统实体产业中,区块链并不是万能的,不是所有的企业都适合上区块链,就像电商时代一样,前期不是所有的产品都适合在网上买卖,随着网络应用的深化和基础条件的不断完善才逐步有更多的产品通过网络进行营销。因此要评估一个企业是否需要上区块链,就需要针对传统企业的产品、经营模式、区块链流转特性等进行必要性的评估。项目判定如表3-1所示。

1. 是否存在多方交互场景

区块链的功能之一就是天然的去中介化,不仅能够为社会带来很大的价值,也能够降低相当多的成本。在企业商业模式中,如果交易链条比较长、参与方比较多,那么这种情况是比较适合区块链经济体系设计的。尽管在投机资本和短期套利导致的联合垄断和操纵市场下实现不了"去中心化",但区块链支撑的点对点(P2P)场景,允许单个节点与其他节点直接交互,这样就直接绕开了中介。因此供应链金融、航运、物流等多方交互场景都有较好的应用前景。

2. 是否需要信任的建立

中国企业目前存在很大的信任危机问题。如何在信息不对称、不确定、不安全的环境下,建立经济活动赖以发生、发展的"信任"生态体系?如何在网络通信双方均为陌生人时,创建出共识基础来进行安全的信息交互而无须担心数据被篡改?解决上述问题的实体企业必将获得重要的发展。而区块链用"算法证明机制"来保证整个网络的安全,首先去(第三方权威)信任,然后通过技术允许陌生人之间相互信任，借助"算法证明机制"，整个系统中的所有节点能够在去（第三方权威）信任的环境下自动安全地交换数据，毋庸置疑，利用区块链经济是中国企业摆脱目前困境的唯一出路。

3. 是否为高价值产品

企业要分析自己的产品或资产结构是否具备高附加值。高价值的产品或资产在上区块链后增加的价值往往会比较高，如原酒资源可以是高价值资产，但在商业模式上需要激励手段；而橡胶原料有一定的稀缺性，但并不是高价值资产，尽管在国内只有粤西地区和海南能够种植，但目前国内大量的橡胶原料都来自进口。

4. 是否具有稀缺性

企业的产品或资产具有稀缺性和限量性，就容易通过紧缩政策获得溢价增值。古茶树、优质奶源、原酒、橡胶和文化艺术品等都具有稀缺性。

5. 流动性情况

企业的产品或资产的流动性如果比较弱，则需要通过经济机制促进其流动性。例如，航运行业的船舶资产具有高价值，但流动性差，可通过资产证券化的形式将其盘活以促进金融发展并支撑实体经济。

表 3-1 项目判定表

序列	情况	内容
1	行业前景	项目所属行业领域的发展前景
2	区块链结合	区块链和项目的结合程度，区块链对项目的必要性
3	投资机构/人	项目获投资情况，投资人、机构实力及背景
4	盈利性	盈利合理性及盈利预期
5	创始人背景	创始人个人背景，原产业背景、过往经历
6	区块链技术经验	团队在区块链领域的经验和实力
7	垂直领域经验	团队在垂直领域的经验和实力
8	团队规模	团队的完整性、规模大小
9	技术创新	垂直领域或区块链的技术创新
10	构架设计	采用的技术、共识机制、框架是否符合项目需求，逻辑是否合理
11	技术壁垒	技术是否形成较强的竞争壁垒

续表

序列	情况	内容
12	风险意识	项目团队对潜在风险的识别和控制意识的强弱
13	风控措施	项目团队和白皮书已阐述和实施的防范措施

3.3.3 通证模型过程

当前很多人口中所谓的区块链 3.0 的概念，就是强调区块链技术加实体经济，强调场景应用落地。而过去币市暴跌过后所新提的币改，仅仅是对通证激励的商业模式创新，而疏忽了经济模型设计，并没有真正体现区块链技术和实体经济相结合的精髓。将实体经济的资产、商品或服务上链，带来的结果是市场上流通的 Token 能够和相应的资产、商品和服务对价，从而避免了空气币的产生，这是通证经济改造最显性的特征之一。这种 Token 模型具备与实体产业、游戏、社交、电商、金融和溯源等更多应用领域结合的潜力。

1. 经济模型设计

（1）分析自己企业的资源、用户、产品及企业数据如何最大化地实现经济价值。

（2）Token 与资产、商品或服务进行捆绑。

（3）在交易过程中，原先的资产转让、商品买卖或服务输出已经完成了货币的衡量及对价的支付。

（4）Token 考虑几种获取形式：行为挖矿、免费获取、活动赠送和购买。

（5）建议 Token 不做募资，而是通过行为挖矿或是通证激励方式给到用户。

（6）通过 Token 将商业用户数据进行锁定，给每个客户一个身份识别。

（7）通过这样的方式使系统内用户之间的黏性增强，伴随系统的生态建设、商品流通范围的扩大而产生价值。

2. Token 的分发

在任何一个区块链项目中，Token 的分发都是最重要的部分，以下几个因素需要重点考虑。

（1）如何将Token尽可能分散到更多人手中，从而获得更多的支持者、更大的社区规模。

（2）如何将Token以奖励的形式发放给真正为项目贡献了价值的用户，从而激励用户持续使用，提升对同类竞品的竞争力。

（3）如何使第一批用户获益，从而带动更多的用户进来。

（4）如何产生数据的价值。大数据隐含着巨大的财富，当收集的数据形成一定规模，并呈指数增长时，数据价值在Token上就体现出来了。

（5）如何产生流通的价值，用代金券与用人民币等法定货币去购买商品的心态是不一样的。在传统经济体系中，消费一万元换取的是等价值的资产或商品或服务，但是在通证经济改造的情况下，消费者还额外获取了一定价值的Token，从而会大大地刺激重复消费，Token也因此有了流通的价值。

（6）如何产生资产的价值，所谓的通证经济改造就是将资产、商品、服务上链。如果持有的每一个Token都有相应的资产、商品和服务的权益，那么它就具有了资产的属性。

在以往通证项目分发过程中，不同模式的几个要点如下。

（1）登录即空投。新用户首次登录平台，即可免费获得一定数量的代币，而如果企业会员比较多，一旦利用原来的市场网络通过多个账号进行空投领取活动，那么就可以在很短的时间内完成大规模的分发。

（2）消费即返币（积分）。用户通过消费，即可获得一定比例的代币返还，这在一定程度上弥补了用户可能的成本，从而带动更多用户和消费者加入。

（3）与比特币一样，采用逐步减半的模型，每挖出5%的代币后，返币比例减半。这种模型导致代币的产出越来越难，供应增加的比例越来越慢。用户倾向于在早期尽可能多地获得代币，从而保障了用户流量的持续性。而早期用户由于享受了更高的返币比例，可以获得更高的分红和持仓市值，从而带动更多的用户加入。

（4）通过行为挖矿，如对企业产品的真实评价、点赞、转发、介绍购买等各种有利于企业的营销行为。

3. Token 的流转用途

在 Token 被分发到用户手中后，项目需要给 Token 赋予一些真实的价值，以使用户安心持有，并继续使用平台。仅靠"白皮书"的空想和预期支撑的空气币项目，在熊市挤泡沫的过程中几乎没有市场。

项目可以考虑如下的用途。

（1）参与分红，小范围的积分促进销售类型的平台可以考虑拿出一定的净利润进行分红。

（2）直接使用，在平台的游戏中可直接使用代币进行投注和消费。

（3）随着项目的生态建设推进，会自然形成专属的生态圈，也就有了圈内和圈外之分。在此情形下，作为通证机制的制定者会制定相应的规则。例如，圈外的人如果想进入圈内享受整个生态的资源，就必须要购买或持有对应的 Token（可理解为通行证）。这时，圈外的人必须要通过一个公开的市场来购买 Token 以进入圈内。这样就产生了市场交易行为，并在实质上演变成投资行为，从而产生了投资的价值。因为在后续生态建设时，Token 可以进行买卖流通，进行买卖流通就有了投资的属性，这就是 Token 的投资价值。

4. Token 的二级市场管理

Token 的二级市场价格走向，代表了整个社区的信心水平。一个成功的项目，需要充分考虑如下几个因素。

（1）代币价格应该让首批参与者获利。如果连种子用户都丧失了信心，弃之而去，那么项目后续的活力将难以维持。

（2）项目团队需要对自身具有很强的信心，当市场出现恐慌时，能拿出一部分利润进行回购以稳住市场情绪，让社区看到团队的决心。在传统股票市场，上市公司在二级市场回购股票，通常会被视为优质公司也是出于这个原因。

（3）相对于流通市值规模，保持一定成交量和换手率。

5. 影响通证经济的成败关键模式

区块链项目的成败，首先在于发行 Token 主体有没有形成一个强大的生态体系。如果阿里、京东、腾讯发行 Token，人们就会有充分的理由相信，这个

Token 的使用面和流通的范围会很广。如果一个小的技术或电子商务公司发行一个 Token，其流通可能会有问题。Token 的价值和流通完全或主要由其生态建设决定。

很多项目简单地把 Token 当成一种新型融资金融工具，而忽略了整个自身实体或生态服务能力、商品质量等方面的打造。没有强大生态的企业去发行 Token，结局可能就是一地鸡毛，这是假的链改。单个实体发行的 Token，随着其做大做强，可能会产生联盟链，或者其 Token 成为行业公认的交换或衡量标准，获得更多的认可，同时还附加整个行业的属性。

这类似于比特币成为整个加密数字货币中的数字黄金，类似于以太坊成为数字代币项目开发的主要底层技术，很多项目都是在 ERC20 技术的基础上进行开发的。开发应用的项目越多，以太坊的价格会越得到巩固及提升。所谓的公链和联盟链的打造，其实是基于一个简单的逻辑：任何一个"巨无霸"公司都是从最早的个人作坊，或者是由个体户做大做强的，而该公司的股票或股份也随着公司的做大做强而不断得到巩固和价值提升。实体经济很容易做到资产背书，对于技术型企业来说，要购买其服务，按照正常的商业逻辑思维，可以通过签署经济合同，为技术开发咨询收取相应的回报，同时也可以附加或赠予一定数量的 Token。这样一来，在未来技术升级迭代时，用户可直接支付 Token 来换取服务，通过 Token 的流通来实现商业闭环。中小企业也可以通过产、供、销构成自己的一个生态。中小企业需要做的是依据自己的优势和竞争力等实际情况，脚踏实地进行一些通证经济的改造，以点带面，编织了一张通证经济或链改生态网络。

对于个体，将自己的资源引入通证经济体系中，获得 Token 的激励，再拿着激励的 Token 进行商品或服务的兑换，以此实现资源变现。这种行为越多，激励就越多，个体所掌握的 Token 就越多，享有的权益也就越多，一旦成为超级节点，就能享受到整个生态系统的通证红利。

通证经济模式设计如表 3-2 所示。

表 3-2 通证经济模式设计

战略定位	上链必要性	应用场景	技术能力	团队实力	项目背书
	√	√	√	√	√
角色画像	角色一	角色二	角色三	角色四	角色五
	基金会	社区管理员	内容创造者	用户	见证人
Token 设计模式	配比	激励池 75%、Steem Power 持有者 15%、见证人 10%				
Token 设计模式	角色功能	三种通证：Steem Power（流量锁仓）、Steea（用户流量）、Stee Dollar（锚定－美元）				
激励机制		内容激励，价值激励				
原始发行机制		中心发行（预挖）	无	内容挖矿	无	见证挖矿
流通机制	市场流通	交易，手续费	交易	交易	交易	交易
流通机制	内部流通	锁仓	锁仓	锁仓	锁仓	锁仓
流通机制	用户流通	奖励	无	打赏	赠送	无
共识机制设计		DPOS				
经济要素		通证锁定、天然通缩＋价值锚定、稳定币				
增值逻辑		经济增值逻辑				
风险评估		竞争力风险、技术风险、运营风险				

第 4 章
区块链与供应链金融

供应链金融自诞生以来,以其独到的模式受到了市场主体的追捧,发展十分迅速,但是因受限于其他因素,所以还无法有效发挥其潜力。具体来说,就是银行授信对象比较受限制,核心企业科技支撑不足,以及交易过程无法可视。这些都成了供应链金融发展的瓶颈,而区块链技术则是通过分布式核算和存储,具有信息不易篡改、去中心化和开放性的特征,这恰恰又是解决供应链金融发展中的问题的方法,因此,探究区块链技术在供应链金融中的应用非常有意义。

4.1 供应链金融模式分析

供应链金融，简单地说，就是银行将核心企业和上下游企业联系在一起，提供灵活运用的金融产品和服务的一种融资模式。即把资金作为供应链的一个溶剂，增加其流动性。

一般来说，一个特定商品的供应链从原材料采购，到制成中间及最终产品，最后由销售网络把产品送到消费者手中，将供应商、制造商、分销商、零售商、直到最终用户连成一个整体。在这个供应链中，竞争力较强、规模较大的核心企业因其强势地位，往往在交货、价格、账期等贸易条件方面对上下游配套企业要求苛刻，从而给这些企业造成了巨大的压力。而上下游配套企业大多是中小企业，难以从银行融资，最后可能造成资金链十分紧张，整个供应链出现失衡。

"供应链金融"最大的特点就是在供应链中寻找出一个大的核心企业，以核心企业为出发点，为供应链提供金融支持。一方面，将资金有效注入处于相对弱势的上下游配套中小企业，解决中小企业融资难和供应链失衡的问题；另一方面，将银行信用融入上下游企业的购销行为，增强其商业信用，促进中小企业与核心企业建立长期战略协同关系，提升供应链的竞争能力。

4.1.1 供应链金融的概念

供应链金融是在企业进行供应链管理的基础上产生的，传统的供应链管理只关注信息流和物流，忽视了对资金流的管理，使信誉高、易获得银行贷款的核心企业与供应链中资信较差、融资困难的中小企业出现严重的流动资金不平衡问题，并且由于核心企业通常会利用其强势地位占用一定的流动资金，导致中小企业资金的收支不能在同一时刻发生，从而产生资金缺口。供应链金融就是通过商业银行的介入，利用核心企业的信用保障，将低成本的资金流引入供应链上下游的中小企业，以解决其资金缺口问题，从而维持整个供应链资金的高效运转。

供应链金融模式的初衷是解决供应链节点企业，尤其是中小企业的资金困境。中小企业受自身的局限性和金融行业的特殊性影响，资金流问题一直是影响其经营的关键因素。中小企业都普遍有着强烈的融资需求。

供应链金融是把金融服务在整个供应链链条全面铺开，银行基于对供应链上核心企业的信任，给予上游供应商以应收账款融资、下游经销商以应付账款融资服务，以及其他相关金融服务。供应链上下游企业获得的授信正是通过核心企业雄厚的授信条件及较强的信息整合能力来实现的。在整个供应链条上开展金融服务是商业银行业务和产品创新的一个重要方向。供应链金融从本质上讲对中小企业更有包容性和开放性，它为解决中小企业的融资问题提供了一个很好的思路。供应链金融自提出以来就被各方看好，从风险控制方面讲，它把核心企业与配套的上下游企业作为一个整体，把单个企业的不可控风险转化成整体可控的风险，通过这种风险控制方法的创新，既增加了商业银行的业务规模，又解决了中小企业的流动资金需求，践行了金融服务实体经济的宗旨。

然而，供应链金融与传统银行的授信模式是不同的，前者采用整体授信，后者采取个体授信，这种授信模式的创新正是供应链金融的魅力所在。供应链金融更有利于中小企业融资，商业银行不再对中小企业的固定资产、担保品抵押等财务静态数据有过分要求，而是去考核供应链核心企业的信用水平和偿债能力，基于对核心企业的产品、信用和信息科技水平的信任，进而对中小企业进行更多的信用放款，这无疑减少了中小企业与银行之间的信息不对称性问题，也便于银行更好地了解中小企业真实的财务状况。商业银行经历长时间的摸索，供应链金融业务也得到了长足发展，特别是现代的高新信息技术为管理过程提供了可供依赖的手段，而企业自身的资源管理及企业之间的沟通联系也越来越多地借助于以 ERP 系统为媒介的工具。现在几乎所有的上市公司都有自己的 ERP 系统，以提高物流、商流、资金流的管理效率，提高企业的信息化水平。

目前，供应链金融已经成为国际性商业银行贷款领域很重要的一个业务支撑点。据有关部门统计，全球排名前 50 家的银行几乎全部提供供应链金融业务。我国首家开展供应链金融业务的是深圳发展银行（后整合为平安银行），之后，其他银行也奋起直追，形成了各具特色的供应链金融业务（如中信银行的"银贸通"、民生银行的"贸易金融"、兴业银行的"金芝麻"），一些中小型规模的银行也纷纷加入这个领域中。

4.1.2 企业供应链金融的需求分析

供应链管理的根本目的是实现资金流、信息流、物流及商流的有效传递和对接，其中资金流协调是保证供应链持续健康运行的关键，然而供应链管理模式可能会使企业经营过程中产生的财务成本增加。一是由于许多生产工序受市场影响而时常变动，从采购原材料到产品的生产再到消费端的过程中，企业间交易频率高，链上企业为满足市场交易的需要，必须保证现金的充足，从而使资金成本上升；二是赊销是供应链管理模式中的一种主要交易方式，赊销使资金需求的压力在链上企业间转移，往往会转嫁给处于弱势地位的中小企业。供应链节点企业在运作过程中的资金流缺口及融资需求如图 4-1 所示。

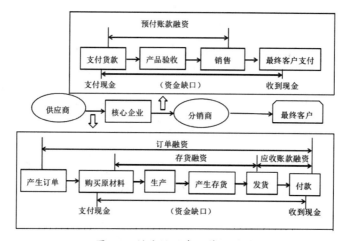

图 4-1 供应链融资运作流程图

1．供应链上游企业需求点分析

供应链节点企业的融资需求往往源于采购、经营和销售阶段的资金缺口，在采购阶段，由于实力较强的核心企业要求购货商预付账款，或者由于商品价格因素需要提前大量采购，导致中小购货商存在资金缺口的问题。

赊销方式使供应链上游的中小企业承受的资金压力越来越大，赊销期限的延长给供应链上游企业带来流动性压力，供应链上游企业需要便捷的资金来源以保证正常运转。

2．供应链中游企业需求点分析

企业在经营过程中，会受供需不均衡、商品价格波动等因素影响。为了保证商品销售的稳定，应对市场变化，企业往往会累积一定量的存货，从而增加了供应链的资金占用成本，相关研究表明其占比达 30% 以上。所以资金周转较慢的企业，尤其是中小企业既需要保有一定量的库存，又希望将库存盘活，转变为流动资金以满足经营运转。对于这些在经营过程中产生融资需求的企业而言，凭借自身获取信贷的交易成本较高，而利用在供应链中与其他企业的关系获取信贷，不仅能够降低成本，而且能够产生外部规模经济。除此之外，企业在经营发展的不同阶段具有差异化的融资需求，需要与之相匹配的资金供给，只有当其基本的融资需求得到满足后，才可能产生更多元化的金融需求。

4.1.3 供应链下游企业需求点分析

在销售阶段，处于弱势地位的企业经常因为购货方（核心企业）实力强大而不能及时收回货款，下游的中小经销商通常需要先支付货款再实现产品的销售，因此产生了支付货款节点至再销售回款节点的资金缺口。下游中小企业之所以支付预付款进行采购，一是因为下游中小企业在交易过程中往往处于劣势；二是因为在一些特殊的贸易背景下，如下游企业在销售淡季向核心企业打款，从而锁定优惠价格，以便在销售旺季分批提货进行销售，或者下游企业通过一次性付款的方式大量采购可以享受一定的折扣，而核心企业由于生产情况无法一次性发货等。向核心企业支付的预付款项占用了中小企业大量流动资金，为保证企业正常的经营运转，这些中小企业也需要进行外源融资。

4.2 区块链在供应链金融中的应用

供应链金融发展的目标是依托供应链核心企业，为产业上下游相关企业提供全面的金融服务，最终降低整个供应链的运作成本，并通过金融资本和实体经济的协作，构筑银行、企业和供应链互利共存、持续发展的产业生态。融资便利性和低成本是产业生态繁荣的内驱力。目前供应链金融在国内仍处于初级阶段，存在信息孤岛、核心企业的信任无法有效传递、融资难、融资贵等诸多问题。

而区块链以其数据难以篡改性、数据可溯源等技术特性，在融资的便利性与融资成本方面具有创新突破的潜力。区块链技术的特性与供应链金融的特性具有天然的匹配性。

4.2.1 供应链金融实践中遇到的问题

近几年,随着供给侧改革及工业转型的发展,很多企业特别是中小型企业融资难、融资贵的问题越来越突出。面对这种情况,国家有关部门为了推动金融业的发展、提升服务中小型企业的能力,支持工业有序、良性发展,制定了一系列的政策,鼓励供应链金融产业快速、健康地发展。但在实际业务推进发展过程中,传统供应链金融业务的开展依然存在着比较多的问题,国内的金融机构包括银行,开展供应链金融业务与国外同行相比起步较晚,国内特殊的商业环境和不断变革的时代新要求使其在应用中面临更多的挑战。

1. 供应链上的信息盲点

在实际商业运作中,同一个供应链的上下游企业的信息系统是各自独立的。供应商仅仅只是给厂家供货,质量按照指定要求达到相应的标准,供应商或经销商并不愿意开放自己的内部系统给厂家,除非遇到非常强势的核心企业,而供应商或经销商又必须依靠核心企业才能存活,95%的企业最多提供相应的商品信息或系统字段。企业之间的系统不互通,导致企业间信息割裂,全链条信息难以有效利用。对于银行等保守型的金融机构来说,必须尽量保证资金安全,企业的信息不透明意味着风控难度加大,因此很多银行机构不敢向这些供应商或经销商直接放款,转而只对核心企业授信,让核心企业提供担保作为向其供应商或经销商放款的前提。

2. 授信企业数量有限

供应链金融都是围绕核心企业供应链两端的中小企业,覆盖能力有限,很多中小企业由于不在核心企业的两端,所以仍然无法得到有效融资,并且银行的授信也是只针对核心企业的一级经销商和供应商,二级供应商和经销商则无法获得融资。也就是说核心企业信用不能传递,这种信息孤岛的结果导致核心企业与上游供应商的间接贸易信息不能得到证明,而传统的供应链金融系统传递核心企业信用的能力有限。银行承兑汇票的准入门槛比较高,想到银行开承兑汇票,就要先拿到银行的授信,银行授信的门槛和贷款的申请条件基本是一样的,就是说企业要有资格能从银行那里贷到款,才能从银行取得授信。不过,由于商业承兑汇票存在信任度低的问题，导致核心企业的信用只能传递到一级供应商层级，不能够在整个供应链上做到跨级传递。

3．信息真实性无法辨别

核心企业的信息系统无法完全整合上下游企业所有的交易信息，只是掌握了与自己发生交易的信息，这样一来，银行获取的信息有限，既无法得到更多的信息，又无法辨别获取信息的真伪，无法鉴别核心企业是否与上下游企业合谋造假、虚构交易诈取贷款。

核心企业对供应链的掌控成本随管理范围的扩张而急剧增大，随着产业分工的精细化程度提高，供应链企业数量呈爆炸式增长，在此情况下，核心企业全权管理是不现实的。传统的供应链管理模式通常为核心企业将管理权下放至低一级供应商，这种分层式管理导致了上下游信息不对称问题，核心企业对物流、资金流、贸易流掌控力不足，甚至存在信息篡改风险。信息不对称会衍生出两大问题：一是信息的真实性存疑，金融机构无法正确评估资产物流信息、界定风险水平，从而不愿放贷；二是可能会导致企业之间和银企之间出现信任危机。供应链上下游企业之间缺乏信任，将增加物流、资金流审查等直接成本、时间成本；银行对企业的不信任也会增加信用评估代价，导致融资流程冗长而低效。

4．交易过程不透明、虚构成本低

尽管供应链金融整合了物流、商流和信息流，但是由于整个交易过程公开不够及时，银行都是事后才获取到交易信息的，不能及时查看整个交易过程，这种滞后效应同样也会制约供应链金融的发展。

供应链融资模式的初衷在于能将资金导向真实、高效的贸易中，处于中枢位置的大企业则担负起为相关交易活动增信的责任。当前供应链管理技术的限制使信息的透明度与流通速度不容乐观，加之某些关键技术与渠道可能被上下游企业所掌控，核心企业对其交易的真实性实际上无法提供充足保障。

供应链的信息管理混乱、传递延迟等漏洞也给了企业相互勾结、弄虚作假的土壤，一旦出现问题，举证追责难以进行。低质甚至虚假交易的影响一旦传递到终端消费者，对现金流的回收会产生直接的负面影响。为降低回款风险，银行被迫加大投入以验证交易的真实性。

以上问题在很大程度上制约了供应链金融业务的进一步发展，人们迫切需要一种新的技术解决这些问题，在这样的背景下，区块链技术应运而生。

4.2.2 区块链针对供应链金融问题的解决方案

1．实现上下游企业信息共享

供应链上存在很多信息孤岛，这种企业间信息的不互通制约了很多融资信息的验证。例如，多个主体使用的供应链管理系统、企业资源管理系统、财务系统等所属厂商、系统版本不相同，导致系统难以对接，即便对接上了，也会由于数据格式、数据字典不统一，导致信息难以共享。而通过区块链技术解决信息孤岛问题，多个利益相关方可以提前设定好规则，实现数据的互通和信息的共享。区块链核心是分布式记账数据库，给予参与方对于信息同等的权利，任一方均有权查看所有信息但无法进行修改或删除。去中心化、透明可视化、不可篡改和可溯源等特征，使区块链成为加持供应链金融变革升级的有效技术手段。

在传统供应链管理中，分布在供应链各节点的生产信息、商品信息及资金信息是相互割裂的，无法沿供应链顺畅流转，缺乏围绕核心商品建立的信息平台。而区块链技术支持多方参与、信息交换共享，能促进数据民主化、整合破碎数据源，为基于供应链的大数据分析提供有力保障，让大数据征信与风控成为可能。

区块链加持的意义不仅在于加快信息流通效率，而且要有效保证数据质量，保护数据的隐私。透明化贸易流、资金流和信息流并不等同于彻底披露所有数据，加密算法可确保各供应链参与方的隐私，如核心企业向供应商发出已收货信息时，并不会向系统中其他企业透露供应商的信息，以确保数据的客观性。

共同信息平台可解决供应链溯源问题。生产过程、物流运输和终端销售等整个环节的信息需求均可从平台上快速获取，使交易路径一目了然，各节点的联结关系更加透明化。这不但可以加速商品信息流转、降低审计成本，而且有助于责任追溯，可以降低违约风险，保证金融风控业务顺利进行。

2．传递核心企业信用

根据物权法、电子合同法和电子签名法等，核心企业的应收账款凭证是区块链上可流转、可融资的确权凭证，使核心企业信用沿着可信的贸易链路径传递。基于相互的确权，整个凭证可以衍生出拆分、溯源等多种操作。区块链去中心化和不易篡改特性解决了供应链链上交易数据信息的真实性问题。在实际操作中，核心企业往往引入 ERP 系统作为自身的财务信息管理系统，尽管 ERP 系统中的数据不易更改，但是商业银行依然担心核心企业与供应商或经销商私下存在互相勾结、篡改交易数据信息的可能性。而区块链技术具有一致性、不易更改、去中心化的特点，且区块链上的数据都带有时间戳、不重复记录等特性，即使能篡改某个节点的交易数据，也会留下痕迹，容易被发现，这就解决了银行对信息被篡改的顾虑。因此，商业银行把区块链技术应用到自己的供应链金融业务中，可以直观方便地查看贷款企业每一笔交易的情况和资金的去向，大大节省了人力和财力成本，提高了监管效率。

3．丰富可信的贸易场景

银行需要可信的贸易场景，由于中小企业无法证实贸易关系的存在，在现存的银行风控体系下，难以获得银行资金。同样，银行业也无法渗入供应链进行获客和放款。区块链技术可以提供可信的贸易数据。例如，在区块链架构下提供线上化的基础合同、单证、支付等结构严密、完整的记录，提升信息透明度，实现可穿透式的监管。采用区块链技术在审查阶段可保证数据来源的真实性与完整性，便于核对背后交易是否真正进行，保证流转凭证可靠。在贷后风控阶段，持续更新的数据流为后续追踪企业运营提供支持，令虚构交易与重复融资等行为无所遁形。区块链应用能赋予供应链金融更高的安全级别，消除金融机构对企业信息流的顾虑，在一定程度上解决了中小企业无法自证信用水平的问题，并将位于上下游企业的信息流、资金流和贸易流数据整合上链。区块链供应链模式如图 4-2 所示。区块链数据缺失自查、多方义验证、资金闭环监控的机制，确保了交易的真实性，可有效降低欺诈风险。

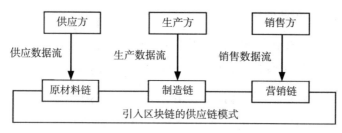

图 4-2 区块链供应链模式图（资料来源：瀚德金融科技研究院）

4．管控履约风险

合同履约并不能自动完成，很多约定结算都无法自动完成，尤其在涉及多级供应商结算时，不确定性因素会更多。区块链技术可以实现合约智能清算。基于智能合约的自动清算能减少人工干预，降低操作风险，保障回款安全。但还是存在很多人为主观因素，如核心企业的权力部门负责人对供应商提出非法要求等，技术尽管能解决很多问题，但还是需要社会监督来实现相对公平的商业经营环境。

智能合约被看作区块链最有价值且最易普及于商业场景中的重要发展方向。它封装了若干状态与预设规则、触发执行条件及特定情境的应对方案，以代码形式储存在区块链合约层，在达到约定条件时，自动触发预先设定的操作。只依赖于真实业务数据的智能履约形式，不但保证了在缺乏第三方监督的环境下合约得以顺利执行，而且杜绝了人工虚假操作的可能。

在条件确认阶段，基于区块链上实时更新的价格、质量信息，在核查外部各方业务信息流并判断交易达成后，智能合约即被激活并执行。与此同时，通过物联网对质押物进行追踪，监测价格动态变化并设置不同自动应答方案以控制市场风险。在合约执行后续阶段，也可利用去中心化的公共账本、多方签名技术加强资金流向管理与回款监控。

5．实现融资降本增效

融资难、融资贵现象突出，在目前赊销模式盛行的市场背景下，供应链上游的供应商往往存在较大资金缺口，然而没有核心企业的背书，他们难以获得银行的优质贷款。而区块链技术可以实现融资降本增效。核心企业信任传递后，中小企业可以使用核心企业的信贷授信额度，获得银行低利率的融资。制约融资效率提升的因素大致包括前期审核与风险评估、业务多级登记审批、打款手续冗长等，且各类费用高昂，进一步提高了中小企业的融资成本、降低了效率。要打破传统融资模式的弊端，就要从成本节约及运营速率提高两端同时发力。

首先，区块链的公开透明性能够在核心企业与上下游开展业务时减少信任建立过程所需的试探性交易，降低沟通成本，提高商业协作效率。供应链一体化推进了企业对于客户需求快速应答机制的改善，还能防止库存管理混乱、采购运输中断等严重阻碍贸易进程的问题。同时，对银企融资合作双方而言，风险评估成本也能大大压缩。简化传统信用评估步骤、删除由于信任危机增加的核查程序，缩减了时间成本与资金成本，并通过连锁反应最终提升融资效率。就运营速率而言，所有实物商品与纸质作业均可数字化，如数字化作业系统、数字化档案和数字化信用体系等，为业务实施过程节省时间。采用智能合约将降低人工监督成本，并在独立于第三方的前提下也可自动执行，紧密对接业务流程节点，简化运作程序。相应地，基于上述交易的贷款审核、发放效率也将得到显著提升。

4.3 广电运通供应链金融服务平台案例

传统的供应链金融，包括金融机构核心企业，都是信息孤岛，核信难度大，大的银行要贷给中小企业，往往希望核心企业出来做核信，做合同的核实。核心企业往往不愿意担任这个角色，因为中途要承担一定的成本，甚至是用自己的信用担保。在这种情况下，银行存在风险，就不愿意给核心企业上游或下游的中小企业贷款，所以就有信息孤岛、核信难度大的问题。

为解决传统供应链金融面临的问题，广电运通提出了"区块链+供应链金融"方案，信息会发到平台，中小企业根据这个申请融资，单个金融机构根据核信后的情况发放相应贷款给中小企业。

4.3.1 产品应用背景

广电运通作为ATM行业龙头企业，拥有银行客户超过1000家，核心供应商200余家，在国内外金融市场占据重要的行业地位和品牌优势。广电运通及其母公司广州无线电集团是产业链中的核心企业，对于应用供应链金融具有天然的场景优势，从广电运通内部试点出发，进而扩展到母公司，最后辐射全国。

广电运通在转型变革中探索并走出了一条属于自己的道路，区块链技术是其成功的一个重要因素，区块链为供应链提供了实时、可靠的交易状态视图，有效提升了交易透明度，大大方便了中介机构基于常用的发票、库存资产等金融工具进行放款。其中抵押资产的价值可以实时更新，有助于建立一个更可靠和稳定的供应链金融生态系统。

广电运通打造的基于区块链技术的新型金融服务平台，其主要的参与者包括平台本身、保理机构、中介金融机构、企业和个人等，旨在提供供应链信息、客户信息这些基础服务；第三方中介机构可以基于平台信息进行整合，提供更加精细化、个性化的定制供应链金融服务。例如，传统意义上人们将应收账款抵押的操作，到了基于区块链的金融服务平台上，则可以变成将应收账款细分，根据不同的节点状态建立金融模型，进而产生不同的金融产品。同时，随着可追溯能力的增强，所有的金融模型都将可以根据实时状态进行数据更新，对标的资产或是借款人实现持续评估。

最终，区块链将增强市场中抵押资产的流动性，改善当前最常用的供应链金融工具（如保理、采购融资、供应商管理库存融资等），并为深层融资提供机会。因此广电运通的目标是催生新的商业模式——供应链金融服务。广电运通金融服务平台是将供应链上的核心企业及与其相关的上下游企业看作一个整体，以核心企业为依托，以真实贸易为前提，运用自偿性贸易融资的方式，通过应收账款质押、货权质押等手段封闭资金流或控制物权，对供应链上下游企业提供综合性金融产品和服务。其目标用户群体是有强烈、迫切的资金需求的核心企业及大量的中小型实体企业。

4.3.2 供应链金融实现模式

与商业银行为供应链提供的金融服务一样，供应链融资也是供应链金融最基础、最核心的功能。在传统供应链金融模式中，根据交易环节的不同及质押物的属性，融资可分为应收账款融资、存货融资和预付账款融资，广电运通区块链供应链金融平台基于自身特点，前期重点实现应收账款融资模式。

上游供应商通过赊销的方式向下游核心企业销售货物，从而形成应收账款。应收账款是上游企业在将来收到的现金流，具有债权属性，而以此作为质押物能够使将来的现金流变成当前的可使用资金。应收账款融资的本质是将供应商与下游核心企业之间产生的未到期应收账款作为质押物来获取银行贷款，资产质量和信誉水平较高的核心企业是最终还款方。应收账款融资在一些法律和信用体系较为健全的西方国家已经成为中小企业的主要融资方式之一，而在我国还有很大的发展空间。

1．运作流程

应收账款融资模式适用于缺乏有效抵质押物且需要大量周转资金来维持、拓展生产经营规模，并长期与下游核心企业采用赊销结算方式且交易稳定的中小供应商，该模式扩大了中小供应商可用于质押的资产范围，降低了获取银行信贷的门槛与成本。

根据应收账款的所有权不同，又可分为应收账款质押和应收账款保理这两种形式。其中第一种模式在国内应用更为广泛，这种模式是融资企业在贷款申请过程中，将应收账款质押给银行并以此获得贷款，融资企业仍拥有应收账款的所有权；而第二种是应收账款的转让，通过买卖的方式将其转让给商业银行或保理机构，应收账款的所有权也发生了转移。

（1）应收账款质押。该融资模式的参与方主要有商业银行、上游中小供应商和下游核心企业，具体流程如图4-3所示。

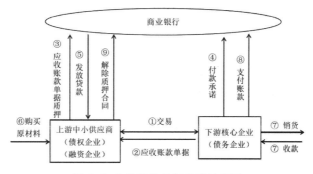

图4-3 应收账款质押融资流程图

应收账款质押融资业务流程具体介绍如下。

①上游中小供应商与下游核心企业发生贸易往来并签订商品买卖合同，供应商发货。

②核心企业验收货物后，签订应收账款单据并提供给上游中小供应商。

③上游中小供应商将收到的应收账款单据作为申请贷款的质押物提供给商业银行。

④商业银行向核心企业确认单据，同时要求其签订付款承诺协议。

⑤⑥商业银行审查、发放贷款，上游中小供应商用该项资金购买原材料来继续生产。

⑦⑧核心企业销售货物后取得货款，并在账期内用所得货款支付到中小供应商在商业银行开立的账户中。

⑨商业银行收到款项后，解除与融资企业的应收账款质押合同。

该模式下融资企业对应收账款有追索权，并且应收账款易于保管和变现，所以在一定程度上降低了银行坏账风险。由于应收账款的账期基本较短，该模式多被用于解决企业临时性资金短缺的问题。

（2）应收账款保理。在该模式下，融资企业将应收账款转让给商业银行，根据核心企业是否知晓单据转让行为，保理可分为明保理与暗保理。明保理需要核心企业对应收账款的转让进行确认，同时核心企业需要建立回款账户，在账期内将应付账款打到账户；而暗保理不需要核心企业的确认，所以手续较为简单，但同时银行承担的风险也较大，在核心企业没有确认应收账款的情况下，银行需要核实贸易的真实性及是否有重复抵质押的行为。根据银行对应收账款有无追索权，保理又可分为有追索权保理和无追索权保理两种形式。在第一种形式下，当债务人不能清偿全部到期账款时，债权人必须回购剩余的已经转让给商业银行的应收款项，所以第一种形式也被称为回购保理；而第二种被称为买断保理。此外，根据第三方担保是否介入，保理还可分为有担保的保理与无担保的保理。除了对应收账款的处理方法不同，应收账款保理模式的运作流程与应收账款质押模式大致相同，如图4-4所示。

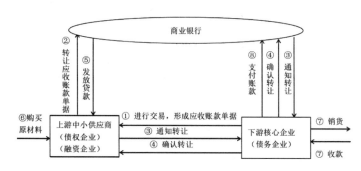

图 4-4 应收账款保理流程图

应收账款保理业务一般是根据一笔应收账款提供融资服务,所以适合单笔应收账款金额较高的融资企业。而当应收账款的数量较多且金额较小时,也可以申请保理池融资。在这种模式下,融资企业可以将手中买方与金额不同的应收账款全部转让给商业银行,由商业银行通过评估进行授信,保理池融资简化了多次保理的手续,但是也对商业银行的风险控制能力提出了更高的要求。商业银行必须核查入池的每笔应收账款,并需要建立管理系统对其进行追踪监控。

2．风险分析

下面以广电运通供应链金融流程（见图4-5）为例来进行风险分析。

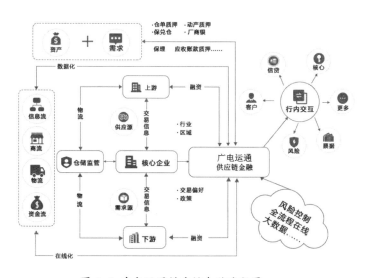

图 4-5 广电运通供应链金融流程图

在应收账款融资模式中,尽管核心企业起着反担保的作用,有效降低了银行需承受的信贷损失,但风险评估仍然是银行同意授信申请前最重要的环节。商业银行的关注重点从单个企业转移到核心企业、贸易的真实性及整条供应链的运作情况。应收账款融资模式的主要风险就是其真实性问题,如果交易背景虚假,也就没有应收账款,商业银行的资金安全将会受到威胁。近年受经济下行的影响,银企信用环境不断恶化,伪造贸易背景骗贷的情况时有发生,中国银监会颁布的《商业银行保理业务管理办法》强调在开展保理业务时,必须严格审查交易背景的合法性和贸易的真实性。因此,应收账款类融资服务过程中的风险防控要点如下。

(1)在贷前,首先,确认应收账款来源的真实性和交易的合法性。通过核查客户提供的贸易合同原件、货物交接凭证及库存证明等授信资料审核贸易背景的真实性,在与买方确认应收账款时,尽量直接与买方联系,核实应收账款的金额、到期时间及交货情况,以免发生不必要的纠纷。在买方确认由卖方提供的文件时更要严格审查,防范卖方伪造买方确认文件骗贷的情况发生。而在暗保理业务中,由于不需要向卖方确认,对银行来说风险也更大,对应收账款背景真实性和合法性的调查提出了更高的要求。其次,确认回款账户。银行与买方在通知中需要明确规定回款账户,这一般为卖方在银行的指定账号。在没有买方确认的情况下,需要保证双方贸易合同中规定的回款账号可受银行控制。最后,商业银行需要对应收账款单据加盖印章或采用其他形式以防止再次转让。

(2)在贷中,商业银行应严格执行相关制度规定和操作流程,严格核实买方印鉴资料,尽量做到实地取印,防范操作风险。

(3)在贷后,要对转让或质押的增值税发票进行复查,并严格监控和追踪回款情况。当发现异常情况时,应及时采取紧急措施,核查贸易背景真实性,防范应收账款不实造成的风险。

4.3.3 广电运通区块链供应链金融方案优势及亮点

广电运通区块链供应链金融方案(见图4-6)是基于区块链技术的金融服务平台,采用区块链底层架构,开发金融服务管理系统,由各节点共同维护同一套账本,以打通全局全流程;通过核信终端进行身份认证、信息鉴证等来保障数据来源可信,并建立上下游贷款服务标准,运用智能合约自动处理标准化流程工作以降低成本、提高效率；而监管作为链节点接入，拥有对应数据查看权限，对交易实现实时有效监管。大平台接入商流、物流和信息流，通过公私密钥多重签名技术及风控算法，做好风控和授信，而基于区块链的数字凭证可实现拆分流转，通过智能合约对接金融机构，实现结算、支付自动化。

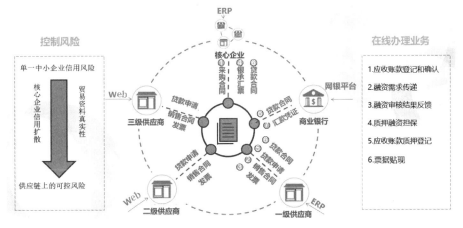

图 4-6 广电运通供应链金融结构模型

广电运通区块链供应链金融平台模式实现了两大功能：一是实现金融服务的在线可得；二是实现资金流、信息流、物流和商流等多方信息的清晰可见。信息的在线可得使企业可以随时随地获得融资、结算、支付等金融服务，进一步简化了传统模式的操作流程，降低了动产管理难度。对于中小企业来说，网上申请传递速度加快，能够及时获取资金，资金周转效率得到进一步提升。多方信息清晰可见是利用电子平台对参与主体之间信息的整合共享，在当前信息化的时代，银行对企业交易数据的挖掘和收集越发重视，供应链全链条的信息化是供应链金融服务有效开展的重要保障。

区块链供应链金融是在金融业与进行供应链管理的企业之间，通过分布式技术及数据不可篡改性，将其融资平台与供应链企业的电子商务平台、支付结算平台及物流企业的物流管理平台进行对接，从而加强对抵质押物的统一管理，保障了银企间的信息对称性和安全性，如图 4-7 所示。区块链供应链金融是供应链金融发展的新趋势和高级阶段，是一种综合化的金融产品。在传统的线下模式中，银行往往需要与核心企业的合作，依托其信用和品牌知名度来对链条上下游中小企业授信。交易信息的来源主要是核心企业，银行如果获取信息较为被动，不能及时、准确、完整地掌握链条上中小企业的交易信息和相关数据，就会面临一定的所需信息不充足的问题。然而，随着互联网的发展，银行借助基于区块链的供应链金融，就能够借助大数据的优势，运用电子化操作来解决信息不对称的问题。

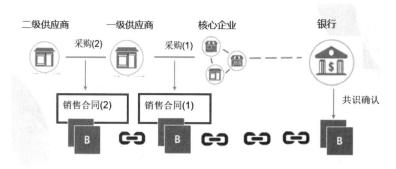

图4-7 区块链供应链金融业务流转图

广电运通区块链供应链金融平台（见图4-8）的价值不仅在于线下传统业务向网络平台的迁移，更重要的是实现了授权信息共享与在线协同，帮助核心企业更了解上游供应商和下游经销商的库存、融资信息，有效整合了平台上融资企业和物流企业的信息。平台从企业的角度进行开发设计，以企业的交易流程为核心，将过去以核心企业为重心的传统模式拓展为基于中小企业自身交易的新型模式，改善了以往中小企业的被动地位。与以往以货物质押为主的供应链金融模式不同，广电运通区块链平台以企业的交易数据、行为数据作为质押物，有效改善了中小企业由于自身限制导致的融资困境，降低了中小企业的信贷门槛和信贷成本。此外，以企业交易流程为核心的金融服务模式能够深入挖掘客户需求。企业在不同的成长阶段、在供应链中所处的不同节点和不同的交易流程中，会产生包括从最基本的融资需求到结算、理财、保险等综合金融在内的不同金融需求。通过平台化操作，实现供应链企业交易流程的可视化管理，有利于商业银行参与到供应链管理的实际运营中，以便深入挖掘客户需求，提供专业化和定制化的服务。

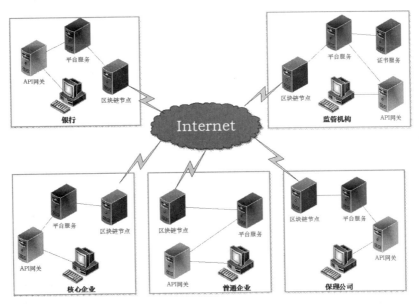

图 4-8 广电运通区块链供应链金融平台结构

对于供应链企业而言,广电运通区块链平台推广的系统对企业客户免费开放,通过协助供应链上下游企业完成数字化的转型,进一步实现订单、票据的在线综合管理,使之能够享受由各类单据衍生的融资、结算等综合金融服务。广电运通将其发展战略定位于平台战略和综合金融战略,依托其平台优势,横向获取政府、企业和同行业等的资源,纵向挖掘产业链上下游资源,并结合多年银行服务经验整合银行资源,侧重细分行业市场,从而增强金融供给的整体输出效应。同时,整合综合金融和互联网优势,通过平台战略将专业化、集约化、互联网金融和综合金融四大特色进行融合,创立有序衔接信息流、资金流、物流和商流的综合金融服务。

广电运通区块链供应链金融平台模式在渠道创新的基础上实现了产品的创新,使银行的服务回归交易本质,能从多方面获益。首先,无须核心企业对其上下游进行信用捆绑,大大降低了因核心企业而产生的系统性风险;其次,能够根据交易数据和行为数据,提供具有针对性的综合金融服务;最后,基于其批量获客的模式,其服务对象可大可小,真正落实了普惠金融,成为商业银行供给侧改革的一项创新。其主要特征有以下几个方面。

（1）以企业自身交易为核心的模式。

与传统供应链金融相比，区块链供应链金融最大的创新是由过去围绕核心大型企业的模式转变为以中小企业自身交易为核心的运作模式。通过电子化平台，将基于供应链管理的商务服务与综合金融服务汇集在平台上，对整条供应链的商务、金融服务生态起到优化作用。将供应链金融的传统优势向更纵深的全链条推进，把既往主要服务于大型核心企业的供应链融资业务纵深扩展到上游供应商的上游和下游经销商的下游。

（2）供应链全链条信息化。

随着互联网、大数据、物联网等信息技术的发展，供应链金融3.0模式实现了供应链全链条的信息化。通过为企业提供相应的系统，使客户的融资、保险、物流等交易流程全程在线，从而在全链条上形成一个多元无缝对接、信息实时共享的电子作业平台。以供应链全链条的交易数据为基础，采用线上数据质押和线下实际质押相结合的方式开展金融服务。一方面借助真实交易数据降低了风险和成本，同时增强了中小企业贷款的可获得性；另一方面，借助网络在线操作，流程处理高效，改善了客户体验，满足了客户融资的需求。

（3）基于平台建设营造供应链金融服务生态圈。

在构建基于数据流转的金融服务生态链的基础上，通过平台建设营造供应链金融服务生态圈。一方面，从横向的角度使链条与链条之间相互融合，然后以链条上所有企业为出发点聚拢大量客户，同时借助交易信息发布和撮合机制吸引更多有交易意愿和金融需求的中小微客户加入平台，通过辐射效应扩大客户群体规模；另一方面，用开放的理念与第三方企业合作，与物流、电商、第三方支付平台对接，与法律、商务代理等生产性平台对接，与经济金融相关的政府公共服务平台对接，从而为广泛的客户群体提供综合性服务。

4.4 浙商银行供应链金融案例

在企业贸易环节，传统的现金支付结算方式只是一小部分，很多企业采用票据和赊销形式，形成大量的应收票据、应收账款。如何盘活应收账款，成为众多中小企业遇到的共性难题。浙商银行在打造"企业流动性服务银行"的过程中，推出了包括池化融资平台在内的三大平台，帮企业"降成本""降负债"，也为行业带来一种可行的解决方案。

4.4.1 方案优势及亮点

近年来，在互联网、大数据、云计算和人工智能等新技术的驱动下，供应链金融在其服务模式和风险防控方面都面临着变革。之前的供应链金融模式具有封闭性、特定性和自偿性，商业银行与上下游企业建立封闭式的交易流程，而线上供应链金融以互联网的开放模式整合供应链信息流，交易过程更加透明、便利。各商业银行积极探索"互联网+供应链金融"模式，促进银行、电商、物流的跨界融合，实现模式的转型升级。

目前，我国商业银行供应链金融主要有两个创新方向。一是商业银行深耕细分市场，根据自身情况推出银行内升级版的供应链金融服务。例如，有的银行聚焦汽车、钢材、电信、石化等特色领域，优化整合传统融资模式，推出系列创新产品组合；也有的银行的思路是一圈两链（一个商圈，产业链、供应链），成立了多行业的金融事业部，并在细分市场的基础上新拓展了石材金融及现代农业金融中心的茶叶事业部，依靠强大的事业部体系，通过小微授信模式，拉长供应链融资的链条。二是利用互联网平台改进传统模式，实现线下模式的电子化。这种模式就是众多银行已经开始运行的供应链金融模式。银行为进一步拓展供应链金融服务范围，常采取与企业合作的方式。例如，与阿里巴巴、京东等电商企业合作，利用其大数据资源优势，拓展系列金融服务。

2017年10月，国务院出台《关于积极推进供应链创新与应用的指导意见》，鼓励商业银行、供应链核心企业等建立供应链金融服务平台，为供应链上下游中小微企业提供高效、便捷的融资渠道。

浙商银行积极响应国家号召，在推出业内基于区块链技术的企业应收款链平台后，持续深化区块链技术在不同场景下的应用，根据可签发、转让、质押、融资、交易对象的不同，研发"订单通""仓单通""分期通"等"区块链+供应链金融"产品。随着订单通、仓单通首笔业务的陆续上线运行，意味着浙商银行基于应收款链平台的应用取得重大突破，大大提升了供应链金融的服务能力。

浙商银行运用区块链技术，开发建设了应收款链平台，通过应收款链平台可以办理区块链应收款的签发、承兑、保兑、支付、转让、质押和兑付等业务，如图4-9所示。

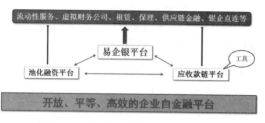

图 4-9 应收款链平台的数据流转图

通过采用区块链技术，浙商银行在审查阶段即可保证数据来源的真实性与完整性，以核对背后交易是否真正进行，保证债券凭证可靠。在贷后风控阶段，持续更新的数据流则为后续追踪企业运营提供支持，令虚构交易与重复融资等行为无所遁形。

在浙商银行区块链应收款平台联盟网络结构中，共识算法通过各节点是否达成共识去认定记录的有效性来防止篡改，如图 4-10 所示。

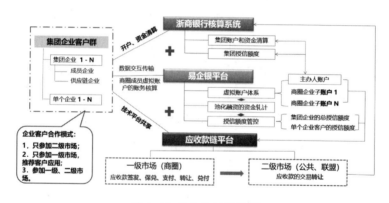

图 4-10 平台流转结构图

对资金流、商流、物流、信息流的有效整合和运用是供应链管理的核心，而电子商务是当前极具创新力的领域，浙商银行位于电商企业聚集地浙江，有阿里巴巴等众多电商巨头、物流企业、供应链企业，是货物仓储和运输的重要支撑。其创新思路是引入物流、第三方信息等企业，搭建信息共享的线上平台，使中小企业之间、中小企业与核心企业间的订单、运单、仓储、融资等交易行为和交易信息透明化。联盟链模式的构建需要商业银行的跨界合作，目前银行已经开始向供应链的信息流、商流领域拓展，通过与第三方电子商务平台合作开展线上供应链金融。这种模式的优势是商业银行在提供金融服务过程中开始注重与第三方企业的合作，并加强了参与主体信息的可视化管理，通过引入部分电商平台获得企业从生产、仓储、出售等生产过程的数据，更加充分地实现了商流、信息流、资金流和物流的整合。然而，其局限性是在实际运作中仍然以核心企业为切入点，并没有改变以往银行紧追核心企业、中小企业紧追银行的局面，而核心企业作为开展供应链金融业务的关键，与银行的议价能力不断增强，导致这种商业模式的局限性进一步显现。鉴于此，银行在这种模式的基础上开始利用区块链技术向供应链生态化阶段发展，如图4-11所示。

图4-11 易企银平台业务图

供应链的高效运行需要信息化作为其技术支撑，同时由供应链管理为信息化提供优质的实体驱动。在信息化条件下，供应链金融的线上化作为实体产业和金融服务结合的载体，在成本控制、客户拓展及风险防控等方面都具有明显的优势。在成本控制方面，线上供应链金融借助电子作业平台实现信息的整合与高效传递，由此，商业银行能够以较低的成本获取供应链企业的信贷审核要素，并能参与到供应链运营管理环节，使金融服务更具针对性；在客户拓展方面，与线下模式不同，线上模式能够突破地域限制，全国各地的商圈、产业链条及其所涉及的众多中小企业客户均为其潜在客户资源，而通过线上化链式开发营销的策略，可以深入各类细分市场，实现批量获客；在风险防控方面，信息的可视化、交易流程的在线跟踪能够保证各交易主体交易行为及相关信息的真实性，在一定程度上降低了银企信息的不对称性，而通过在线平台能够低成本地获取大量企业的交易数据，以此为参考提供授信服务，降低了商业银行的信贷成本。同时，通过闭环操作保证还款来源的自偿性，严格控制资金流、信息流和物流，能有效防控系统性风险，如图4-12所示。

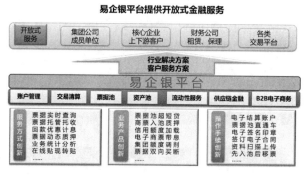

图4-12 易企银平台结构图

区块链、移动互联网和大数据等新技术的共同推动、产业的跨界融合及渠道间的合作促使供应链金融由线下转为线上。在当前经济环境下，开发产业互联网金融市场、开拓效率空间已经成为众多商业银行增强其市场竞争实力的共同选择。与线下模式相比，线上模式在获客渠道、授信效率、风险控制、操作流程等方面都具有一定的优势，由线下走向线上，供应链金融体系产生了新的变化。

4.4.2 仓单通存货融资模式

存货融资模式是指以企业的存货作质押，在第三方物流对其进行监管的条件下由银行提供授信服务，又称为库存融资。这种模式对于提高中小企业资金流动性至关重要。

国外动产质押模式已经非常成熟并且应用较为广泛，而在国内，不动产的缺乏一直是中小融资企业难以获得银行贷款的重要因素。该模式对于质押品没有严格的限制，可以是成品、原材料甚至半成品，但都必须建立在供应链真实贸易的基础上。质押模式是存货类融资中最基础的业务，融资企业将流动性较差的存货等动产作为质押品，同时银行引入监管机构或物流企业对其进行监管，以此进行授信活动。

1. 运作流程

存货质押融资模式通过引入物流企业对质押物监管，因此又被称为融通仓模式。存货质押模式分为静态与动态两类，其中静态模式要求融资企业必须用保证金赎货，不能以货易货，监管较为严苛，在现实交易中会对企业日常经营有一定影响，所以应用范围相对动态质押较小。动态质押授信是银行设置融资企业需要质押存货的最低限额，高出部分可自由使用，并且企业可以根据需求互换货物，日常生产经营活动受其影响较小，盘活库存的效果也更加明显。动态质押授信业务运作流程如图 4-13 所示。

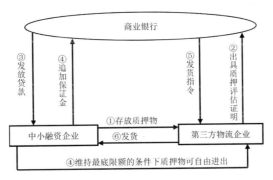

图 4-13 动态存货质押授信模式流程图

动态存货质押授信模式的主要流程如下。

①②三方主体达成融资及仓库监管协议，融资企业交付存货类质押物到物流企业指定仓库中，物流企业对质押物进行价值评估后向商业银行出具质押证明。

③商业银行根据收到的质押证明文件中的存货种类，按照不同质押率向融资企业发放贷款。

④第三方物流企业根据协议设置质押物留存的最低限额，融资企业需要向商业银行追加保证金以换取存货或通过互换货物以保证最低水平。

⑤⑥商业银行通知第三方物流企业，并出其向融资企业分阶段发放与还款金额或补充货物价值相等的货物。存货融资模式拓展了中小融资企业有效质押物的范围，能够使其在维持正常经营情况下获取贷款，同时物流企业的加入既可以为企业提供运输服务，又能够提高供应链整体运行效率。

2. 风险分析

存货融资是以存货、仓单等动产作为质押品获得银行贷款的业务，所以对于存货的监控与管理是风险防控的核心，在操作过程中要严防因为监管不到位导致的质押物挪用、丢失、损坏等。该模式的风险防控要点体现在以下几个方面。

（1）审核质押物的权属。质押物的所有权问题是审核的关键，银行与物流企业需要严格核对质押货物与贸易往来合同、收付单据及增值税发票等以确保质押物所有权。同时，第三方物流企业需要出具质押物确认书。

（2）第三方物流企业的选择。要慎重选择对质押物进行保管监督的第三方物流企业，该第三方必须拥有仓储场地和专业的管理设备，同时还应具备完善的管理体制，不仅要对融资企业提供物流服务，而且要动态监督质押物出入库和运输的整个供应链管理过程，以及建立相关贸易产品市场运作监测机制。

（3）规范质押物的进出库。在合同中设定最低限额的基础上，融资企业可以根据生产经营需求不断提取货物，同时要及时补充货物。首先，需要确认银行与物流企业质押手续是否完善，并且严格按照保证金追加或货物补充情况来发货；其次，对于补充的货物，要根据其质量、买卖价格、市场行情等因素评估其价值，严控货物的准入。

（4）建立能够实时对贸易产品市场行情进行监测的机制。银行根据第三方物流企业出具的动产质押评估证明，按照质押物价值的一定比例进行放贷；在动产质押过程中，有些质押物的市场价格缺乏稳定性，像手机等更新较快的货物，就要根据市场行情实时审核货物价值，约定当其价值下降突破规定最低限额时需另行补充保证金或货物。

（5）合同的规范性。融资企业及第三方物流企业所签订的合同需要具备合法性、完整性、规范性及有效性，合同需要明确规定各方的责任，尤其是当借款企业无法正常还款时对质押物的处置，以保证银行的资金安全。

浙商银行运用区块链技术开发的仓单通平台，是集仓单签发、转让、质押、融资、交易、清算和提单等功能于一体的综合性在线业务平台，包括快捷仓单签发、便利仓单转让、特色质押融资及高效提单取货四大基本功能，能为大宗商品交易提供进出口融资和内外贸综合联动的系统性服务方案。例如，传统油品贸易过程中存在过户手续复杂、规模难以做大、融资和内外贸未联动、大额交易缺少金融服务、交易模式缺乏创新活力等问题。浙商银行仓单通平台基于区块链技术的独立性、无因性、文义性等特征而开发，为不易变质的大宗商品、季节性商品提供了高效安全的质押融资、交易流通服务，也有利于核心企业形成稳定的销售体系和客群，对大宗商品的供应链金融提升具有重要意义。存货人可通过该平台将提货单及仓储货物转化为标准化的区块链电子仓单，既可将其向受让人转让，又可质押给银行以获得在线融资，增强其流通性。提货时，仓单持有人可凭合法取得、非质押的区块链仓单向仓储监管方提取货物，实现线上挂牌交易、线下实物交割同步进行，减少了传统模式的交易环节，提升了业务的安全性、合规性和时效性。

此外，浙商银行仓单通平台优化了传统的仓储货物贸易方式。对仓储企业来说，可以帮助客户减少融资总额和利息支出，缓解一次性付款压力，解决融资难、融资贵的问题；提升核心企业的供应链合作黏性，并通过适当收费创造新的盈利点。2018 年 9 月末，浙商银行首笔系统对接仓单通业务——珠海港仓单通平台落地运行，实现了仓单通平台与企业仓储物流系统的对接。

4.4.3 订单通融资模式

浙商银行订单通系统上线后，首笔卖方订单通业务在天津久车悦供应链管理有限公司落地。该业务模式是指在核心企业、经销商、银行三方协议框架下，经销商根据与核心企业签订的真实、有效的批量采购合同和订单，通过应收款链平台向核心企业签发、承兑应收款，进行批量订购、分批打款提货、到期兑付的业务。可以帮助核心企业在控制货款回笼风险前提下扩大销售，提升市场份额和盈利空间，同时减少应收账款占比并降低负债；对经销商而言，采用订单通应收款支付，便于获得融资，减少对外负债和利息支出。

4.5 平安银行"壹企链"智能供应链金融平台案例

平安银行旗下金融壹账通的"壹企链"智能供应链金融平台，运用区块链、大数据、云计算及人工智能等科技，链接核心企业与多级上下游、物流仓储和银行等金融机构，实现了区块链多级信用穿透和对核心企业的重新定义，同时对下游融资实现了全流程智能风控及与境内外贸易平台和构建跨地区服务联盟的对接。

4.5.1 平安区块链平台解决的难题

针对供应链金融里存在的多级长尾企业、下游企业、跨地区企业、非链条企业和进出口企业这 5 大主体融资难的问题，"壹企链"智能平台主要包含 5 大技术应用场景。

1. 运用区块链技术，破解信用多级穿透难题

供应链金融的本质在于企业授信方式的创新。在传统模式下，由于存在信用传递隔断，长尾端中小企业往往难以借助核心企业的信用获得融资。对此，壹企链平台运用"区块链+电子凭证"技术，通过将供应链各参与方真实数据上链，构筑真实交易背景链条，将核心企业强信用传导至供应链末端，将 70% 多原先无法覆盖的客户纳入供应链信用体系。由于不同行业的业务属性和复杂程度不同，目前壹企链平台主要聚焦化工、建筑、铁建、航空、电子、医疗、轻工、汽车等 10 大行业。其中，与福田汽车联合发布的区块链+汽车供应链金融"福金 All-Link 系统"已上线。

2. 采用智能"五控"技术，破解下游企业融资难题

与上游企业可以依托应收账款实现信用传递不同，在解决下游企业融资方面，往往需要更多风控维度。壹企链平台通过"控机构、控交易、控资金、控货物、控单据" 5 个维度来搭建风控体系。

控机构：包括机构身份的线上核实，如核实工商税务信息、核实机构法人身份（包含人脸识别）及法人与机构之间的关系。

控交易和控资金：主要从银行交易角度来讲，指从发起融资申请、融资审批、银行放款到企业还款，每一步的关键节点都会在区块链上记录。

控货物：在质押融资品类服务里，需要关注货物进出仓库的关键节点，结合智能仓库物联网技术，确保线下仓库货物的移动与线上真实融资动作的匹配。

控单据：在验证贸易真实性中，需要验证合同真实性、发票真实性和运单仓单等，确保贸易融资每一笔交易都是依据真实的单据做成的。

3．利用多重风控技术，实现核心企业定位"下沉"

以往只有销售额 500 亿元、1000 亿元以上特大型企业才会被定义为供应链里的核心企业，一些地方性的销售额四五十亿元的大企业的上下游企业往往得不到供应链资本的支持。而区块链零知识认证和可授权加密技术等特性，可以在保护客户隐私性的同时，将原本难以验证的大量线下交易线上化，并引入物流、仓储、工商和税务等众多数据源实现交叉认证，进而解决银行与企业之间的信息不对称、贸易真实性难核验等问题。与个人互联网金融类似，这种多重风控技术正在重新定义核心企业，推动供应链核心企业从特大型企业到大型企业的下沉。

4．依托区块链搭建银行联盟，破解跨地区融资难题

"壹企链"平台依托区块链底层搭建起跨银行的贸易融资网络，通过跨地区贸易真实性验证来避免跨银行多头借贷风险。同时，平台正探索构建多银行、多核心、多上下游集群的矩阵式业务模式，以提升跨供应链的信息透明度、解决跨地区融资难题。以交叉验证技术为例，假设某企业有一个 1000 万元的订单，先拿 500 万元去上海的银行 A 做质押，再拿 700 万元到深圳的银行 B 做抵押，但它总共只有 1000 万元，所以这实际上是一种重复融资。而银行间出于数据安全考虑很难做到数据共享，此时就要用到交叉验证，即在加密环境下，对加密数据进行验证。当这个企业已经拿 500 万元去上海的银行 A 做质押，再拿 700 万元到深圳银行 B 做质押，通过交叉验证，深圳银行 B 虽然不知道这 1000 万元的订单中有多少质押到了哪个银行，但可以知道某企业如果拿 700 万元做质押一定存在重复融资。

5．通过区块链底层对接国内外贸易平台，破解进出口企业融资难题

过去进出口企业融资就靠信用证，而银行开出的信用证成本很高，因为需要抵押和担保。信用证额度的下降为中小企业进出口融资带来很多问题。而通过区块链底层技术可以链接海外和国内贸易平台，链接海外大型核心企业及国际银行、国内海量出口中小企业及相关中小银行，打通境内外物流仓储、海关港口等平台数据，将企业、银行、监管间的数据汇集起来，多维交叉验证数据，就能确保跨境多方交易关系及数据的真实可信。

4.5.2 平台方案优势

平安"壹企链"平台通过区块链技术把 13 个平台的数据全部链接起来，而所有的数据都是加密的，整个网络全部用密文处理。与平台化不同的是，网络系统不需要成为平台中的注册用户，数据、用户依然由银行把控。在现实的融资贸易中，共享数据仍难以实现，但在现实情境中，已可以通过该平台采用密码学算法中的零知识验证进行数据验证。以贸易融资中的质押为例，如1000 万元的订单，其中 500 万元质押到银行 A，700 万元质押到银行 B，这其中就存在重复融资的情况。但是利用区块链技术，银行 B 可以把加密数据放到提前制定的零知识校验的公式中验证真假。由此，两个不同的平台在同一网络，在不解密的情况下，通过对加密数据进行交叉验证来对同一订单的唯一性进行确认。在香港的贸易金融网络中整个零知识验证所需花费的时间仅为 6 毫秒。通过零知识验证，平安金融壹账通希望打造的并不是一个去中心化网络，而是一个仍由金融机构自主把控数据的弱中心化的网络生态。

贸易融资只是平安科技切入金融科技的其中一环，平安科技更大的目标在于改变供应链金融生态。目前供应链金融的规模已经占到国内 GDP 的 18%，也就是说每产生 5 元的 GDP，供应链金融就在其中贡献 1 元。这是一个巨大的蓝海市场，但也意味着竞争态势的白热化。

供应链金融是一个比较广的概念，是指在贸易融资基础上结合信息化、大数据、云计算等技术手段，打通各方信息，使之标准化、规范化和规模化。其核心价值包括基于人工智能＋大数据的风控措施、全流程的方案设计、科技导入，基于平安科技平安云的云端数据管理和共享 3 个方面。通过供应链金融，用户都可以纳入互信圈，数据实现连接，核心企业资产可以得到快速验证。在风控水平提升的前提下，用户得到的不仅是更低成本的融资，而是一个闭环式的生态。从整体发展情况来看，供应链金融已从各个方面进入了新阶段。

1. 模式

从 1 个核心企业加上 N 个上下游企业的线下"1+N"，发展到线上"1+N"，再到如今通过搭建区块链平台整合供应链环节所有参与方的线上"N+N"模式，

2. 业务

借助物联网、人工智能、大数据和区块链等技术，实现了供应链和营销链全程信息的集成与共享，推动业务向去中心、实时、定制、小额、数据质押发展。

3. 技术

从线下传统模式、互联网化、平台化，已发展到目前的数字化、智能化的4.0阶段，同时，在风控维度上，也从单一核心企业信用扩展到包括订单、运单、收单、融资和仓储物流等在内的多维、实时、动态数据。

在此背景下，核心企业、电商平台、物流公司、ERP软件服务商和金融机构等纷纷基于各自沉淀的数据类型，从不同角度切入。例如，海尔集团、迪信通、苏宁等核心企业通过对上下游企业交易数据的掌握，成立了自己的供应链金融公司。阿里、京东等电商平台也利用平台上的交易流水与记录，进行风险评测，确认信用额度进而对上下游供应商发放贷款。顺丰等物流公司通过对物流信息的掌握，覆盖保理融资、订单融资、融资租赁和存货融资等服务。ERP软件商通过公司的运营数据，建立公司征信数据，对公司的信用情况进行评级，并生成相关的风控报告。

在新的竞争格局下，供应链企业也不再各自为战。以中铁建为例，其本身在做供应链金融（中企云链），同时也和平安壹账通签约合作共建平台，看重的就是平安的技术与资金。据网络上的数据，平台以中铁建3000亿元应付账款作为风险抓手，以中铁建1万亿元银行授信规模做支撑，通过平台将传统厌恶风险的商业银行与实力较弱的中小微企业进行对接，为中铁建产业链上的中小企业提供500万元以下额度半年到一年非抵押的信用贷款。可以看到的是，供应链金融正进入新的商业发展模式，形成一个包含技术支撑、体系搭建、行业挖掘和深耕的生态圈，同时又保持开放的综合实力比拼。

4.5.3 实现模式

早在深发展银行经营时期，就已经开始着手打造供应链金融品牌。从深发展银行到平安银行，供应链金融业务共经历了3个发展阶段。第一阶段为产品探索期，从动产质押（主要是货押）和票据业务开始，逐步涉足供应链金融业务；第二阶段为模式形成期，基于自偿性贸易融资的思路首次推出"1+N"模式，即以供应链产业集群的网络关系为载体，依靠核心企业的信用对缺乏有效抵质押物的上下游企业进行授信服务；第三阶段为品牌树立阶段，平安银行开始系统性地为供应链上下游企业提供金融服务。

平安银行在继承原深发展银行经验的基础上，结合自身优势，进一步完善并创新了供应链金融产品体系，其供应链金融业务的发展一直处于业内领先水平。平安银行供应链金融发展至今，已与数百家核心企业、数以万计的上下游客户，以及数以百计的第三方物流、信息平台达成战略合作。

随着互联网技术和信息化程度的不断加深，线上供应链金融成为银行创新的蓝海。传统银行业务逐渐与大数据、物联网、移动互联网等信息技术进行对接，将其传统金融优势与平台信息化、覆盖面广、高效便捷等优势深度融合，为客户提供综合金融服务。这一创新模式的最大受益者就是中小企业，利用网络化平台，银行对中小企业实行批量化融资，大大提升了放贷效率，比传统模式更能满足中小企业融资周期短、频率高、需求急的特点。基于区块链的供应链金融平台，该模式不再是传统线下业务的简单转移，而是银行将供应链企业采购、生产、交易和运输仓储等环节的行为信息和相关数据在平台上高度融合，同时整合供应链各主体方，共同打造协同创新的生态体系。

平台的核心业务 e 融资提供的线上融资服务有助于解决困扰中小企业的最大难题，即融资难的问题。e 融资不只是传统供应链融资业务的线上转移，同时广泛与第三方信息企业合作，整合贸易往来产生的订单、运单、票据等反映企业经营情况的有效信息，根据供应链信息及其信用，紧扣贸易过程各环节，为客户提供融资服务。

1. 经销商融资

针对经销商的融资有预付款融资、企业按揭贷及保付贷等业务，其中保付贷业务是针对资信水平较高的核心企业，其下游经销商分布较分散，规模小且对融资成本较为敏感。核心企业在销售旺季时一般给予优惠采购政策，经销商需要采购一定数量才能享受优惠，但限于自有资金规模无法达到扩大采购的要求，无法扩大经营规模，经销商资金需求迫切，由于经销商企业规模小，监管成本较高，且商品周转快不利于监管，传统融资产品难以满足需求。然而通过保付贷业务，核心企业与经销商则可以简化授信操作，银行与核心企业合作，其经销商获批保付贷融资授信后，可通过 e 融资平台（见图 4-14）进行在线提交订货融资申请，并与核心企业在线确认后提交银行审核，线下无须提供任何纸质材料，银行 1 小时内就可以完成放款，订货款自动转到核心企业的收款账号，核心企业直接向经销商发货，融资到期后，经销商通过 e 融资平台提交还款申请并进行还款，操作流程简便快捷。

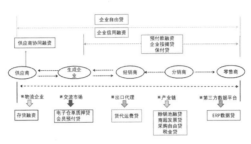

图 4-14 e 融资平台流程（资料来源：根据平安银行网站整理）

对于经销商而言，可以实现销售后再偿还贷款，无须打款购货，有助于扩大销售规模；操作流程简便，整个过程全线上化操作，节省了大量人力、物力和时间；同时，免除了货物监管，大大降低了融资成本，提高了盈利水平。对于核心企业而言，银行不对货物进行监管，从而不会影响其与经销商的正常交易；核心企业通过协助其经销商获取授信，扩展销售规模，从而提升了企业的品牌竞争力和市场知名度，同时也增强了下游经销商的忠诚度；而全程在线操作不仅允许核心企业可在线确认订单信息及收款，省去了线下递交材料的复杂程序，还可以帮助其及时了解下游销售情况并加强对整条供应链的管理。

2. 基于产业链的融资

基于产业链的融资包括赊销池融资、商超发票贷、采购自由贷等业务。其中赊销池融资服务主要面向医药医疗、电子、能源、家电、化工、烟酒、服装针织、机票商旅和文化用品等大消费类行业客户群，在供应链分销贸易流程中，针对卖方融资企业提供应收账款转让类融资服务，由交易双方在电子化平台上进行订单、应收账款、货物的处理及贷款的申请与发放等环节，以帮助资金流存在问题的企业在短期内最大限度地盘活应收账款，实现资金的高效运转。

商超发票贷针对的是商场超市的供应商，只要融资企业与平安银行认定的商场超市合作两年或两年以上,且双方订单、收货和结算业务的其中一个环节通过线上系统来完成,便可申请。融资过程无须抵押、担保,企业只需凭借线上交易、经营的数据便可获得融资,授信额度可达到4倍月均销售额,并且可随借随还,一天起借,十分便捷。采购自由贷与赊销池融资服务的客户群体一样,都是大消费类行业客户群,与赊销池融资不同的是,采购自由贷是一种预付类网络融资。当中小企业需要采用预付方式向核心企业打款订货,从而面临资金短缺局面时,核心企业以其自身信誉为下游经销商提供连带担保的同时帮助其自身扩大了销售规模。网络融资可去质押化,简化操作流程,降低了经销商融资成本,并且在整个流程中,核心企业能够通过e平台掌握经销商经营现金流情况,同时通过与平安银行系统对接实现供应链全线上化管理,以凝聚更多经销商。

3. 基于第三方数据平台的融资

随着目前依靠交易数据进行融资服务的新型方式的出现,融资企业可以以数据质押获取融资,这种模式被称为以"数据质押"为核心的融资方式。这种新型模式无须任何抵押品,银行根据企业内部数据设计有针对性地提供融资服务,大大降低了中小企业的融资门槛,导致银行服务对象规模迅速扩增,推进了普惠金融的落实。平安银行基于第三方数据平台推出的ERP数据贷就印证了这一发展趋势,该产品的优势主要有三方面:一是融资企业只需提供企业采购、销售和财务数据,无须抵押,就可以申请贷款,是真正的信用贷款;二是较低的准入门槛,适用于各种类型的企业客户,大型、中型、小微型企业均可申请;三是效率高,提交申请后24小时内完成额度审批,在线出账申请,分秒到账。由于该产品正处于适用推广期,所以使用客户还仅限于深圳地区,但这一产品的推出仍表明以数据质押为核心的融资模式正在逐步推广。

平安银行e融资平台不仅带来了融资体系的改变,而且涵盖了整个生产体系、流通体系、销售体系和交付体系,为融资企业带来了一系列的综合金融服务。采购自由贷深入公司供应链的融资、流通和销售环节,协助核心企业优化了整个供应链生态圈,大量下游中小经销商通过e融资平台提供的中小企业电商云服务,逐步实现了商务流程在线化并以此获得了低成本的信贷服务。

第 5 章
区块链 & 银行

　　区块链技术的提出对降低社会信用成本、改善社会信用环境有重要意义。当前，区块链技术在国内商业银行中的应用仍然处于应用探索阶段，但随着国内商业银行对此技术认识的深入，必然会有更多商业银行陆续使用区块链技术。而银行的竞争日趋激烈，要在市场上站稳脚跟，稳步发展，就必须要紧盯区块链技术的应用情况与发展势态，充分掌握国际和国内银行科技金融的情况，以便调整发展战略，及时采取有效的应对措施。研究应用区块链技术在商业银行中的应用具有现实意义。本章将介绍区块链在银行中最有可能的应用领域。

5.1 央行数字货币案例

随着电子商务和电子金融的快速发展,数字货币的交易成本低、便捷、安全等特点更适合以网络为基础的商业交易行为,在未来很可能会逐渐取代物理货币的流通。各国央行也逐渐认识到了数字货币的优势,都陆续减少了传统纸币的发行量,数字货币让支付结算更加方便、快捷,同时也使经济交易更透明,有效防止了各种漏税、逃税和洗钱等违法行为,使中央银行能更好地对货币的流通及供给进行控制。此外,加大对数字货币背后区块链技术的应用,拓展其应用范围,也能更好地保障交易信息及资金的安全,使社会整体效能得到提升。

5.1.1 数字货币分析

货币在经济中的地位十分重要。货币形态的演变是经济金融变化的反映,但反过来,货币形态的变化也会影响经济金融的发展。随着市场经济的高度发展和全球现代化支付方式的变革,世界各国之间的交易活动更加频繁、迅速,消费者的消费活动种类也更加繁多,这对货币的职能和功能提出了更高、更新的要求。从需求来看,人们要求货币交易更快捷、成本更低廉、更安全方便和可跨界使用;从供给来看,P2P网络基础架构和区块链技术的应用发展,使货币发行和流通中的安全、信任问题有了新的解决方式,引发了人们对发行法定数字货币问题的深层次思考。

目前,国际上尚未对数字货币做统一定义。欧洲中央银行在《虚拟货币》研究报告中将数字货币解释为"商品价值的数据表现形式,它并非由货币当局发行,在某种情况下可被当作货币的替代品"。国际清算银行在《数字货币》研究报告中将数字货币解释为"基于分布式账本技术、采用去中心化支付机制的虚拟货币"。根据国内外的相关文献,国内主要的观点认为数字货币主要是指依靠密码技术创建、发行和流通的一种基于节点网络和数字加密算法的、可以实现货币交易的即时或准时到账的货币。

1. 数字货币与电子货币的区别

数字货币是一种加密货币,它与支付宝、微信、银行卡等支付方式不同,数字货币属于货币的一种,而不仅仅是支付工具。支付宝、微信、银行卡支付等其实都是现有法定货币的信息化过程，其交易时所用的资金仍然对应着银行账户里以纸币为基础的存款，它们只不过是通过数据交易系统进行债权债务的直接结算，本质上属于法定纸币的数字化。

2. 数字货币与虚拟货币的区别

虚拟货币只能在特定的虚拟环境中流通，是网络虚拟空间里提供的与现实财富有关的服务价值交换符号，如腾讯Q币及其他的游戏币等。虚拟货币可以用真实的货币进行购买，但一般不能够直接兑换成真实的货币。而数字货币则可以被用于现实社会中真实的商品和服务交易，也可以存入银行。

3. 数字货币可分为法定数字货币和非法定数字货币

法定数字货币是基于中央银行信用，由中央银行发行，具有主权性和法偿性的数字货币。非法定数字货币不由中央银行发行，但能在一些地区对网络经济中的部分或全部商品及服务交易进行支付结算。在现行的货币体系下，纸币是主要的法定货币，本国可以限制外国纸币在国内的流通，也可通过对银行业的监管限制外国存款货币的流通。但是，若其他主要国家使用区块链货币，由于现代电子通信技术的特点，本国就很难像封锁纸币一样，封锁外国区块链货币在国内的流通。铸币收益可能会被其他强势货币国家获取，全球货币支付体系和金融体系可能会被重新洗牌。

5.1.2 基于区块链法定货币的支付体系思考

（1）区块链法定货币支付及其应用场景的缺陷，阻碍现行的区块链货币作为交易媒介在用户之间进行转移。若政府发行中心化的区块链货币作为法定货币，政府作为中心节点，同时承担清算职能，则区块链货币的支付确认将十分迅捷，这与现行中央银行清算类似，也与存在中心节点的 Ripple XRP 货币系统类似。若政府发行某种形式的去中心化的区块链货币，赋予所有节点一定的控制权限，依赖 P2P 网络节点来确认、记录交易，则将带来交易延时问题。例如，比特币确认一笔交易需要 10 分钟至 1 小时不等；莱特币缩短了交易确认时间，但这在一定程度上又影响了交易安全性。总之，现行的大多数区块链货币，若进行大额交易，可能需要等待数小时来确认交易不被撤销和逆转。如此久的交易延时，是难以满足日常交易场景需求的。因此，在区块链式法定货币体系中，尤其是在去中心化的区块链式法定货币体系中，区块链货币本身将可能主要作为货币储备，只用于大额的、机构间的、非实时性的交易（类似于金本位下的黄金交易和清算）。而日常交易则应考虑使用基于区块链货币的其他支付方式来克服区块链货币的交易延时问题，以确保新货币体系与现有支付体系的兼容性。

（2）基于区块链式法定货币的代用货币与银行券去中心化的区块链货币体系，与现有的现钞流通体系有较大差异，每笔交易需要全网络节点进行确认。即使是在中心化的区块链货币体系下，区块链货币的交换也需要依赖电子网络，这可能不符合很多居民的交易支付习惯；如果某些交易场景下不存在电子通信网络，就将无法及时完成区块链货币的交换和确认。为此，可以由中央银行或商业银行发行纸币、铸币形式的代用货币或银行券，并由发行者承诺，按照固定比率兑换等值的区块链货币。对于日常生活中的小额交易，可用代用货币或银行券支付来替代，以减轻区块链货币系统的交易确认压力，缓解区块链货币交易延时问题，解决电子通信网络不畅时的交易困境。代用货币或银行券可由中央银行垄断发行，这种情况与现行纸币发行体系类似。也可由多家商业银行同时发行代用货币或银行券，通过发行银行间的相互竞争、优胜劣汰，由货币市场自发确定代用货币或银行券的发行主体；政府与中央银行只规定银行券的发行储备要求，并在极端情况下提供一定的区块链货币流动性支持。

（3）基于区块链式法定货币的存款货币。2013年，在美国圣何塞召开的比特币大会上，与会者提出了很多方法来解决交易延时问题。其中最重要的一个为链外交易，即不在区块链内进行交易确认。例如，若有中介公司能以其信誉赢得用户的信任，从而推出自己的钱包软件，那么只要交易双方注册该公司的账户，便可以把自己的部分比特币存入该公司账户，并通过在线钱包将比特币从自己的账户汇入另一账户。由于这种交易实际上只是在该公司的系统内部进行金额转移，不涉及区块链的确认，所以交易几乎是在瞬间完成的。

事实上，上述交易方式，正是现代货币系统中基于商业银行存款货币的交易方式。若政府构建区块链式法定货币体系，可以预计，大多数区块链货币都将直接存入商业银行（或与银行类似的储蓄机构）。由于大量交易将直接使用存款货币进行转账支付，并不需要使用区块链货币自身的交易确认机制，这种交易方式可以完美解决区块链货币交易延时性问题。在此基础上，可以完美兼容、延续现有的金融支付方式。例如，使用基于区块链货币的信用卡、商业票据和信用证进行支付，使用支付宝、PayPal 等第三方支付平台进行支付。基于区块链货币的代用货币、银行券、存款货币支付体系，与人类历史上存在过的基于黄金的代用货币、银行券、存款货币支付体系类似，非但不会改变大多数场景下的交易支付习惯，而且可以加强货币系统的稳健性。

在现代信用货币体系下，一旦某国货币体系崩溃（如 2016 年的委内瑞拉），那么，本国经济很可能退回到物物交换模式，交易效率大幅度降低，货币经济几近崩溃；或者导致外国货币在本国大量流通，滋生大量黑市交易。而基于区块链货币的银行券、存款货币交易体系，即使政府信用丧失、银行体系崩溃，还可用区块链货币的直接交换作为替代交易媒介（虽然其交易延时增加、交易效率降低），避免货币金融体系的彻底崩溃。

5.1.3 中央银行数字货币的总体框架

1. 中央银行数字货币的运行框架

中央银行数字货币的运行框架有两种模式：一种是由中央银行直接面向公众发行数字货币；另一种是遵循传统的中央银行－商业银行二元模式。在第一种情形下，中央银行直接面对全社会提供法定数字货币的发行、流通、维护服务；第二种情形下则仍采用现行纸币发行流通模式，即由中央银行将数字货币发行至商业银行业务库，商业银行受中央银行委托向公众提供法定数字货币存取等服务，并与中央银行一起维护数字货币发行、流通体系的正常运行。中央银行管理部门倾向于后者。原因很简单：一是更容易在现有货币运行框架下让法定数字货币逐步取代纸币，而不颠覆现有货币发行流通体系；二是可以调动商业银行积极性，共同参与法定数字货币发行流通，适当分散风险，加快服务创新。在二元模式下，中央银行负责数字货币的发行与验证监测，商业银行从中央银行申请到数字货币后，直接面向社会，负责提供数字货币流通服务与应用生态体系构建服务。

原型系统按二元模式的总体设计原则,将CBDC(中央银行数字货币)的运行分为3层体系(见图5-1):第1层参与主体包括中央银行和商业银行,涉及CBDC的发行、回笼及在商业银行之间的转移,原型系统一期完成从中央银行到商业银行的闭环,即通过发行和回笼,CBDC在中央银行的发行库和商业银行的银行库之间转移,整个社会的CBDC总量发生增加或减少的变化,并在机制上保证中央银行货币发行总量不变;第2层是商业银行到个人或企业用户的CBDC存取,CBDC在商业银行库和个人或企业的数字货币钱包之间转移;第3层是个人或企业用户之间的CBDC流通,CBDC在个人或企业的数字货币钱包之间转移。

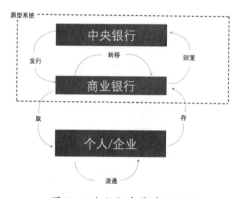

图5-1 央行数字货币运行图

2. 中央银行数字货币体系的核心要素

中央银行数字货币体系的核心要素为"一币、两库、三中心"。一币是指CBDC:由中央银行担保并签名发行的代表具体金额的加密数字串;两库是指中央银行发行库和商业银行银行库,同时还包括在流通市场上个人或单位用户使用CBDC的数字货币钱包;三中心是指认证中心、登记中心和大数据分析中心。认证中心:中央银行对中央银行数字货币机构及用户身份信息进行集中管理,它是系统安全的基础组件,也是可控匿名设计的重要环节。登记中心:记录CBDC及对应用户身份,完成权属登记;记录流水,完成CBDC产生、流通、清点核对及消亡全过程登记。大数据分析中心:反洗钱、支付行为分析、监管调控指标分析等。原型系统要对 CBDC 表达形式进行探索，在此基础上建立中央银行数字货币系统和商业银行的行内系统，并分别实现中央银行发行库和商业银行银行库的功能。由于原型系统一期主要解决中央银行到商业银行这一层的闭环，因此现阶段不涉及数字货币钱包的内容。按循序渐进的原则，原型系统一期以登记中心为重点，实现 CBDC 发行、转移、回笼全过程权属登记，记录 CBDC 交易过程，同时扩展登记中心提供网上确权查询服务。认证中心在原型系统一期主要负责商业银行身份认证和管理。大数据分析中心在原型系统一期暂不涉及。

3. 发行与回笼机制

现有的基于账户模式的中央银行货币系统，是通过商业银行在中央银行设立存款电子账户实现中央银行货币投放和回笼。针对 CBDC 这种新的货币形态，在不改变中央银行货币发行总量的情况下，需要设计一种与现有电子账户货币兑换的机制，探索在现有货币运行框架内 CBDC 发行和回笼的可行机制。CBDC 发行是指中央银行生产所有者为商业银行的 CBDC，并发送至商业银行的过程。CBDC 回笼是指商业银行缴存 CBDC，中央银行将 CBDC 作废的过程。为保证发行和回笼不改变中央银行货币发行总量，原型系统设计了商业银行存款准备金与 CBDC 等额兑换的机制。在发行阶段，扣减商业银行存款准备金，等额发行 CBDC。在回笼阶段，作废 CBDC 后，等额增加商业银行存款准备金。因涉及存款准备金变动，原型系统通过对接中央银行会计核算数据集中系统（简称中央银行会计核算系统）来实现。发行过程如图 5-2 所示，商业银行数字货币系统向中央银行数字货币系统发起请领申请，中央银行数字货币系统首先进行管控审批，该步骤为中央银行实施监管预留扩展功能。之后，向中央银行会计核算系统发起存款准备金扣款指令，中央银行会计核算系统扣减该商业银行存款准备金并等额增加数字货币发行基金。扣款成功后，中央银行数字货币系统生产所有者为该商业银行的 CBDC，并发送至商业银行数字货币系统，由商业银行完成银行库入库操作。

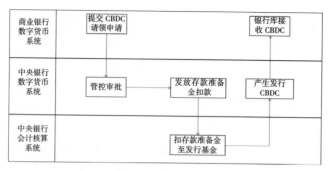

图 5-2 中央银行数字货币发行过程

回笼过程如图 5-3 所示，商业银行数字货币系统向中央银行数字货币系统发起缴存申请，中央银行数字货币系统进行管控审批后，先将缴存的 CBDC 作废，然后向中央银行会计核算系统发起存款准备金调增指令，中央银行会计核算系统扣减数字货币发行基金。同时等额增加该商业银行存款准备金，完成后，中央银行数字货币系统通知商业银行回笼成功。

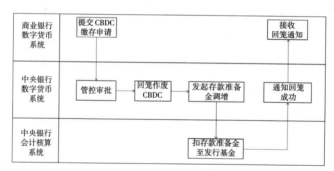

图 5-3 中央银行数字货币回笼过程

5.1.4 架构实现模式

通过对原型系统软硬件基础设施、应用功能和业务数据等多个层面的统一考虑，形成一个具有支撑功能及技术验证的、符合当前 CBDC 运行框架的原型系统。整个体系分为三个部分：中央银行相关的中央银行数字货币原型系统和中央银行会计核算测试系统、参与原型实验的商业银行行内系统和作为 CBDC 转移实验场景的数字票据交易平台。中央银行数字货币原型系统包括以下部分。

（1）登记中心：记录 CBDC 的发行情况、CBDC 权属信息，完成 CBDC 发行、转移和回笼全过程的登记。其主要功能组件包括发行登记、确权发布、确权查询网站应用、分布式账本服务几个部分。发行登记进行 CBDC 的发行、回笼过程及权属记录；确权发布将发行登记的权属信息进行脱敏后发布到 CBDC 确权分布式账本中；确权查询网站为商业银行提供在线权属查询服务；分布式账本服务保证中央银行与商业银行 CBDC 权属信息的一致。

（2）认证中心：对 CBDC 用户身份信息进行集中管理，是系统安全的基础组件，也是可控匿名设计的重要环节。其主要功能包括认证管理和 CA 管理两部分，在原型系统一期提供机构验证和证书管理功能，未来可基于 IBC（Identity-based Cryptography，基于标识的密码技术）等技术构建对终端用户的认证支持。

（3）大数据分析中心：包括 KYC（Know Your Customer，充分了解你的客户）、AML（Anti Money Laundering，反洗钱）、支付行为分析、监管调控指标分析等功能，是 CBDC 风险控制及业务管控的基础，原型系统一期大数据分析中心功能暂不实现。

（4）CBDC 基础数据集：维护中央银行数字货币系统完整的数据资源，既包括 CBDC 发行、回笼等业务过程产生的数据，又包括转移过程中产生数据；并采用分布式账本服务进行权属信息登记实验，为 CBDC 发行登记业务、数据分析业务提供数据支撑。

（5）运行管理系统：提供整个中央银行数字货币原型系统运营过程中的配置、管理、监控等功能。

（6）中央银行数字货币系统前置：是商业银行接入中央银行数字货币原型系统的入口，提供商业银行核心业务系统与中央银行数字货币原型系统之间的信息转发服务，主要功能包括报文的接收、转发、签名、验签等。

（7）发行登记子系统分节点：是数字票据交易所与中央银行数字货币原型系统对接的入口，主要功能包括 CBDC 交易确认、与数字票据系统分布式账本的央行节点进行通信等操作。

（8）数字票据分布式账本中央银行节点：是中央银行数字货币原型系统在数字票据分布式账本的前置节点，发布 CBDC 智能合约，实现数字票据交易 DVP（Delivery Versus Payment，券款对付）。中央银行数字货币原型系统通过与中央银行会计核算测试系统对接，实现 CBDC 发行和回笼机制。商业银行与数字票据交易所是原型系统实验的重要参与方，其中，商业银行需对核心系统进行改造，建立其银行库和保存 CBDC，并与中央银行共同组建分布式账本登记 CBDC 权属信息。在数字票据交易所的数字票据分布式账本中加入中央银行节点，从而实现 CBDC 与数字票据基于分布式账本的 DVP 交易。

5.2 跨境支付和清算案例

区块链技术的有效应用能实现点到点的交易，让交易的时效性更强，以节省交易成本。各国中央银行行长们逐渐意识到区块链技术对支付系统的潜在益处。在跨境支付领域，相互间的竞争将愈演愈烈，但是在技术底层创新领域，我国区块链在跨境支付领域的发展较为缓慢，无论是科创型公司还是商业银行等传统的金融机构，都停留在研究的起步试验阶段。这可能有以下两点原因：一方面，跨境支付对征信的要求较高，且涉及不同国家间的货币支付，支付过程中参与机构必然包括中央清算机构、SWIFT（环球同业银行金融电讯协会）等通用协议或第三方中介机构，而我国中央监管机构对跨境结算的态度不明确，因此民间机构多处于观望态度，导致其发展受限；另一方面，区块链技术的应用场景尚处于探索阶段，区块链与跨境清算业务的匹配度尤其是与商业银行跨境清算的业务匹配还需深入研究，区块链对商业银行底层框架的颠覆是否可以在保证数据及交易安全的前提下进行，尚需耐心试验与探索。

5.2.1 基于区块链的跨境电子支付模式应用分析

基于区块链的电子支付模式最主要的变化即支付流程的转变。中心化的支付流程如图 5-4 所示。

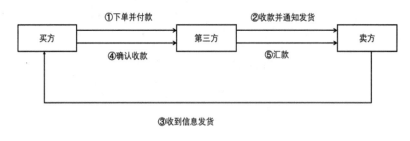

图 5-4 支付流程

从以上流程可以看出，整个支付和交易流程虽然介于买家及卖家之间，但其中的关键步骤都是由支付宝这个第三方来完成的。从目前来说，这样的交易流程被广泛应用，原因就在于第三方的地位优势，即在交易过程中无论哪个环节出现问题，买卖双方都可以通过共同信任的支付宝平台来给出解决方案以达到最后双赢的结果。这样的交易流程就是基于中心化思想的最简单的交易模型，也就是通过建立第三方权威机构获得多方信任，并凭借第三方的技术与资金支撑保障数据与经济安全。但这种依赖第三方权威机构来确保资金与数据的安全也极易受到来自第三方平台的风险冲击，如果支付宝平台发生程序变更或受到不可抗力的因素导致服务器受损，致使转账记录消失，则无人能够证明这笔转账记录的真实性，第三方平台赔偿与否也不受个人控制。所以中心化的电子支付模式最大的弊端就是过分依赖第三方平台，削弱了买卖双方的话语权。而基于区块链的电子支付模式则恰好相反，以支付宝为例，去中心化的支付流程如图5-5所示。

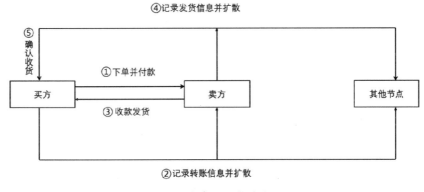

图5-5 去中心化支付流程

通过以上流程可以了解到，交易步骤发生了本质变化。首先，所有人的账本中都记录有同样的信息，任意一个参与方的服务器或信息发生变更，另外两方或多方中的原始交易记录依然存在，这些都是交易或信息完成的佐证。其次，交易中每一方都处于平等地位，增加了个人或单个节点对信息的可控性和可信性。支付流程的变化既是基于中心化的模式改变，又是区块链分布式存储的标志性体现，通过多地、多方、多个节点的信息备份提升交易的真实性和可信性，能让所有人共同去维护一份数据，并彼此监督数据库的行为。

在目前的跨境电子商务交易中，支付主要基于传统电汇，而这种支付方式存在极大的风险，主要体现在两个方面：从出口商方面来说，电汇支付依赖货到付款，在这种支付方式下，交易双方主要基于双边信任来进行贸易往来，出口商如果面对的是信用等级并不高的进口商，在将货物运输到位，并将单据提供给进口商后，就基本上失去了对货物的管控能力，若前期没有收到定金或货款，一旦进口商收到货物后拒不付款，这时出口商就会面临着财、物双失的境遇。从进口商方面来说，若采用预付货款的方式，先付款后发货，那么进口商就可能面临付款却未收到货物的情况。在这种支付方式的模式下，进口商要承受相对较大的风险。进口商在支付货款后，会担心出口商不发货或不按照合约发货，出口商则是受益方，可以提前得到资金用于安排生产。

通过分析区块链技术的特征，可以看出区块链技术非常适合应用于国际贸易中的跨境支付。构建基于区块链的跨境支付模式，能够大大降低跨境支付的风险，提高跨境支付的效率，节省跨境支付的成本。在跨境电子支付模式中，通过区块链技术网络，可以将买方、卖方、商业银行和外汇商等连接为一个整体，每一个参与者都作为一个节点参与进来，构建成跨境电子支付网络。通过这个支付网络，可以将现实中的法定货币与区块链中的数字货币资产连接，以完成最终的支付和交易。基于区块链的跨境电子支付模式如图5-6所示。

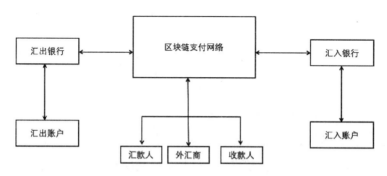

图5-6 基于区块链的跨境电子支付模式

在基于区块链的跨境电子支付模式中，交易发生的基础是支付网关，这里的支付网关与传统网关不同，它可以是银行、外汇商和服务商中的任何一个参与者，目的就是让现实的法定货币与区块链系统中的数字货币实现等价转换，使现实货币进入支付网络。而区块链支付网络中的任意节点则可以是国际贸易中的任何主体和个体，这些主体和个体构成了区块链其他的交易区块，与银行和外汇商共同参与支付交易，并共同参与信息的确认与维护。在一个主体区块的交易过程中，包括其他区块在内的任意一方如果未确认该笔交易，则该笔交易被判为无效。这种共同校验与确认的过程极大地提高了交易过程的透明性与可信性，并大大降低了跨境电子支付的贸易风险。在已有的跨境电子支付模式中，主要的风险就是进口商的资金安全、出口商的货物与发货信息安全，进口商在资金电汇后，出口商在货物发送后都无法实时、详细地了解中间环节，使资金转移与货物出口成为各自的风险，在此情况下，交易双方都只能够依据商业信用与法律、法规进行贸易往来。而在基于区块链的跨境支付中，即使仅限于一个区块网络中，资金的转移与货物的信息都由参与其中的每一个节点共同记录、共同维护并共同校验。从进口商的角度来说，通过区块链支付网络进行支付后，若是没有收到真实有效的出口商货物信息，那么在节点共同校验环节，进口商的支付信息也将被否认并退回。同样，从出口商的角度而言，若没有进口商真实有效的资金信息，出口信息也会被否认，这样就可以避免货物发送的既定事实，极大地降低了风险并减少了运输成本。

在跨境电子商务贸易的电汇支付模式中，电汇方式与资金转移都由银行完成，不同的两个地区或国家间的银行支付又要经过中间交易方或中转银行实现，中间方在这种贸易往来中需要建立自己的数据库，并记录所有交易与转账记录。在这整个过程中，所有参与的银行都要进行复杂的业务处理。对交易双方信息进行校对，经过转换后移交中间方来进行最后的结算，中间方在收到各银行的信息后还需基于自己的数据库，进行借贷处理，然后实现最终的支付。而在区块链的支付模式中，基于所有节点对所有信息的共同维护和验证，就保证了信息的原始性和完整性。因此，就不再需要各个银行进行基于各自数据库的信息同步，既节省了各个银行的时间和管理成本，又提高了贸易双方的支付效率。一旦越来越多的银行参与到区块链网络中，信息与数据的完整性就会越来越高，国际性的统一支付也就会水到渠成。

5.2.2 招商银行跨境区块链平台案例分析

招商银行区块链建设进程以自主研发为主,可以概括为发现业务结合点、交流研究、区块链系统试运行和区块链系统商用四个阶段,具体措施如下。

(1)发现区块链和自身业务的结合点。依托于互联网的蓬勃发展,在比特币泡沫破灭的同时,人们发现了区块链技术为社会经济带来的巨大潜力。社会各界对区块链都展开了大量研究,意图在区块链的发展进程中寻求可落地的应用场景。作为金融数字科技的领头羊,招商银行迅速关注了区块链技术为行业发展带来的前景和机遇并决定将其落实到业务层面。2016年年初,招商银行在区块链去中心、分布式的架构和本行小额、高额跨境清算领域应用场景进行匹配,形成一套以区块链技术为基准的跨境清算系统。在技术实现之初,招商银行运用区块链技术将总行和6个海外机构相连,发现任何两个机构之间都可以发起清算请求并进行目标清算。

(2)实现区块链技术的交流研究。为更好地研究区块链技术,掌握区块链实施的细节和标准,招商银行首先选择与业界进行广泛的交流合作。由于区块链分为公有链、联盟链和私有链3种不同类型,每种类型的开放程度各有差异,招商银行为正确选择区块链的类型,使链上链下数据分布形式能够获取恰当的安全机制,成立了区块链研究中心小组,由总行牵头,交易银行部和信息技术部共同调研分析,并参与到不同国家的区块链创新应用场景中,探索适合本土行业特点和业务发展需要的区块链技术应用场景,最终确定以私有链为基础,向联盟链探索的发展路径。

(3)建立区块链系统,进行试运行。区块链的平台建立是实现应用场景的必经之途。目前虽然存在一定的开源平台,但是实用性不足,缺陷过于明显,无法真正运用于银行业务发展,通过不断地修正和调节,选择了适合行业发展特点的共识机制,将智能合约在应用中可能存在的问题进行了修复,最终自主研发了能够解决隐私和加密问题的区块链技术系统。招商银行在研发区块链跨境清算系统后迅速将其投入市场,在生产系统中依次进行投产和调试。此外,招商银行也十分注重和境外同业的持续合作,通过加入区块链联盟的形式,深入交流区块链技术的核心应用场景并进行大量的试验,验证跨境支付的概念,探索和修订同业跨境报文技术的要求和标准。

（4）跨境直联清算，区块链平台商用化。2017年年初，招商银行的跨境清算项目正式投入使用。而后，国内首笔区块链跨境清算业务在深圳蛇口支行成功办理。这使招商银行各地区分行的交易能够顺利实现，也标志着通过区块链技术改造的跨境清算业务正式实现商用。为推广此项技术，招商银行未来会将所有境外机构全部纳入区块链跨境清算业务，同时会扩大区块链技术的使用范围，不断和国内外同行分享和交流技术，力图构建一个覆盖全世界的跨境清算平台。

跨境直联清算、全球账户同一视图、跨境资金归集为招商银行应用区块链的三大场景，其中前两种均属招商银行公司业务下的跨境金融模块，但是服务范围各有侧重。跨境直联清算业务主要针对从事进出口货物与服务贸易的外向型企业。全球账户同一视图、跨境资金归集主要服务于有资金集中运营管理需求的跨境企业集团。在跨境直联清算系统上线的同月，招商银行上海分行推出主要服务对象更为广泛的全球账户同一视图，目的是在全球实现一个主体一个账户，避免在世界范围内出现多个跨境账户的繁复交易。该项业务以网银和SWIFT系统为依托，并结合自贸区FT账户（自由贸易账户），有很好的应用扩展性，可以有效解决客户在实际业务中的支付问题。

招商银行将区块链应用于跨境清算系统，实际上是在私有链场景下，把传统业务的部分基于区块链系统进行了整合，保持呈现层和应用层不变，仅在业务层和数据层应用区块链技术。也就是说，在引入区块链后，招商银行的支付系统的底层架构发生了变化，而具体业务层则没有出现明显的改动，区块链并没有完全颠覆业务层和数据层。业务层主要处理业务逻辑，招商银行仅将部分业务接入了区块链网络，实现了各节点共享。

对其他适合传统模式的业务则并没有进行接入，这是因为接入区块链后需要受区块链智能合约的限制，遵循共识交易流程。相对于一些流程本就简单的交易过程，接入区块链反而会将其复杂化。应用区块链后，数据层增加了区块链核心交互数据库，业务层接入链上的数据将通过区块链进行数据互补、交换与备份，同时存储于区块链核心交互数据库，未接入区块链的业务数据则存入传统银行数据库，形成独立的数据。招商银行区块链跨境结算模式如图 5-7 所示。

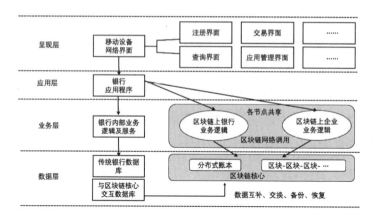

图 5-7 招商银行区块链跨境结算模式

招商银行区块链的建设分为链上和链下两条业务线，由链上和链下这两块数据共同支持区块链的运作。与区块链相关的业务和数据分布在链上，其他业务和数据则分布在链下，同时链下的数据存储还可以对链上数据进行备份。

5.3 票据案例

票据是一种为体现商品或货币流通过程中债权或债务的发生、偿付和转移而使用的信用工具，是交易中常用的支付结算工具，也是企业短期融资的重要方式之一。据统计，仅 2018 年上半年各地银监局对银行票据业务的违规行为开出的罚单就超过了 100 份，而下半年，更是接连曝出 3 起银行票据相关业务重大风险事件，涉及风险资金总额达数 10 亿元。

根据银监局开出的罚单内容看，主要原因是虚假票据业务的违规行为，其中违规行为主要分为两类：一类是为不存在真实贸易背景的商业汇票办理贴现；另一类是为签发或办理无真实贸易背景的银行承兑汇票及贴现。而票据违规事件的发生则由银行工作人员的串通舞弊、不规范操作、恶意欺诈及票据中介违规操作等多种因素造成。尽管银行自身不断完善票据业务相关的内部管理制度、加强风险控制，监管机构也颁布了多项公告来管理票据市场、规范票据交易行为，但银行票据违规事件仍频频发生。票据违规已然成为亟待解决的重要问题。

5.3.1 区块链票据解决银行业的问题

在二级市场中，票据融资需求常常无法通过正常的银行渠道得到满足，大量票据游离于银行记录表之外。据统计，10年前贴现票据占总承兑票据的80%以上，而近年来这一比例只有45%左右，超过一半的承兑汇票不在银行记录表内。根据平安证券银行业团队的研究报告，我国的票据中超过80%是以纸质形式流通的，在实务中常常无法及时完成移交，这个漏洞为票据市场中的部分机构提供了通过空壳商票、短期回购、一票多卖等途径获取巨额不正当利益的可乘之机。另一方面，由于票据利差极薄，而跟单和审核交易背景的繁杂程度使银行审核成本提高，加之利率市场化后产生的压力又提升了持票成本，造成票据贴现业务的风险与业务收益不能完全对等，银行也需要较高的换手率来实现超额交易收益目标。高换手率的需求、巨额利益及面临亏损循环等情况促使银行与票据中介串通进行违规操作。此外，部分银行员工由于业务水平不够和工作状态不佳或是出于社会压力、利益诱惑也可能会出现操作失误、玩忽职守、恶意欺诈等违规行为。

同时，当前票据市场信息不对称问题严重，而贸易背景的真实性调查工作在实际执行过程中常常受到交易的复杂性、调查成本、调查人员的业务水平等诸多因素制约，造成审核效率低下和决策错误等情况发生，致使票据交易风险加剧、总体成本增加。除此之外，票据本身的形式也是原因之一。纸质票据主要以线下交易实物交付的方式操作，流转环节多、流动性差，在移交、出库、入库、保管等过程中易被损坏、丢失，有较高的操作风险，也更易给票据调换创造机会。

区块链技术的应用实现了点对点交易，舍弃了中心系统及实物票据的控制与验证,过去的中介角色也不复存在,减少了人为操作的影响。利用区块链技术，供应链金融在提高安全性的同时也能节省更多人工成本。换言之，在未来借助区块链技术能实现供应链金融业务从过去纸质办公到数字化办公的转变，银行、进货商、供货商等所有参与方都能借助去中心化账本实现文件信息分享，在预定时间达到预定目的后就会自动支付，整个过程不仅效率高，而且大大降低了人为操作可能造成的失误。以区块链技术为基础的数字化解决方案，可以替代目前的人工，大大提高了工作质量和效率，可以真正实现端到端的全部透明化。

5.3.2 数字票据交易模式设计

（1）以基于权力相对平等的联盟链来构建票据交易平台，实现银行、保险和基金等不同类型金融机构的联合组网。对比传统中心化的模式，这些不同的金融机构具有较为平等的地位。联盟链受到平台记账节点的保护。经过验证后，普通节点能够对联盟链的数据进行同步。在联盟链中，完整地记录着所有的交易对手及具体的交易过程。一旦在联盟链中登记平台会员及流转资产，这些信息就会转变为可信状态，供所有会员调阅和查看。在此基础上，依托智能合约，则能够有效改善平台的灵活性，将结算成本、清算成本、确认成本控制在合理的范围内。

（2）成立一个专业化的身份管理机构，负责识别参与主体的身份，并对数字票据交易平台的门槛和条件进行设置，使交易双方能够从中介霸权的困境中解放出来。基于这个身份管理机构，提供颁发证书、验证参与者身份、向参与者授权等不同功能。在票据交易平台中，参与主体通过私钥来完成认证和数据加密，并实现进一步的登录、查询等业务操作。

（3）在数字票据的生命周期中贯穿区块链技术，并基于智能合同对票据交易和结算流程进行优化，改善交易效率与质量或创建一些自定义的业务场景。在数字票据业务系统中，存在的业务类型包括开票、企业间流转、贴现、回购和再贴现等。可以通过智能合约编程的形式来对这些业务类型进行定义，并设置具体的交易要求和规则。与此同时，还能够基于业务需求的变化，对智能合同进行更新换代。

（4）借助区块链大数据技术、智能合约等，实现对票据交易活动的全程监控，以提升监管效率，并有效控制监控成本。监管方可以在任意时间审计分布式账本的交易记录，无须调用票据交易平台的接口。与此同时，监管方也可以结合具体的监管要求，对智能合约进行编写和设计，并将其公布在数据票据区块链中。在执行票据交易智能合约时，通过调用前置合约中断与监管要求相悖的交易，并在区块链的账本上记录不同交易活动的监管执行结果。

5.3.3 区块链技术在票据市场的风险控制

票据的生命周期经历了 3 个重要的阶段，分别为承兑、流转和托收。现基于区块链的应用特征，来分析这 3 个不同环节的风险控制。

1. 承兑环节风险控制

在承兑环节中，网络体系中企业所占据的节点存在差异。若企业 B 要求企业 A 为其提供票据，此时出票企业 A 的第三方担保人为承兑人，这与比特币的第三方记账制度存在相似之处。只不过比特币关注的是计算能力，而承兑环节则借助完整的算法规则来构建具体的操作环节，并在区块链中生成对应的数据区块。

在承兑环节中运用区块链技术的优势：首先，无须在中心化的传统系统中进行信息流传；其次，以点对点的交易为主，为价值传递的去中介化提供保障；最后，基于合约，对风险进行监控和管理，提升交易活动的安全性、真实性与公平性。整体来看，应用区块链技术，能够实现对假票风险、操作风险、信用风险的规避。

（1）假票风险。在票据市场中，经常会出现"一票多卖"、打款与背书不同步等不良现象。依托区块链时间戳无法修改、面向全网成员公开信息的特征，则能够规避交易过程中的赖账行为。

（2）操作风险。在中心化运行的情形下，一旦该服务器出现故障，就会使整体票据市场瘫痪。在接入企业网银的过程中，大量的风险被转移到银行内部的网络安全问题中，直接延长了整体的风险链条。引入区块链后，参与者会记录、存储、验证交易过程中产生的全部数据，交易的最终数据会存储在不同参与者的服务器中。借助区块链技术的非对称加密算法，一个操作的失误、少数服务器的崩溃、黑客的恶意攻击等行为，并不会造成整体系统的瘫痪，整体数据库的完整性、数据存储和更新也不会受到影响。

（3）信用风险。单对单的信息交流是目前票据市场最常见的组织形式之一。以即时通信工具为基础的沟通机制会产生信息不对称、信息滞后等一系列问题。而基于区块链的功能，则能够构建以关键字或其他智能方式为基础的信息检索及提醒服务，从而有效改善信息的有效性。基于其开放性的特征，向需求主体迅速传递信息。此时,商业银行的授信审核部门无须实地调研交易双方的信用水平及具体的经营状况,只需要借助算法程序,明确交易规则,获得交易双方的认可后即可有效回避信息不对称问题。

2. 流转环节风险控制

在流转环节,包含企业间流转、贴现、转贴现、再贴现、回购等一系列业务类型,这些业务类型及交易中的要求和限制可通过编程的方式来实现。

参考比特币的交易场景,通过建立合理的规则来记录第三方的完成信息,并生成与之相对应的数据区块,实现公钥与密钥的匹配,提供匿名机制,杜绝假票的出现,实现对假票风险的控制。通过私钥加密、公钥签证机制实现对区块链中信息的加密。由于这种非对称加密算法本身具有公开某一密钥、难以计算另一个密钥的特征,因此不持有私钥的人无法伪造数字票据的签名。另外,在私钥解密的前提下才能够接收票据资料,若不拥有授权信息则无法获取私钥密码,这样可有效防止不法分子窃取商业机密。

3. 托收环节风险控制

在控制托收环节风险时,由于在承兑过程中已经输入了票据到期日的代码。一旦到期,系统会自动向承兑行发出托收申请。完成托收后,基于固定的规则,安排第三方记录相关信息,并自动生成对应的数据区块。

在这一环节中,运用区块链技术的优势直接实现了价值的交换。一旦托收环节与资金清算相挂钩,就不会产生托收逾期的不良后果;而在托收环节中基于控制代码,禁止开展其他操作,为账实相符提供保障,这是规避信用风险、道德风险、市场风险的重要手段。

(1)信用风险。在交易完成前,票据业务的交易双方可以以代码的形式在智能合同中写入具体的交易要求。

(2)道德风险。依托智能合约的强约束功能,并基于其数据透明、不可修改时间戳的基本特征,能够有效规避恶意赖账、到期不偿还债务等一系列问题。

(3)市场风险。依托智能合约可对票据中介市场中的错配现象进行遏制,实现参与主体资产与负债的平衡,推动票据市场准确、真实地反映资金需求,提升价格指数的真实性,为票据市场的宏观调控提供保障。针对再贴现货币政策，也可以依托区块链构建定点投放、智能投放等不同功能，限制区块链所产生的后续价值流，实现对市场风险的监控与管理。

5.4 信用证案例

目前，贸易融资仍主要依赖纸质提单或信用证，通过传真或邮寄向全球用户传递。而区块链能够满足众多相关方访问相同信息的需要，有效提高交易效率，促使整体贸易融资渠道更加顺利，对提高交易双方的收入也极为有利。要将整个贸易生态系统数字化，预计还需要几年的时间，但区块链技术有潜力真正改变游戏规则。

5.4.1 信用证的作用与难点

信用证是有条件的付款承诺，是由开证行发出的、不可撤销的、以提交与信用证要求相符的单据为条件的付款承诺。详细地说，信用证是开证行根据申请人的要求和指示，向受益人开立的、在一定期限内凭受益人提交的符合信用证条款的单据、即期或者在一个确定的将来日期承付一定金额的书面承诺。

信用证对每一个环节、每一个参与方都具有意义。

1. 对买家的作用

（1）减少买家的资金占压：对于使用授信开证的买家而言，特别是延期付款信用证，可减少在开证后到付款前这段时间的资金占用。

（2）货物有所保证：银行的介入可以使贸易更有保证，买家通过在信用证里规定相应的单据和条款，如规定卖家出具可信的第三方的检验证明等，能够保证货物质量。

（3）改善谈判地位：开立信用证等于买家为卖家提供了银行信用的付款承诺，对买家有信用增强的作用，买家可据此争取到较合理的货物价位。

2. 对卖家的作用

（1）风险较低：银行信用取代了买家的商业信用，为卖家提供了有条件的付款承诺。

（2）主动性高：出口商只要按信用证要求保证控制在卖家手中的单据质量，就能取得开证行的付款承诺。

（3）卖家凭信用证可以通过打包贷款或出口押汇等银行贸易融资产品取得银行的资金融通。

3. 对银行的作用

（1）买家在申请开证时交的押金或担保品可为银行利用资金提供便利。

（2）增加中间业务收入。银行通过信用证业务可取得各种中间业务收益，如开证费、修改费、通知费、审单费、议付费和保兑费等费用。

信用证是随着国际贸易发展、银行参与到国际贸易结算而逐步形成的。由于加入了银行信用在里面，货款的支付只以取得相符单据为条件，一方面避免了买方预付货款的风险，另一方面也很好地解决了买方对交付的货物不合标准的担心，因此信用证在相当大的程度上能够解决买卖双方在付款和交货问题上的矛盾。同时在信用证结算方式下还可以继续做贸易融资产品，取得银行的资金融通，因而它已成为国际贸易中的一种主要付款方式。但传统跟单信用证这种结算方式也有其缺点，如容易产生欺诈行为。由于信用证是一项独立的、自足性的文件，银行只对单据表面真实性作形式上的审查，而没有对单据的真实性、有效性作实质审查的义务，如果受益人伪造相符单据或恶意制作虚假提货单，进口商就会沦为受害人。尽管从法律上进口商可以依买卖合同要求出口商赔偿，甚至诉诸法律，但跨国争端往往很难解决。另外，信用证方式手续复杂，环节较多，不仅费时，而且费用也较高，制单审单等环节还需要较强的技术性，这无疑都增加了业务的成本。

5.4.2 银行区块链信用证案例

巴克莱银行的合作公司 Wave 公司开发的区块链平台执行完成了全球第一笔用区块链技术结算的贸易，此次交易取代的银行结算方式是信用证。结算仅耗时不到 4 小时，通常采用信用证方式做此类结算需要 7~10 天。本次区块链贸易结算最具颠覆性的一点在于用区块链替代了传统贸易结算环节中由银行提供的纸质"信用证"。该笔贸易结算了价值约 10 万美元由爱尔兰 Ornua 公司向 Seychelles Trading Company（塞舌尔贸易公司）发货的奶酪和黄油产品。在过去，这种进出口交易一般通过银行的纸质跟单信用证结算，信用证体系相当于国际贸易中的"支付宝"，以加入银行信用的方式保证买卖双方的利益，但是这种结算方式在实际操作中相当烦琐，需要将出口单据等通过邮寄的方式在进出口双方的银行和客户之间进行传递，处理时间有时可能长达 1 个月，并且还存在单据遗失和造假的风险。而本次通过区块链实现了无纸化结算，提升了贸易结算的效率，将长达数日的结算工作缩短至几小时内完成，而且这种结算方式更容易实现贸易追踪及防范作弊行为。

在进行区块链业务推进的不仅有巴克莱银行一家，瑞银、德银、桑坦德和纽约梅隆银行宣布已经联手开发新的电子货币，希望未来能够通过区块链技术来清算交易，并成为全球银行业通用的标准。4 家银行还将与英国毅联汇业（ICAP）携手共同向各国中央银行推销该方案，并计划在近期进行商业应用。虽然业界预计该技术真正成熟并走向大规模运用仍需 5~10 年时间，但鉴于其对银行和贸易公司单证业务人员的替代性，操作性质的单证业务处理岗很可能就此成为历史。

从信用证结算流程图中可以看出，即便是最简单的交易参与方都包含 4 个，交易步骤至少有 8 个（图 5-8 中有 12 个）。传统的跟单信用证交易完成总耗时至少也需要 15 天以上，按照现行银行的收费标准，进口商和出口商的交易费用各接近 2‰。如果一笔 100 万美元的即期信用证按美元兑人民币 6.8 的汇率计算，进出口商各自要承担的最基本的交易成本要高达 13600 元人民币，双方加起来就是 27200 元人民币，而远期的信用证费用会更高一些。信用证交易程序多，费用高，虽有银行信用参与，欺诈也往往难以避免。

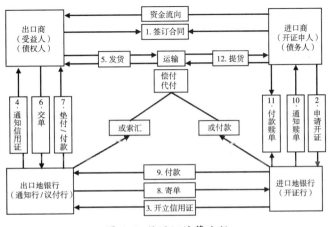

图 5-8 信用证结算流程

如果把区块链技术加入信用证中，由于区块链去中心化的技术特征，区块链产品一定是天然的弱中心化的。在国内用区块链支付基本没有优势，因为中心化平台已经足够强势和有足够好的体验，如支付宝、微信和银联。但用区块链做打通多个不同国家、商家、金融机构的跨境汇款、清算结算的成功案例则不少。

2016年12月，PJSC西伯利亚航空公司（PJSC Siberia Airlines）与俄罗斯阿尔法银行（Alfa-Bank）通过信用证使用以太坊区块链智能合约首次进行服务支付交易。阿尔法银行是俄罗斯著名的金融机构之一，已经参与了基于以太坊的金融信息原型产品Masterchain的开发。由俄罗斯中央银行和俄罗斯银行共同参与开发的共享账本可提供实时的信息以进行真实性确认，同时确保金融交易的安全。

本次交易是在该航空公司与阿尔法银行的一家使用信用证的对手方之间进行的。信用证作为卖方向买方进行支付的银行保证，如果买家没有进行支付，信用证发行银行有责任进行支付。在交易中，区块链智能合约帮助记录该银行在区块链上开具和执行信用证的操作，区块链记录包括了以下信息的哈希值（加密结果）：协议标识符（客户和合约方的纳税人识别号INN、工作类型）和商业条款（信用证的价值、信用证开具和关闭的日期）。客户使用阿尔法银行的在线系统来申请开具信用证，而且合约方可以提供银行文件。当信用证开立后，会从客户的账户中扣除一部分特殊的资金，在提交文件确认交易后，这些资金将会发送到合约方的账户中。该交易同时使用了两个智能合约，一个是开具信用证，另一个是关闭信用证。这两个基于以太坊的相互作用的智能合约增加了交易的透明度，减少了潜在的代码错误，同时能够优化商业过程，并提高了文档处理过程的效率。

服务巨头德勤是该航空公司的区块链技术顾问，对该项目提供了法律支持。德勤法务部门的主管Artem Tolkachev表示："从法律角度来讲，本次交易符合信用证作为银行清算的所有要求，而且也表明智能合约的应用是在俄罗斯的立法框架内。"

2016年9月，瑞士联合银行集团（UBS，瑞银）推出一种超级账本区块链原型，利用智能合约将国际贸易信用证处理时间从 7 天降至 1 小时。瑞银推出的超级账本区块链原型旨在将国际贸易交易的整个周期都复制到超级账本的 Fabric 区块链上。该原型在设计"整体性"上结合支付交易，将贸易金融交易、外汇支付等融合到一个精心制作的智能合约上。除信用证过程应用外，该项目还包括开户流程等。该项目并没有取代任何采购方或谈判方，纯粹是为了执行和监控，只是为节约各方时间。

在国内，2017 年 7 月，中信银行上线了基于区块链的国内信用证信息传输系统（Block Chain based Letter of Credit System，BCLC）（一期），这是国内银行业首次将区块链技术应用于信用证结算领域。截至 2017 年 7 月 21 日，中信银行已利用 BCLC 开展真实国内信用证业务，交易量达 1 亿元人民币以上。

BCLC 改变了银行传统信用证业务模式，信用证的开立、通知、交单、承兑报文和付款报文各个环节均通过该系统实施，缩短了信用证及单据传输的时间，报文传输时间可缩至秒级，大幅提高了信用证业务的处理效率。同时利用区块链的防篡改特性提高了信用证业务的安全性。具体来说，BCLC 利用区块链技术结合国际业务系统，建立起基于区块链技术的信用证信息和贸易单据电子化传输体系，实现了国内信用证从传统的纸质信用证到电子信用证的转变。BCLC 将银行和买卖方连接成一个网络，使开证、通知、交单、承兑和付款的过程更加透明、可追踪，各个节点（包括买卖双方）都能看到整个信用证业务的办理流程和主要信息，比电子信用证业务更透明和高效，可避免错误和欺诈的发生，既维护了客户利益，极大提高了用户体验，又增强了银行的获客能力。

目前，中信银行已与民生银行合作推出首个银行业国内信用证区块链应用，双方约定了合作原则，界定区块链相关技术名词及标准，明确区块链合作的工作机制，以及国内信用证业务的流程，同时约定保密和法律条款。该合作遵循了区块链去中心化、开放和平等的精髓，为进一步扩展银行间区块链的合作和应用提供了可借鉴的模式。

从上述几个区块链应用案例可以看出，信用证结算方式在区块链技术的影响下将有以下两种可能。

（1）一种是温和优化的转变。具有非中心化、不可篡改、可追溯等特质的区块链技术能让信用证业务"脱胎换骨",不仅可以缩短业务流程,降低时间成本,而且可以提高业务的透明度,降低风险。此外,还方便监管部门采集所有业务数据,进行实时监管。更重要的是,这一技术变革能让不少企业,在享受更便宜、更高效的银行服务的同时,加快资金周转速度和资金利用水平。从西伯利亚航空公司与俄罗斯阿尔法银行通过信用证使用以太坊区块链智能合约进行的服务支付交易案例,瑞银集团信用证利用智能合约处理案例及中信银行信用证信息传输系统 BCLC 的应用案例可以看出,在目前各国现有监管的要求下,区块链技术的应用是为了使信用证这种结算方式扬长避短,并促使信用证从传统纸质跟单信用证向电子信用证转变,而并非一步到位地取代信用证。预计在未来一段相当长的时间内,信用证与区块链之间将是相互补充、合作共赢的战略关系。

(2)另一种则是被取代的冲击。区块链不依赖于中心管控,所以计算、核对、保障等这些原来由银行解决的,现在改由技术解决。分布式账本的模式,又基本抵消了开证通知、议付、付款和偿付等过程中银行所起的作用。若加上进出口商与进出口银行之间的交易环节,再考虑出口商与运输公司、质检部门、出口许可部门之间的交易也采用区块链技术,将运输单据等电子化处理和加密保护,使出口证明文件不可造假、运输记录不可篡改,货物供应可持续追踪,则更会大大便利国际贸易在信任机制上的高效运行。当整个交易过程中通过区块链技术实现了高度信任生态后,传统结算方式下银行信用中介的职能也将慢慢弱化,基于银行信用建立起来的信用证结算方式也会慢慢消失。巴克莱银行使用区块链技术结算取代信用证结算方式就是这种冲击的典型案例。

5.5 区块链资产存管案例

区块链在金融银行领域的应用本质是要服务多方,场景跨域的节点越多,业务的实践越有意义,如果仅仅是在机构内部做一个私有系统,其必要性不大。从商业模式上看,比较典型的多方交互业务大致有两个方向:第一个方向是交易属性,就是原来在 A 机构登记的产品没办法在 B 机构买卖,需要构建一个可信的网络,让所有的机构都在这个网络链做点对点的流通;第二个属性是存证属性,每一张存证是什么时间由谁写进来的,完善的信息记录代表着信用水平。

区块链的优势在于信息不可篡改,因此场景涉及信用成本较高的问题。需要注意的是,很多业务中多方开展合作的信用成本很高,但要注意辨别这些成本到底是因为监管部门和政策造成的,还是因为商业合作本身造成的,前者属于不可抗力,或者已经有权威机构担任中心角色,不适合市场参与者另起炉灶。只有因为商业合作造成的信息不透明才适合使用区块链。

5.5.1 邮储银行托管业务案例

传统的托管业务是一个跨机构和部门的交易场景,典型的托管业务流程往往涉及多个不同金融机构,目前还没有一个可以得到多方共同信任的信息系统来支撑此类业务场景。由于单笔交易金额大、参与方多,且各方都有自己的信息系统,交易方之间大多依靠电话、传真及邮件等方式反复进行信用校验,费时费力。

银行托管业务是以银行作为第三方,代表资产所有人的利益,从事托管资产保管,监督管理人投资运作,以确保资产委托人利益的一项中间业务。资产托管是中国邮政储蓄银行的核心业务之一,其资产托管业务规模约 4 万亿元。典型的托管业务流程往往由多方参与,包括资产委托方、资产管理方、资产托管方及投资顾问在内的多个不同金融机构。由于托管业务是一个跨机构、跨部门的交易场景,目前还没有一个可以得到多方共同信任的信息系统来支撑此类业务场景。鉴于区块链技术的应用,针对资产托管业务中存在的多方信用验证周期长、过程复杂等问题,邮储银行联手 IBM,采用开源的 Hyperledger Fabric 平台,以企业级区块链解决方案为基础,经过多轮技术沟通、上线运行和使用真实交易的反复验证,最终开发出了包括共享账本、智能合约、隐私保护和共识机制四大机制在内的资产托管区块链平台,实现了托管业务的信息共享和资产使用情况的监督。邮储银行的研究和实践表明,区块链技术能够解决资产托管业务中的信息流通不畅和信用成本过高的难题。

(1)通过区块链的分布式共享账本技术,不仅实现了交易信息和流程事件的多方实时共享,解决了多方已达成业务共识的抵赖问题,免去了重复信用校验的过程,而且有助于审计方和监管方快速获取信息,提前干预和管控,继而提升整个行业的风险管理水平。

（2）通过区块链的智能合约和共识机制，将资本计划的投资合规校验要求放在区块链上，由智能合约对业务指令的黑、灰、白投资方向进行自动判断，并给出风险提示，帮助业务人员对投资方向进行及时监管和审计，确保每笔交易都能在各方利益诉求得到满足并形成共识的基础上完成，实现了投资指令的智能判断和监管。

（3）通过区块链的P2P网络技术，驱动了交易流程的进行，实现了跨机构的业务信任流转。

（4）通过区块链的隐私保护机制，保证交易参与方在快速共享必要信息的同时，保护商业信息的隐私和安全。

邮储银行的资产托管区块链平台系统于2016年10月上线，已在真实业务环境中成功执行了上百笔交易。这是中国银行业将区块链技术应用于银行核心业务系统的首次成功实践。这项金融业务创新一方面标志着区块链技术可以被应用在银行的业务环境中，帮助银行解决一些使用其他技术不能解决的特定业务场景中的问题，有利于增强互信、拓展业务、简化流程、提高业务处理的效率；另一方面能够保护数据安全和商业秘密，也有助于审计和监管方快速获取信息，提前干预和管控，继而提升整个银行的风险管理水平，是助力金融机构实现高效、安全运作的一项变革性创新。

对金融行业而言，信任是其交易的最佳解决方案。传统的获取信任的通道与步骤重度依赖机械化，在成本居高不下的情况下仍无法做到面面俱到，人为误差总是在所难免。根据邮储银行信息科技部副总经理呙亚南介绍，邮储银行基于区块链的托管业务系统，利用区块链的分布式共享账本技术，实现账本信息和流程事件的多方实时共享，免去了多次信任校验的过程，缩减了60%~80%的原有业务环节，有效地解决了信息流通不畅的问题，也方便了银行的监管和审计。

5.5.2 基于区块链的货币基金存放业务案例

货币基金运作主要由基金发起人、基金持有人、基金管理人和基金托管人参与。

（1）基金发起人指符合国家要求的、发起设立基金的机构。基金发起人和基金管理人可以都是基金管理公司。通过直销、外部代销等渠道向投资者募集资金。

（2）基金持有人即基金份额持有人，基金投资收益方，指所有购买该货币基金产品的实际投资人。

（3）基金托管人是负责保管基金资产的机构，一般都是银行。

（4）基金管理人是负责运作基金资产的机构，通常指基金管理公司。为了资金安全，基金管理人并不直接管理资金，而是按照监管要求，将资金交由基金托管人管理。

通过图 5-9 所示的货币基金存放业务图，可得该业务的问题如下。

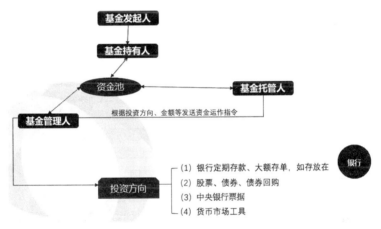

图 5-9 货币基金存放业务图

1. 合同及存单传输

（1）存入方办理盖章。存入方不愿意亲临柜台或亲自跑货基托管行盖章，一般由存款吸收行代办。

（2）代理人办理盖章。需基金公司出具授权书给银行业务人员代办存单领取业务，然后需专人跑货基托管行盖章，最后送到基金公司。问题在于授权书传输过程长，货基托管行、基金公司为异地，差旅时间长。目前多采用代理人办理盖章方式运作。

(3)人手不足。基金公司陆续成立不同的货物基金产品,可能有不同的托管银行,分行人手较为不足,差旅费用较高。

2. 实物存单要求

银行内部要求可以不打印存单,到期按合同约定路径回款即可。但 SPV (Special Purpose Vehicle,特殊目的载体)和基金公司内部均需要实物存单,故现有流程较难简化。

因此,基于区块链技术需要重点解决的问题在于 SPV 和基金公司是否考虑接受链上电子存单。如必需实物存单,可否考虑先开展链上业务,同时银行仍开具实物存单并快递给基金公司和 SPV,待到期支取时,存入方可凭未盖对方章的纸质合同/存单+区块链电子合同/存单,到银行支取,如图 5-10 所示。

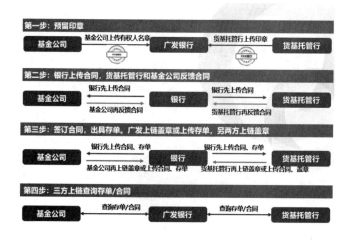

图 5-10 基于区块链实现的货币基金存放结构

第 6 章
区块链 & 金融

在数字经济的时代背景下,数字化将渗透到各个行业,其中金融服务是目前区块链技术落地项目最多、场景最为丰富的行业之一,如供应链金融、资产证券化、征信与风险控制等。对于金融机构来说,数据是最核心的资产,在风控和信用中担任重要角色。区块链技术在解决信息方面问题的优势,使其在金融行业中被大量应用。

6.1 消费金融

广义上来讲，与消费有关的一切金融活动都可以称为消费金融。消费金融不能仅局限于消费、借贷活动，它还包括投资、信托、支付、保险及储蓄等活动。消费金融研究的重点对象应该是家庭与个人。金融机构为消费者购买商品和服务提供金融服务，消费者为了实现自身效应最大化，可能选择借贷、当前储蓄或留在未来消费。

国内互联网消费金融具有以供应链为依托、以风控为核心、以竞和为导向的特点，其运营模式从供应链的层面可分为两大类。一类为以自有产业链为主线的消费金融平台，又可以细分为电子商务系消费金融平台和产业系消费金融平台。电子商务系消费金融平台以京东白条、蚂蚁花呗为典型代表，背靠自身电商平台，面向平台下的商品，提供分期购物的金融服务。产业系消费金融平台比较典型的代表为苏宁消费金融公司、海尔消费金融公司，具有多种金融牌照，多采取线上与线下相结合的方式，以金融带动零售平台的增长。另一类为以他有产业链为基础的消费金融平台。以他有产业链为依托的消费金融平台主要包含网贷系、支付、征信等，其模式为借助第三方平台为消费者提供信贷服务。

中国互联网消费金融的主要业务模式为个人消费信贷。根据产业形式的内在联系，目前国内互联网消费金融的运营模式可以分为三大类：电子商务互联网消费金融、信贷互联网消费金融和P2P互联网消费金融。

（1）电子商务互联网消费金融的模式主要是借助电子商务平台流量向消费者提供分期服务，同时在其平台上提供理财服务。

（2）信贷互联网消费金融模式主要为消费金融公司将应收账款债权进行打包转让给理财平台，理财平台起中介的作用，将其包装成理财产品出售给投资者。

（3）P2P互联网消费金融主要侧重于现金贷方面，用户在平台上提交自己的借款申请，并注明借款的用途，投资者根据其风险与收益来选择借款人项目。

6.1.1 互联网消费金融运营模式

互联网消费金融运营模式主要有传统商业银行互联网化、电商平台提供的消费金融、消费金融公司的消费金融互联网化、分期购物平台提供的消费金融、垂直细分平台提供的消费金融和 P2P 提供的消费金融 6 种。互联网消费金融主要是指金融机构利用互联网和相关信息技术为消费者提供消费金融产品和服务的方式。其主要表现为将以往消费金融业务过程进行网络化、电子化和信息化，并在放贷、风控流程和业务模式方面进行改造和创新。在电子科技的帮助下，消费金融运营效率递增，服务模式得到创新，传统消费金融模式的问题得到解决，被许多年轻用户接受。其模式主要具有以下特征。

（1）额度比较小。与传统消费金融模式相比，额度更小。互联网消费金融的额度一般为 3000~30000 元，其对象一般为大学生、刚入职的白领和新时代的农民等低收入群体，在受众群体上更具有普惠性。同时提供丰富的消费场景，如购物、租房、旅游、教育等。

（2）高效性。高效性主要表现在两个方面。一方面传统消费金融在发放小额贷款时往往需要抵押和担保，流程较为复杂，而新型互联网消费金融无须任何抵押和担保，电商平台、银行及 P2P 公司往往根据消费者的消费信息并结合人民银行的征信报告迅速进行放贷；另一方面客户只要在手机上下载一个 APP 或在平台上注册自己的信息，点击申请就可以得到贷款，而无须线下到消费金融公司或银行签订纸质合同。

（3）广泛运用大数据。银行和大型互联网金融公司及消费金融公司凭借平台中消费者的行为数据对客户进行分类，有针对性地推出适合消费者的信贷产品。同时，对客户的大量消费数据进行分析，可以迅速得出放款的额度，有利于自身风险的控制。

在互联网消费金融领域，风控运营、技术、人力资源管理、市场营销、财务会计是构成公司运营模式的 5 大部分。公司的日常经营活动需要 5 大部分的协同作用，如果公司想实现独立经营的目标，则需要对 5 大部分进行统筹监管。运营模式如图 6-1 所示。

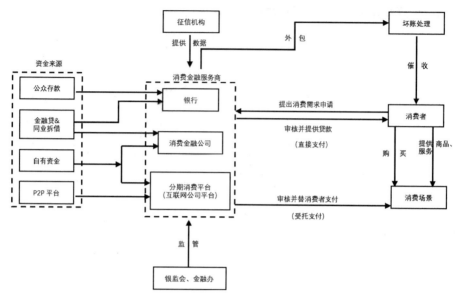

图 6-1 互联网消费金融业务图

互联网消费金融发展的时间并不长，但是由于网购交易市场的火爆、居民消费需求的强烈，许多互联网消费金融公司已经形成了较为成熟的模式。从目前互联网消费金融行业的参与者来看，其运营模式主要可以按3种方式进行分类：线上线下组合、融资和风险管理。

6.1.2 基于区块链的消费金融区块链平台案例

由于本案例项目还在运作中，出于商业原因名称暂以 A 来代替。消费金融平台 A 基于区块链技术，针对银行联合贷款的备付金管理及对账管理，设计和研发资金流和信息流的准实时对账机制，把此前的 $T+1$ 需要对账周期缩短到准实时。合作银行之间通过此系统可以准实时查看备付金账户情况及对账结果等信息，进行实时监控，免除依赖日终对账文件进行对账的繁重工作。

消费金融平台 A 重点是运用区块链去中心和去信任的双重特征来解决经济金融发展过程中的信息不对称、交易成本高、陌生人信任等难题，使"个体经济"成为可能。随着消费金融平台 A 区块链技术的不断深入实践，消费金融在欺诈风险防控和动产抵押贷款的产业创新等方面有望迎来重大突破，从而改变行业既有的演变轨迹。

在互联网消费金融中，欺诈风险是平台面临的最大风险。消费金融平台A通过身份识别手段的变革，破解欺诈风险难题。目前平台多综合利用实名认证、地理位置定位、交易行为特征和设备信息等手段，进行综合防控，但均无法从根本上解决风险识别精度和好客户"误杀"的两难问题。理论上，平台可在客户准入环节对接专门用于身份识别的区块链系统，强化欺诈风险防控能力。从国外实践来看，法国国民互助信贷银行已经合作完成了旨在创建基于区块链技术的身份认证系统的区块链项目概念验证。该项目通过采取超级账本的区块链框架，引导客户向第三方提供身份证明。

6.1.3 互联网消费金融资产证券化案例

近年来，互联网消费金融资产证券化发展迅速，对传统资本配置方式产生了颠覆性影响，但传统资产证券化交易模式存在信息不对称、交易流程复杂等问题，导致交易规模小，不能满足互联网消费金融市场需求。蒋坤良、宋加山基于区块链技术，在分析互联网消费金融资产证券化现状及存在问题的基础上，运用博弈论模型阐述区块链技术可以在互联网消费金融资产证券化交易模式中构建互信机制，建立了区块链下的互联网消费金融资产证券化交易模式，提出通过加强顶层设计、借鉴"监管沙盒"模式、增加区块链技术运用、重新认识传统中介机构与区块链的关系等措施，促进区块链在消费金融资产证券化交易模式中的健康发展。

目前，第三方消费金融公司可以利用资产证券化筹资模式拓宽融资来源、提高流动性，但除京东、阿里等大型电商集团可以通过自身大数据处理系统进行流动性、风险和流程管理外，其他互联网消费金融平台在进行资产证券化交易时面临底层资产真假无法保证、资产证券化各参与方之间的信息不对称、数据流转效率低、交易系统间资金清算和对账复杂等各类问题。

在这种多方参与、数据复杂和信息不对称程度高的项目中，区块链具有天然优势。互联网消费金融资产证券化可以利用区块链技术去中心化、不可篡改等特征，建立众多交易参与方的互信机制，降低违约概率，提高交易效率，并且还可以利用区块链分布式账本技术，引入多方记账节点，在区块中有效记录资产池变动情况，提前发现风险、追溯风险来源、保障资产池安全，如图 6-2 所示。

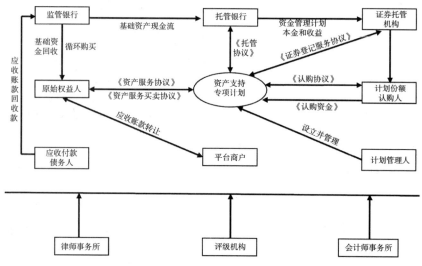

图 6-2 传统互联网消费金融资产证券化交易结构

1. 互联网消费金融资产证券化交易存在的问题

（1）信息不对称问题严重。资产证券化涉及主体较多，在原始权益人、银行、信用评级机构、SPV 等主体之间很容易造成信息不对称，从而引起道德风险。并且，银行倾向于用资产证券化这种表外融资模式来减轻资金压力，所以在信贷审查上很容易忽视信息不对称问题，增加放贷，从而增加了互联网消费金融资产证券化风险。此外，广大投资者在资产证券化业务上往往信赖于评级机构的结果，而评级机构又同时为投资者和发行方服务，各方信息断层，因此也极易引发道德风险。

（2）缺乏信用机制。相对于普通证券，资产支持证券具有信用链更长、结构更复杂等特点，信用风险也更高。而目前国内资产证券化所共同面临的问题就是我国信用体系尚未完全形成，无法深入了解互联网消费金融债务人品质、特性和历史信用记录。并且目前互联网金融背景下的资产证券化产品评级机构使用的模型不够完善，历史信用数据积累有限，期限过短，仅依靠基本面进行评级的产品较多。以京东白条 ABS（资产证券化）计划为例，尽管有京东集团做后盾，且违约率极低，但消费金融债务人、原始权益人的信用数据也可能会间接影响资产证券化产品持有者的收益。

（3）数据处理困难。互联网消费金融规模日趋庞大，并且由于消费类资产数额小且分散，一家机构就可以交易数万笔，而一个ABS产品则有近百万笔数据。落后的数据对接模式增加了各主体获取数据及处理数据的难度。此外，各主体间对接的交易系统繁多，导致资金清算和对账等问题较多，因而占用了大量资源。例如，德邦花呗资产证券化基础资产池中，花呗分期业务应收账款的对应笔数为169.08万笔，单客户平均金额1981.02元。如此庞大的数据在原始权益人、计划管理人和评级机构等参与主体之间流转，必然会造成大量成本流失。

2. 区块链下互联网消费金融资产证券化交易模式中信用机制的建立

将区块链引入互联网消费金融资产证券化市场能有效构建互信机制。随着科技、互联网、经济的快速发展，不同部门、不同企业、不同行业都控制着很多数据和信息。但是因为各行各业的利益冲突或其他因素，巨大的信息和数据量被人为阻断，导致信息流通不畅，甚至存在信息孤岛。虽然有研究表明，投资者之间信息共享会鼓励借款人留下良好记录，但是出于保障自身利益的动机，各主体之间仍然存在大量信息不对称情况，导致违约风险增加。区块链技术为这个困境提供了解除办法。利用区块链去中心化和不可篡改的特性，将所有数据积累到某个特定区块链中，并对所有信息和数据进行整理，最终形成庞大的信息体，形成安全、独立、不受任何个人和组织控制的信息网络。通过运用区块链技术，交易数据及相关信息被保存在有加密保护的不同区块里，具有唯一、准确、安全的特性，金融交易参与者篡改信息、数据的成本极大，存在违约成本$B>0$。此外，融资者违约后也会付出非常巨大的成本$C>0$。因此，融资者违约总成本为$B+C=D>0$。

在这个时候，融资者违约会造成巨大的违约成本，因而避免了为获得融资而修改数据、捏造信息等违约行为。引入区块链技术能使信息、数据更加透明，篡改数据、仿造信息的成本直线上升。

从系统结构来看，目前的互联网消费金融资产证券化都有一个中心化的交易所或平台（见图6-3），个人、机构必须通过这个中介进行金融交易。因此，通过引入区块链技术，构建只有对等用户端的去中心化互联网消费金融资产证券化模型，可以解决资产证券化涉及主体过多造成的各参与方之间数据流转效率不高、各参与方涉及多个业务系统的对接困难等问题，减少前台和后台交互频率，节省大量的人力和物力成本。

图6-3 中心结构模式图

基于区块链的互联网消费金融资产证券化模式可以分为三层结构，最底层为区块链网络，它由交易所或交易平台的网络构成一个去中心化的分布式总账本，如图6-4所示；中间层为业务逻辑与区块链结合，共同建立账户中心、资产登记、信用评估和网络支付等主要功能，如图6-5中的咨询、法务、监管、评估节点；最上层为面向客户提供的业务，可以完成证券买卖业务，如图6-5所示左右两边资产支持专项计划A和B的运作。

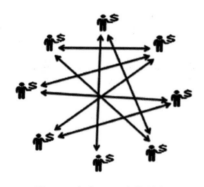

图6-4 去中心化结构模式图

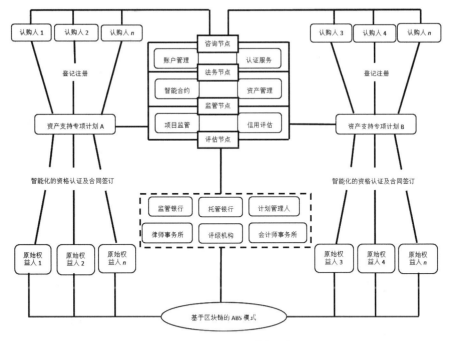

图 6-5 区块链 ABS 模式结构图

具体模式流程如下。

（1）账户注册用户在总账本系统里注册一条区块链，唯一标识用机构组织代码或个人身份证（如果没有注册公司，用个人身份证），广播至所有客户端。

（2）中介机构创新参与方式。在互联网消费金融资产证券化项目的成立、发行、清算等过程中，监管银行、托管银行、律师事务所、评级机构、会计师事务所等一系列参与机构发挥各自的职能作用，保证项目符合法律法规，明确项目信用评级，满足会计准则规定，以最终达到发起人的融资目的，并保障发起人、发行人及投资者的利益。

在传统资产证券化模式下，各参与机构独立运行、信息收集不透明、数据处理缓慢，容易造成信息不对称、内部交流缓慢、项目风险评估缺失等问题。在区块链技术下，信息公开透明并且具有唯一性和高效性，且各个参与机构不再独立运转，以整体形式创建咨询区块、法律区块、监管区块和评估区块对信息进行同时处理和传输。例如，区块链中信息不可篡改的特性使原始权益人违约成本猛增,从而促使原始权益人在区块链中公布与项目相关的所有信息。因此,会计师事务所可根据已存在的信息对原始权益人进行财务状况调查、现金流分析及审计,从而缩短信息收集时间,降低审计不准确性;随后,项目评级机构只需要根据区块链中由会计师事务所已经处理完毕的数据对基础资产的质量、结构进行把关,着重分析现金流并开展压力测试,为投资者提供参考依据,无须再进行繁杂的数据收集及后续跟踪;最后,律师事务所也可以根据原始权益人、会计师事务所、项目评级机构在区块链中上传的信息,对原始权益人及基础资产的法律情况开展评估,快速拟定相关协议、文件,为互联网消费金融资产证券化项目各参与方保驾护航。

(3)身份认证及基础资产管理。首先,系统通过各个机构、参与人在区块链中的对应的组织结构,添加到相应区块链项目中,然后总链为每个用户(包括发起人、SPV、受托人、信用机构等)生成一对公钥和私钥,用户再发送给每个与自己相关的机构一份自己私钥加密签名确认书。此外,当某一参与机构在链中接收到某个用户的信用信息,会通过机构系统将机构的私钥加密,然后根据用户的注册代码将信息添加到个人信用区块链中,最后传输到其他区块进行存储。基础资产管理分为前期资产组建及后期资产处理。前期资产组建必须在现实中完成,发起人在打包资产后转让给SPV,然后SPV通过银行、保险公司、财务公司或其他第三方的认证机构进行信用评级、增级。资产支持证券的结构和其中的风险很复杂,一般投资者不可能对其进行详细的分析,即使是机构投资者在进行投资分析时也会遇到数据有限、原风险分析模型不适用和缺乏专业分析人员等问题。而引入区块链技术,能最大限度地了解其中的风险,可以节约时间及成本。之后,SPV在模型中进行资产注册,确认资产价值和网络产权的自动转移合同(在违约的情况下,准许总账本自动处理此资产,自动完成产权的转移)。后期资产处理指的是传统情况下的资产可在证券金融市场上流通,但还需要聘请专门的服务商对资产池进行管理和处置,对到期证券进行记录和登记,而运用区块链互联网消费金融资产证券化交易模式,能自动对资产池进行监控和管理,防范流动性风险,还可以在到期时自动进行交割和结算。

6.1.4 百度金融 ABS 区块链应用案例

百度金融携手阡陌租赁、华能信托等联合发行国内首单区块链技术支持的 ABS，该项目为个人消费汽车租赁债权私募 ABS。基于区块链技术的场内公募 ABS 产品在上海证券交易所正式发行，基础资产为汽车消费信贷，这是国内将区块链应用于公募 ABS 产品的首次尝试。百度金融 ABS 不仅实现了区块链技术在资产证券化行业的应用探索，也为其他行业应用新技术起到了示范带头作用，推动了区块链技术在中国的发展。

百度金融 ABS 业务主要由结构化融资部门负责，百度金融率先完成了首单基于区块链技术的交易所 ABS 的发行设计并引起了业界的广泛关注，其在区块链技术方面的布局可追溯到 2016 年投资的一家美国的区块链技术支付公司 Circle。百度金融的资产证券化业务"既做存量，也做增量"，目前的资产证券化资产主要分三类：第一类是自营资产，如百度有钱花的信贷资产；第二类是优质的外部资产，发行主体本身有很强的融资实力，百度金融提供传统的融资服务；第三类是服务于实力较弱的发行主体，如自身融资能力差或风险控制能力有待提升的企业，百度金融会在资产生成时介入，为其提供流量、智能获客、黑名单、反欺诈、风控策略、活体识别、最后终端等资产证券化融资完整链条的一系列服务。百度金融在资产证券化业务中的主要强项是结构设计和产品的发行能力及存续期的管理能力。

百度金融 ABS 业务运作机制

百度金融 ABS 的合作对象主要是消费金融公司、小贷公司和银行机构，运用区块链技术的目的就是连通资产端与资金端，解决传统资金端难以评估消费金融资产的问题，降低消费金融 ABS 发行门槛，提升发行效率，并为投资人提供信息披露服务。接入 BaaS 开放平台后，对于资金端来说，准确、实时的信息披露可以帮助机构做出更佳的决策，辅助机构做好投后监管，有效提高资产管理效率；对资产端来说，可以增加融资渠道并减少成本。在经过业务咨询、需求沟通和商务签约后，资金端通过注册接入 ABS 投资人平台，资产端通过技术对接过程接入 BaaS 开放平台，如图 6-6 所示。

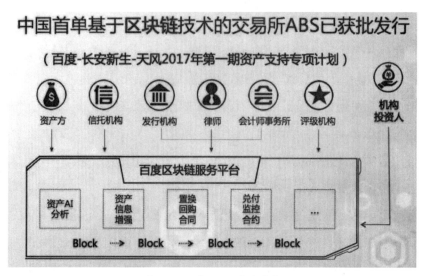

图 6-6 百度 BaaS 开放平台

BaaS 开放平台设计了 3 个节点来验证，每笔基础资产的申请、审批、放款都会在共识机制后入链。在基础资产形成过程中，资金方、资产方、SPV 方均掌握各自的私钥，借款经过百度金融的决策机制验证，百度金融完成放款后即刻反馈交易流水的唯一证明，然后实时入链，并完成记录一笔基础资产的全过程。百度金融 BaaS 开放平台的资产登记系统通过区块链技术，保证了消费金融服务公司底层资产数据的真实性，而且数据不可篡改，这就帮助消费金融服务公司实现了资产保真，从而增加了机构投资者的信心，并降低了融资成本。

与传统 ABS 产品的交易结构相比，在百度金融 ABS 交易结构中，区块链的应用实现了基础资产数据的实时上链，提高了资产全生命周期的管理能力。在百度金融 ABS 中，主要利用了区块链的分布式存储、共识算法、非对称秘钥等技术打造联盟链，使 BaaS 平台兼具去中介信任、交易可追溯、防篡改等特性。此外，百度金融利用自身实时、多维、海量数据积累和领先的建模技术，形成黑名单、多头借贷、反欺诈和大数据的风险控制模型评分等模块对基础资产进行分析，以识别逾期及高危风险客户，并将信息记入区块链，增强了非标资产的信息披露力度。

6.2 证券

区块链作为一种新的技术,对降低证券业风险、提升运行效率有着重要的现实意义。上海对外财经大学赵旭教授认为:区块链技术对目前证券市场的法律制度、技术创新、金融稳定、风险监控体系也提出了挑战。未来区块链技术在证券发行交易、登记、清算结算领域将有应用前景。

(1)区块链技术在证券发行和交易中的应用可以有效节省证券交易的成本,使整个交易流程更加便捷和透明,大大提升市场运转的质量和效率。

(2)区块链技术能准时记录交易者的身份及交易量等重要信息,以便证券发行者可以在短时间内准确掌握股权结构,快速做出有效的商业决策。而公开、透明、可追踪的电子记录系统也有效降低了内幕交易和暗箱操作的概率,对监管部门及证券发行者来说也能更好地维护市场。

(3)区块链技术的应用有效缩短了证券交易日与交割日的时间间隔,降低了交易风险,提升了交易的可控性与效率。

6.2.1 区块链在证券领域的应用场景

在发展初期,区块链技术只能在证券业局部环节和业务层面运用,其在我国证券业的业务开展路径是场外发行交易、资产证券化、互联网股权融资及证券交易与清算。

区块链技术以去中心化、去信任化的分布式账本技术受到国际投资银行界的重视,在数字货币、金融资产交易、资金清算、证券结算等领域有巨大的应用潜力,对降低证券业操作风险、提升运行效率、改变新的业务模式有着重要意义。美国证券存托与清算公司、纳斯达克交易所及澳大利亚、韩国证券交易所等已启动基于区块链技术的证券市场基础设施项目开发,国内沪深证券交易所等也开始进行一些探索、研究。

当前证券体系结构的最大特点是有中心化的第三方信用或信息中介机构作为担保,帮助人们实现价值交换。作为一种信息技术的新型模式,区块链技术具有共识机制、不可篡改等特性,能够实现互联网从中心化信任到弱中心化的转变，这给证券行业带来了新的可能。私募股权管理、公募证券发行交易均可以通过区块链技术被重新设计和优化，如图 6-7 所示。

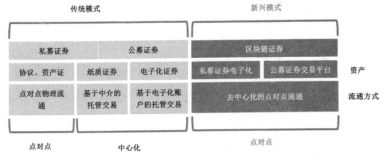

图 6-7 证券资产形式与流通方式的变迁

前美国证监会主席 White 指出，"区块链在提升证券市场交易、清算、交收环节的现代化水平，简化业务流程，甚至替代某些业务环节等方面具有潜力"。美国证券存托和结算公司（DTCC）呼吁全行业开展协作，利用分布式总账技术改造传统金融业结构。

1. 证券发行、登记与存管

利用区块链技术发行有价证券是一大趋势，国内外金融机构都在探索基于区块链平台为证券发行提供服务，利用分中心的区块链交易系统实现证券先发行后审核，简化证券发行流程，实现点对点直接交易，搭建一个私人股权市场。BitShare（比特股）推出基于区块链的证券发行平台，每秒交易达到 10 万笔。美国纳斯达克和区块链技术公司——Chain 公司合作，推出了基于区块链技术的一级市场私人股权登记系统 Linq，为非上市公司股份提供在线登记和证券私募融资服务，并通过该平台成功完成首单证券私募交易。此外，一些机构已在运用区块链技术探索搭建数字直接融资平台，如美国的 Overstock 发布了 tΦ 区块链平台，利用区块链技术发行数字有价证券，据报道其仅在试运行期就发行了总额 500 万美元的"数字企业债券"。2018 年，世界银行委托澳大利亚联邦银行（CBA）使用区块链技术发行"Bond-i"债券，融资约 1 亿澳元。总体而言，在证券市场运用区块链技术可直接发行数字证券及私募股权，追踪其所有权，而区块链的智能合约有望实现证券的代码化、股权转让、股东投票等功能。此外，由于传统证券登记存管体系分散，效率低下，而区块链上的证券登记保存在区块链总账本上，由全链公证证明，可链接证券发行、证券清算、交收等环节，实现证券区块链的有序运行，为投资者节约成本。更重要的是，股份拆分、权益分派、股票质押等业务，都可以通过区块链智能合约实现，可以说，传统证券登记机构的作用将因区块链的应用而被弱化。

在实践上，可以运用区块链进行股权登记，国内典型的就是小蚁区块链股权登记平台，其将区块链的智能合约与数字资产相结合，实现资产数字化和去中心化，使用户在小蚁上注册，发行、流转数字资产更加智能化。小蚁股权登记功能的应用主要表现在股权众筹上，初创公司用小蚁系统管理股东股权并进行股权交易，将股权登记在小蚁区块链上，以"区块链IPO"方式获得资金，完成众筹过程。此外，采用员工持股激励制度的公司也可用小蚁来进行员工持股管理。小蚁在国内非上市公司股权众筹登记及员工股权管理上运用区块链技术，为证券发行、登记、转让交易等应用区块链技术提供了经验。

2. 证券交易的清算与结算

区块链加密技术实现了证券清算与结算的"去中心化"，省略了交易系统中的后台系统，实时自动完成交易、清算和结算，使"交易即结算"成为现实，提升了资产流动性。高盛的研究表明，区块链技术在美国证券交易中每年节省20亿美元成本。澳大利亚证券交易所（ASX）与一家区块链初创公司合作发布了一个区块链项目，以改进股票的清算和结算流程，提供资产循环服务。美第奇股份有限公司侧重于利用区块链技术解决证券结算问题，而R3区块链联盟由区块链创业公司R3CEV发起，探索区块链在证券市场的清算、结算及在企业债券、回购、互换等领域的应用，并推出了分布式账本Corda。可见，在证券行业，区块链技术可以加快证券交易的清算和结算，提高交易的安全性。区块链能够简化、自动化冗长的证券交易流程，减少差错和人工干预，实现证券发行人与投资者直接交易，节约成本。交易一旦确定并进入总账，各节点即通过共识机制确认交易的真实有效性，并完成资金的划拨及证券的交割，通过智能合约可将交易、清算和结算流程程序化，缩短清算时间，提高交易和结算速度，降低结算风险和违约风险，实现结算系统的去中心化及证券行业电子化。

3. 资产管理与智能投顾

利用区块链技术的资产数字化功能进行资产管理，可以降低资产的管理成本。智能投顾（Robo-Advisor）即数字化资产配置，是金融科技与传统证券业深度融合而产生的新金融服务模式，美国金融业监管局（FINRA）认为智能投顾是一种提供定制化资产管理服务的新型在线财富管理服务。相比传统财富管理业务模式，智能投顾具有"一对多"的特性，边际服务成本很低。据美国在线新闻平台 Business Insider 估算，智能投顾在 2020 年将占据全球财富管理市场的 1/10，高达 8 万亿美元。区块链技术进入财富资产管理领域，必将给券商资产管理和财富管理业务带来重大冲击，进而导致证券行业的革命性变化。国内外金融机构都在运用区块链技术进行资产管理业务改造，如国内的小米金融科技推出了金融联盟链，基于区块链技术提升资金端风控能力，降低资金端融资成本，并通过联盟链中组织机构的方式加密共享金融资产数据，将资产方、资金方、通道方和行业监管等业务参与方打通，加速多级资产管理体系流转，提升资产管理效率。总体而言，目前国际上区块链技术与证券业的融合越来越紧密，场外市场有望成为区块链技术在证券市场应用的首要选择，"区块链 + 证券"模式将成为证券行业未来发展的一大趋势。

6.2.2 区块链在公司债券的应用

我国债券市场主要活跃着两类债券：一类是用国家信用或与其同等级的信用背书而发行的债券，包括国债、央票、政策性金融债等。此类债券的风险仅来源于宏观经济运行情况、通货膨胀率等，几乎不存在个性化的信用风险，因而也称为利率债，其收益率为无风险收益率；另一类是用企业商事信用背书而发行的债券，包括企业债券、公司债券、中期票据等，此类债券中广泛存在信用风险，因而被称为信用债，其收益率分为两个部分，无风险收益率与信用利差。由此可见，公司债券发行的逻辑起点是信用风险的定价与管理，而信用风险来自企业商事信用即企业的偿债能力与意愿。合理评价商事信用，是公司债券的发行基础，而商事信用的衡量离不开准确、及时和完整的信息披露。根据罗伟恒的研究：碍于长期的技术难题导致的运作惯性，现有的金融体系奉行中心化的信用管理模式，即由政府或金融中介作为整个金融系统的枢纽来处理所有的交易活动，降低金融市场上信息不对称的程度，实现交易者之间"互信"。

例如，在证券发行过程中，无论是股票发行还是各类债券发行，首先都需要经过监管者的核准或将相关材料上报进行注册，监管者的审核实质上是对发行者信用信息的核实，以保证预期的购买者能够完整、准确地了解证券中所包含的风险。我国的股票发行还需要保荐人进行推荐和辅导，本质上是利用第三方参与者的信用中介功能为证券市场供给质量提供保障，以弥补发行者和购买者之间由于信息不对称而带来的信任不足。而在证券交易的过程中，双方最终的资产转换需要经过证券交易结算部门结算。

事实上，中心化的信用管理模式已经渗透到市场经济运行过程中的方方面面。例如，不动产转让需要到不动产管理部门登记，银行账户资金划转需要银行最终确认，甚至包括互联网上的交易活动，虽然号称点对点、端对端，但最终互联网平台仍然担任着"中心"的角色。换言之，在中心化的信用管理运作机制下，整个市场的信用信息交互必须通过中心进行，可以认为中心拥有着整个市场交易状况的总账本。

然而，无论掌握总账本的中心有多权威，中心化的信用管理机制始终蕴藏着安全与信任的危机。从安全的角度来看，中心账本是唯一的，若是被黑客攻击，所有的交易活动、账户信息都将毁于一旦，这种打击将是系统性和毁灭性的。金融机构、政府遭受黑客攻击的例子比比皆是，即便是摩根大通、美国联邦政府这样的机构都未能幸免于难。而从信任的角度来看，作为中心的市场监管者的公正性如何保证？仅仅依靠权威性吗？答案当然是否定的。监管者本身是一个利益集团，他们不仅要满足社会利益的最大化，而且也在追逐自身利益。当两者无法同时满足时，在没有合理的约束机制的情况下就很难保证监管者的公正性。同样的情况也发生在金融中介，如承销商、信用评级机构。承销商与发行者的效用函数趋于一致，而信用评级机构所采用的"发行者付费模式"使其与发行者的利益捆绑在一起，这些缺陷使金融中介作为管理信用中心的中立性大打折扣，进而影响市场整体信用状况。

  商事信用的动态评价离不开合理的信息披露机制及良好的信息处理分析技术。而区块链技术作为"信用的机器"，其良好的信用管理机制背后支撑的实质也是对信息披露机制的优化。区块链技术适应了当前互联网思维下信息扁平化、共享化的趋势，能够将社会微观市场主体的经济行为的全过程纳入信息采集模式中，拓展信用信息的覆盖范围。以公司债券发行为例，目前我国公司债券发行一般经过 4 个阶段，每个阶段又涉及诸多流程。在发行过程中，投资者作为发债公司的旁观者，没有办法完全掌握风险的相关信息，而发债公司却是风险相关信息的绝对掌控者，一旦发行程序多、历时长，过程中的信息很难完整留存，便会导致严重的信息不对称，很容易诱发欺诈行为。而当区块链技术嵌入债券发行后，发行过程中的任何信息，包括发债企业原始信息与过程信息都将被完整地记录，并提供给监管者及任何参与购买债券的节点，透明度得以极大提升。当然，要达到真正透明的效果还需要从技术上扩大信息的来源。对于涉及发债企业的信息，如税收缴纳、司法纠纷、权属变动等，只要能够影响投资者的决策，均应该呈现在区块链中。这就保证了信息披露的完整性。

  除提升透明度以保证信息披露的完整性外，区块链技术所具有的链式结构保证数据动态更新及不可篡改亦十分契合商事信用动态评价下信息披露机制的逻辑，可以保证信息披露的准确性与及时性。区块链由区块以时间戳的方式串联成链。因此，当任何影响投资者决策的信息产生时，都将被记录到区块链上并且永久保存。另外，区块链技术所独有的去中心化结构将会弱化发行过程中的承销机构、信用评级机构等金融中介的作用，进而弱化存在于金融中介与投资者之间的利益冲突，降低金融中介参与造假的动机。当然，区块链技术下公司债券发行的信息披露并非完全排除金融中介的作用，更不具有排除金融中介信息披露的义务，而是强调区块链与传统金融中介作用的互补。

区块链技术下发行成本与发行效率的优化

受监管机构控制风险而非管理风险思维的影响，我国公司债券发行普遍面临着高昂的发行成本与低下的发行效率的问题，以至于最需要融资的中小企业往往会被拒之门外。因此，公司债券的发行应该回归以商事信用为基础。

在公司债券发行回归以商事信用为基础的逻辑起点下，还需要建立与完善商事信用动态评价的机制。商事信用的动态评价离不开完整、及时、准确的信息披露，而区块链技术的链式结构及特有的数据验证机制为此提供了保障。因此，区块链技术嵌入公司债券发行后，从以商事信用为基础的逻辑角度来看，应该进一步摒弃公司债券发行制度中的管制性因素并且简化发行程序，以此降低发行成本并提高发行效率。

另外，从操作层面来讲，区块链技术嵌入公司债券发行后，其发行流程中的多个环节可以进行适当的合并。以企业债为例，目前其发行流程主要包括3个阶段。

（1）申报材料制作阶段。该阶段主要完成企业内部就有关债券发行事项形成决议、与金融中介（信用评级机构、会计师事务所、律师事务所、证券公司）合作完成相关申报材料的准备及承销安排。

（2）发行报批阶段。包括上报发行申报材料、跟踪核准进程、修改方案及材料、债券发行会签及拿到批文。

（3）正式发行阶段。包括刊登发行公告、进行市场宣传、完成债券销售、资金划付及验收。

所有环节严格按照前后顺序进行，非常耗费时间。区块链技术嵌入以后，基于其去中心化结构及时间戳形成的链式结构，发行流程中的与金融中介合作完成相关申报材料的准备完全可以与第二阶段合并，实现材料分步骤准备的同时，监管机构同步进行审核，发债企业同步跟进修改。而整个过程也将依靠区块链技术完整地呈现在市场预期投资者面前，可以省去刊登发行公告、进行市场宣传等步骤。至于资金划付及验收，在区块链中能够快捷、安全地进行。因此，区块链技术嵌入公司债券的发行流程，在操作层面能够大大降低公司及监管者与市场投资者的成本。

6.2.3 基于区块链的债券案例

从狭义上来说,区块链本质上是一个去信任化的分布式数据库,这就为债券业务管理无须第三方介入提供了思路和路径。在区块链技术的支持下,传统的债券业务管理变成了一堆嵌入代码,代码通过网络进行传输,网络上的客户端进行某笔债券交易,就会产生响应,实现点对点的价值传输,期间省去了传统债券融资模式下需要债券交易中心、评估机构等中心化组织的参与,提高了债券融资的效率。至于债券交易的安全性,则完全可以通过代码的设计来实现,如果债券管理各方任何一方违约,代码会自动执行程序而不受人为干预,即便一方篡改代码,由于存在去中心化的分布式账户,因此备份在其他客户端上的交易信息也会为某项债券交易提供证明。理论上来讲,除非一方有能力控制全球 50% 以上的计算机客户端,否则无法篡改区块链中的信息数据。

(1)债券业务管理方向铺设区块链底层技术的网络发送债券业务管理信息,并通过代码定义了债券业务管理中的明细条款(类似纸质债券中的交易信息以代码的形式进行设计和封装),这就构成了一个区块。

(2)债券业务管理的另一方接受包括利率、期限、承诺条款等在内的债券业务合同。

(3)区块链网络中的各节点验证该项债券业务管理的真实性。

可以看出,区块链技术下的债券业务管理并不以需要了解对方社会信用、评估发行方财务信息和经营信息等为前提条件,只需要管理各方对债券业务管理合同产生合意,某种定义范围内(可以是全世界范围内)的各节点都知悉这项管理安排,就可以完成债券的业务管理。

把区块链技术引入债券业务管理流程,对现行债券业务管理流程进行改进,逐步淡化或隐去信用管理环节,进而达到债券业务管理方与债券发行主体之间架设信用信息平等的桥梁,节省由于信用信息不对称造成债券业务管理方、监管方在债券业务管理流程上耗费的非必要的管理成本,实现债券业务管理的扁平化、分布式节点管理。围绕这一新的债券业务管理目标,研究人员提出重构债券业务管理流程方案，如图 6-8 所示。

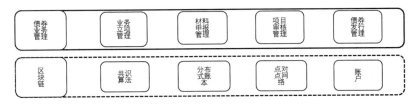

图 6-8 区块链技术下的债券业务管理流程优化设计底层架构图

现行债券交易发行主要依靠前期的人工控制来完成约谈、实地调研、材料制作和申报等环节，发行之前所有的手续和环节都需中心化组织介入，主要关注点是债券发行方的资信问题，针对这个核心问题，券商、交易所、律师事务所、会计事务所、交易所和政府等多个角色参与其中，将理论上的可接受风险水平降至最低。然而，一旦债券发行方违约，只能通过事后惩罚来弥补债券违约对社会造成的损失。

而如果将区块链技术应用到债券业务管理中，凭借区块链技术具有分布式账户、节点传输等功能，债券业务管理系统根据已经经过代码处理的债券业务信息中所关联的启动情景来支撑后续业务工作的开展和实施。假若启动情景满足既定要求，原始数据资源就会被积极调用，同时启动事件也会因此显现出来；以债券为中心，借用模块处理技术对债券业务和事件进行管理，逐步发展成债券业务管理体系的核心构成单元。债券业务管理流程只是一个事务处理模块和状态机构成的系统，它存在的价值在于，使受到触发情景限制的、复杂的数据协议，可以遵循参与主体的意愿顺利地实施下去。

在现行债券业务管理流程下，债券管理主体需要就债券发行方的资信评估问题聘请会计事务所等中介机构，以此作为债券发行规模、票面利率、债券发行期限、债券赎回和债券弹性变更条款等方面的重要依据，最终形成针对债券发行主体的债券发行方案。而应用区块链技术后，债券业务管理主体可以免去委托中介开展资信评估工作，原因是区块链技术下只需要对债券发行主体的债务融资需求进行信息化处理，即对债券合约进行可编程的操作，将债券条款和细节转换为代码,并借助区块链技术实现自动执行机制。如果日后构成债券违约,区块链技术下的债券业务管理平台可以依靠自动执行机制来完成事后动作,无须人工进行干预。所以,在区块链技术下,债券业务管理主体无须获取债券发行主体的信用状况,只需将债券合约转换为可自动执行的代码,并进行全网公证。

基于区块链技术的债券业务管理流程优化设计分为如下几步,如图6-9所示。

(1) 债券发行主体通过公司网站发布债券融资需求信息。

(2) 公司将债券发行主体的债券业务信息发布至区块链网络节点。

(3) 区块链返回底层交易的哈希。

(4) 应用区块链技术返回交易结果,完成债券业务管理的自动执行。

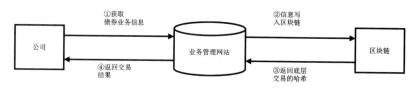

图 6-9 区块链债券业务管理流程图

从商业的角度来说,以上的债券业务管理流程改进是区块链技术一个较为简单的应用,还未涉及监管层的完全去中心化目标,监管部门仍需对债券业务管理实行备案制。

6.3 保险

区块链技术的迅速发展,极大地推进了保险业的创新应用,其多方主体参与体系及颠覆性的信任机制将加速构筑保险行业新生态。我国虽已是保险大国,但和保险强国仍有不小的差距。保险行业信息不对称、信息透明度差、管理机构臃肿、渠道成本过高和欺诈风险管理困难等问题成为目前制约保险行业快速发展的主要问题,这些问题也为保险行业信息系统的建设提出了更高的要求。基于区块链的保险信息系统是传统保险信息系统在保险科技时代的最新发展阶段,利用区块链技术实现分布式总账,打造身份识别、信用管理等基础服务,并从需求分析、产品设计、承保定价、保单管理和理赔服务等全流程实现业务再造。区块链技术与保险行业在社会性、唯一性、时间性和安全性等方面的相似特征，为解决保险机构的问题提出了新的思路。

6.3.1 区块链技术应用于保险领域的优势

保险业发展的大方向就是发展互联网保险，互联网保险因为有着成本低、方便、直接而且效率高等优点而被业内人士追捧。但是目前发展的互联网保险中，还多以传统的保险产品为主，网上交易的都还是很大众的保险产品，只是将曾经线下交易的保险产品拿到了线上卖而已，缺乏创新的产品与机制。究其原因，互联网保险创新最大的瓶颈就是不信任和机制不安全。而区块链的共识机制和加密技术正好弥补了传统互联网的缺陷，区块链能够建立起完整、不可篡改的分布式账本，确保了信息和资金的安全，而且区块链的去中心化特点保证了信息能够高效流通。运用好区块链的固有特点，就有可能突破传统保险业的局限性。

运用区块链技术的去中心化实现分布式核算与存储，任意节点的权利和义务都是相等的，能降低保险中介费用，点对点的联系可以突破时空界限，突破传统互助保险的局限性，使同质风险个体可以在更大范围内实现互助。区块链开放性技术体系采用公钥和私钥的设置，除交易主体的私有信息被加密外，所有人都可以通过公开的接口查询区块链数据和开发相关运用，对保险行业来说，这样能减少信息不对称，进而解决保险供给和需求双方存在的道德风险和逆向选择问题，同时借助开放性可以提升大数据和云计算的运用，使保险产品的开发和定价更加准确。区块链透明性特征能提升保险消费者的信任度，解决制约保险需求的信任问题；构建保险情景，进行精准营销；降低保险公司交易信息丢失的风险。

6.3.2 中国人保集团对区块链技术的研究及应用实践

早在区块链兴起之时，国外就有保险公司试图把这种最新技术融入保险实践中。数年前，中国人保集团就紧跟国际前沿技术，开展了保险区块链技术研究，并完成了全球第一份保险区块链研究白皮书，同时结合实际开展了一系列应用场景研究和技术开发。中国人保集团利用区块链技术，探索养牛保险的"标的唯一性"管理新模式,即构建了基于区块链的养殖业溯源体系。该体系以区块链技术为核心,以生物特征、DNA和耳标等多种生物识别手段为基础,以移动互联网为平台,实现了肉牛个体识别与验证。通过区块链技术真实记录个体识别信息,以及进口、饲养、防疫、养殖、产仔、屠宰和物流等全方位和全流程信息,实现了肉牛乃至肉制品的有效溯源,以及"全生命周期"的"验明正身"和连续记录。肉牛区块链溯源系统的核心价值是,通过区块链技术实现"唯一性"和"可追溯"管理,从而真正实现"全生命周期"管理。"全生命周期"概念既可以追溯个体的"血统",又可以结合DNA技术,延伸至其作为食品进入流通和消费领域。

区块链溯源系统具有广泛的应用价值和社会意义:一是为保险公司的养殖保险提供良好的技术支持,可有效防范道德风险,提高经营管理效率,为产品和服务创新提供支持;二是为金融机构的农业贷款业务提供风险管控手段,确保信贷风险相对可控;三是为政府部门,特别是动物检疫管理、农业生产管理和农业补贴等部门提供技术支持;四是为食品运输、流通、销售和消费环节的全程跟踪管理提供技术和数据服务。

中国人保集团的第二个区块链项目是"人保V盟",即利用区块链的分布式技术,对营销管理模式进行再造,改变了传统的金字塔管理模式,采用扁平化管理模式。同时,结合智能投顾和智能合约技术,大幅度提高了运行和结算效率,使营销人员真正成了公司中心,为"以客户为经营中心"奠定了基础。

6.3.3 阳光保险区块链应用案例分析

阳光保险公司是保险业的佼佼者,中国500强企业之一,注册资金65.6亿元人民币。它专门成立了区块链研究部门,充分利用新技术打造新型积分形式,来满足客户需要。在国内金融业还在对区块链进行初步的理论研究时,阳光保险公司就推出了"阳光贝"积分,这是以区块链为底层架构实现的新型积分模式,是保险业第一款区块链产品。传统的积分是固定存在于一张会员卡中的,只能一人使用,不能转赠于他人,更不能折现,只能够买指定店内的指定商品,这就造成了很多积分的浪费和不便。而"阳光贝"是可以在亲朋好友之间互相转让、在阳光商城兑换任何商品的积分，不会造成资源的浪费。除在阳光积分商城内部可以互相转赠外，也可以将阳光贝积分与其他公司发行的区块链应用积分互换。

在推出区块链积分"阳光贝"且收到一定成效后，阳光保险又试着将区块链技术应用于保险业务中，并推出了名为"飞常惠"的新的航空意外险卡单。这款200万元保额的卡单没有任何中间渠道费用，客户之间可以自由流转，成本却仅为3元。同一保单最多可购买20次，并且购买之后不仅可以自己使用，而且可以转赠他人，这款保险产品就这样变成了人情味十足的社交工具。

区块链技术，是"阳光贝"积分产生的重要技术背景。区块链能够记载所有的交易信息，正是这样的功能，使保险产品能够脱媒，在客户之间低成本且安全透明地传播。同时，区块链还有着时间戳机制，能够完整地记录买卖双方的交易过程，可以观察到保险产品在区块链上的实时流转情况，并且区块链有着不可篡改的特性，有效解决了保险公司"签倒单"和"逆选择"的理赔和承保风险。现如今，保险业竞争进入了白热化阶段，升级产品属性、改变推广方式已是大势所趋。信用在保险体系里占着举足轻重的位置，信用是保险得以发展的基石，只有有了信用才能建立起保险公司和客户之间的桥梁，才能保证保险行业不断发展。而使用区块链便可以解决保险中信任的难题，这无疑为保险业带来了新的机遇。

6.4 信托

随着社会的进步与国民财富的日益累积，信托行业资产规模不断扩大。信托作为理财方式，随着信托制度的不断完善，其应用领域也更加广泛，并逐步从普通民事领域发展到金融商事领域，与银行、保险、证券一起共同构成了现代金融体系的四大支柱。信托行业管理资产规模是仅次于银行业的第二大金融子行业，重要性日益凸显。然而我国的信托业存在成本控制意识薄弱，成本费用较为高昂；管理资产质量不高，风险隐患显著；现存业务以通道业务为主，偏离信托行业主动管理、财产管理的业务本源等问题。

6.4.1 区块链技术可解决信托业现存问题

1. 降低营业成本

信托行业资产体量庞大，公司层面实现的利润水平却偏低。采用信托报酬率指标衡量收益水平，十余年间，国内信托机构的平均信托报酬率不足1%。一方面是国内大量开展低技术含量、低回报率的通道类业务的结果；另一方面源于国内信托机构处于规模膨胀期，长期粗放式发展，忽视了对成本的控制。在信托行业盈利能力走低、同质化竞争加剧的背景下，优化成本管理是信托机构要脱颖而出的必然选择。信托公司营业成本主要包括营业支出、管理费用、研发成本及员工薪酬福利等项目。区块链由于具有去中心化的特性，利用智能合约技术，能在很大程度上解放信托公司的人力成本，降低营业支出和管理费用，使信托公司拥有更加充足的资金用于开发市场、强化创新、提升公司职工福利水平，打开更大的发展空间。区块链技术有望节约巨大的成本，如美国两大证券交易所曾以其清算交收的数字为基础测算，使用区块链节约的交易成本一天便可达27亿美元。我国信托业设立及管理手续烦琐，可以降低成本的环节包括但不仅限于清算环节，采用区块链技术有利于促进经济整体更为有效地运转。

2. 加强风险管理

信托行业多年来实行粗放式发展，野蛮扩张的后果就是资产质量难以得到保证，风险事件频有爆发，在打破刚性兑付的趋势下，没有了信托公司的保障，损失将由投资者个人承担，其社会影响的波及面将更广，造成的影响将更为恶劣。爆发风险事件主要有以下几种原因：编造融资项目，伪造项目材料、公司公章，骗取信托贷款；融资人负有高额债务、挪用信托贷款还账、无力兑付信托计划；泡沫化的市场行情掩盖了信托风险；地方政府融资平台债台高筑、涉嫌违规注资担保，财政吃紧；信托经理的道德风险。区块链的优势在于能保证存储于线上的数字材料在保持隐私性的同时可以被验证，从技术上排除了被伪造的可能性；并能使信托公司对交易对手的财务状况进行实时查询，在第一时间发现财务风险，及时采取应对措施；而信托产品引入智能合约，建立基于算法之上的绝对信任，则可以降低信托经理的道德风险，即使在某些必须人为处理的环节发生了偏差，也会由于流程的透明性很容易被发现，能够尽快补救，最大限度地减少损失。总之，区块链的引入可以在极大程度上完善信托行业的风险控制。

3. 优化信托业务流程

区块链技术可以将信托计划在尽职调查和投后管理等环节的工作内容上进行存证，其底层算法的不可篡改性可以从技术层面保证资料内容的真实性，相应内容成为信托公司履行受托人职责的证明，并以此来加强信托行业风险管理的规范性。担保措施也是一项有效的风险控制手段,常见的有动产和不动产抵押、权利质押和第三人连带责任保证等。其中动产抵押业务开展长期存在局限性，由于受抵押物具有可移动、易损毁特征和产权可能造假，其信用强度大大下降。

针对这些问题，区块链技术可以完成动产担保资产的确权和追踪，从而解除动产抵押信贷产品发展的桎梏。在信托计划设立后，信托资金注入信托项目，信托公司需要履行投后管理的职责，对信托资金的流向进行全方位监控，确保资金按照预定计划完成拟投资项目，防止资金挪用给投资者带来风险。投后管理需要信托公司通过控制财务章等手段参与项目的资金管理，定期更新财务数据、分析数据排查风险等，此时拥有丰富风控经验的信托公司就具有较强的竞争优势。区块链技术能够保证相关信息在事件发生的第一时间上链存证，信托公司内有查询权限的人员，可以登录区块链系统一键查询信托资金具体流向及项目公司的其他情况。智能合约可以针对具体的项目设定特定规则，例如，根据借款人提供材料、多平台借贷记录、支付结算及个人信用记录等信息构建多维度图谱模型，结合大数据交叉验证识别团伙欺诈、资金挪用等高风险行为。系统会定期筛查检验，如果预设指标触及警戒线，则将提醒信托经理和风控人员入场核查,从而实现基于客户行为的贷中、贷后风险监控体系,确保资产安全。

区块链的引入可以大大加强尽职调查和投后管理中的风险识别能力。在信托业务占比持续走高的环境下，引入区块链提高信托产品的风险防范能力，能有效保护投资者的财产安全，提高社会稳定性。将之应用于固有投资，有利于保证信托公司资本金安全,加强风险防控能力。同时,它还能够帮助业务人员识别低风险、高收益的资金敞口,并实时跟踪风险变化,促使信托行业更好地服务于实体经济。

6.4.2 区块链应用于私募股权投资——北方信托案例

北方信托成立于1889年,是美国首屈一指的专业信托公司,全球第五大资产服务公司,经营风格稳健。2019年,公司管理的资产规模为9424亿美元,托管资产规模为6.72万亿美元;主要服务对象为机构投资者和高净值人群,业务涵盖托管、基金管理、风险分析和投资外包等领域。

北方信托选择IBM作为合作对象,IBM通过前期在区块链领域的积极布局,拥有显著的技术优势。在科技公司为其提供技术保障的前提下,北方信托从简单应用入手,逐步实现系统优化,并尝试将产品逐步应用到私募股权投资业务中。

私募股权投资信托是信托工具,投资发展前景良好的中小企业领域,采用权益工具,有别于常见的贷款关系的债权信托,具有高风险、高收益的特征。此种投资场景下对投资的专业性要求极高,针对投资项目的需要进行详尽的调查及跟进,第一时间做出合适的决策,往往委托专业的投资基金管理公司代为管理。私募股权投资信托为了享有在被投资公司的话语权,保护委托人权益,一般体量也较为可观,但系统性风险不容忽视。私募股权投资业务在选取投资项目,开展尽职调查研究后,开始实施投资。

募集到的信托计划资金,由信托公司委托投资管理人进行投资运作,具体包括大股东回购、行业内企业并购、国内外资本市场上市等途径,以完成被投资项目的增值变现。

北方信托与IBM达成合作,为不同业务场景提供基于区块链的解决方案。首批应用选取的合作对象是瑞士管理公司,平台由4个节点搭建而成,自发布以来一直供瑞士管理公司Unigestion的股权交易在其上运行。在传统模式中,北方信托在开展私募股权基金变更业务时,需要10~30个人参与,管理员需要花费基金总额的10%用于与各个基金律师的业务交流,完成所有流程平均需要花费 6 个月的时间。私募股权变更的传统业务模型如图 6-10 所示。

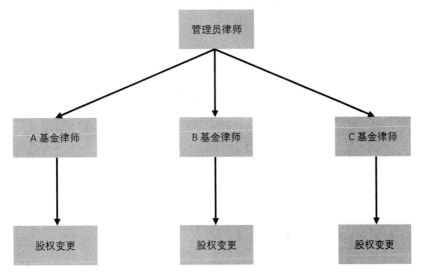

图 6-10 私募股权变更的传统业务模型

在新技术下，基于区块链技术的多方信任，业务流程对参与各方完全透明，当事合伙人可以授权管理人律师直接替其完成股权变更业务，不再需要各自的律师作为中间方，各项法律文本在区块链上完成签署与存储，同时完成执行和解决。配套措施还包括区块链审计师。北方信托与会计师事务所普华永道合作，实现了基于区块链技术的私募股权投资审计。在股东买卖股票时授权审计人员可以访问节点，实时查看只读文件，包括但不限于交易金额、收益分配方案等。

此次业务中的监管节点是英国的格恩西岛金融服务委员会，其监管范围包括欧洲的 2000 多家金融机构。格恩西岛金融服务委员会在对 Unigestion 实施监管时，不同于传统的监管流程，它作为加入区块链系统中的监管机构节点，在拥有广泛访问权的同时能够实时访问信息，如图 6-11 所示。

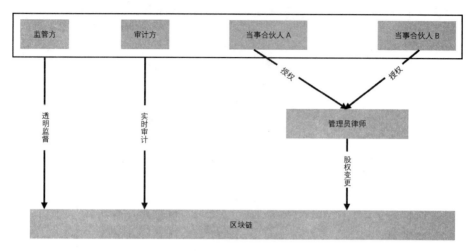

图 6-11 私募股权区块链业务模型

目前，区块链技术仍然处在大规模试错的阶段，合适的应用场景仍需不断摸索才能被慢慢发掘出来。北方信托在众多业务中选择了私募股权这一应用场景，一是因为私募股权交易频率比较低，区块链技术能够适应其要求；二是私募股权的参与方众多，涉及投资经理、普通合伙人、有限合伙人、基金管理人、审计师和监管机构等多个参与方，多方之间的沟通效率可以通过应用区块链来提高；三是因为美国私募股权基金的资本市场占据了全球私募股权资本市场40%的份额，私募股权投资非常活跃，因此如何提高私募股权基金的上市速度是美国私募股权投资中的一个真正的难点。

在优化交易结构方面，私募股权交易市场现有的运作方式是以当事人的律师作为中间人推动的，他们作为当事人的信任方，代表当事人与基金管理人进行协商与交易。相关交易文本及数据采用电子文档和电子表格形式记录，处理这类文档需要花费数周的时间，各个当事人律师和 Unigestion 要花费大量的人力劳动达成协议，这一过程消耗的费用高达基金总额的 10%。而引入区块链技术，用去中心化的交易网络构建可信任的交易环境，直接省去中间人这一环节，各个合伙人律师只需要针对业务操作中的法律事项做出考量，不再需要作为当事合伙人代表参与烦琐的核对流程，从而解放了大量的人力劳动，提高了交易处理速度和资金利用率。

在提高投资者信心方面，私募股权投资是信托业开展主动管理业务的重要发展方向，牵涉众多参与方，交易结构复杂，流程烦琐，信托计划透明度较差，委托人要想了解信托计划的详细信息往往需要询问多个部门，耗费大量的精力，但也不一定能得到满意的答案。北方信托运用区块链技术，能够对信托计划做到实时追踪，用数学算法解决信任问题，对业务流程的记录能够使各方实时查询，降低沟通成本，满足投资者对披露更多信息的需求。

在促进投资管理人更好发挥职能方面，Unigestion 在整套业务流程中扮演提供专业资产管理决策的角色，而做出合适的决策需要及时、准确、可靠的信息。区块链系统能实时更新被投资项目资产的变动情况及各参与方的信息，自动完成文档数据的共享，将区块链与人工智能结合，利用人工智能对被投资项目进行数据分析及等级评估，可提供更有决策意义的信息，从而使 Unigestion 能更好地发挥专业性，决定何时加持、何时退出及具体的退出途径，实现被投资项目市场价值变现最大化。

在提高审计效率方面，北方信托设计了专门的节点允许普华永道审计人员登录访问特定项目。审计人员获取审计材料是一项十分耗时耗力的工作，获取的材料在规范性和准确性上时常出现问题，加上人为收集和整理材料耗费大量时间也使材料的时效性较差。普华永道审计人员接入区块链系统后，可以实时自行调取所需的从授权入口接入的数据板块，这既保证了数据的可靠性，又增强了工作的时效性。审计人员可以从区块链系统中导出审计所需数据，使用原有系统完成审计过程，若未来开发新系统，则将直接在区块链上进行审计工作。区块链技术能帮助普华永道审计公司节约成本，也能为北方信托和 Unigestion 在私募股权投资决策过程提供更有参考性的信息。

在提升监管透明度方面，监管机构格恩西岛金融服务委员会加入区块链网络后，对北方信托私募股权交易流程拥有广泛访问权，能够对非标资产实现更全面的监管，完成穿透式监管。以区块链技术作为底层架构搭建私募股权交易的信息系统，辐射私募股权交易业务的全部流程及各个参与方，格恩西岛金融服务委员会从北方信托区块链获得的资料类别和从其他被监管金融机构获得的资料类别是一致的,但由于能实时获取信息,所以能在第一时间发现问题,提前防范系统性风险。

6.4.3 基于区块链的家族信托尝试——万向信托案例分析

家族信托是最能反映"受人之托、代人理财"本质的主动管理型信托业务之一。信托最初的起源就类似于如今的家族信托业务,富人将家族的资产交由信托公司打理,信托公司履行勤勉尽责义务,遵从委托人意愿处理其财富。家族信托不同于金融信托,本质不是投融资工具,其首要任务是资产保值和传承。家族信托业务为高净值人群提供了专业化的理财手段,相较遗嘱而言,信托财产遵循风险隔离机制,制定和变更受益人也更为方便,从制度设计上来说,也更有利于家族财富传承。

万向信托由万向控股有限公司在 2012 年发起成立,注册资本 13.4 亿元,万向信托是我国首批进入家族信托领域的信托机构之一,推出了首单股权管理事务类家族信托,走在了同行业前列。万向区块链实验室作为国内第一家致力于区块链技术研究和开发的专业机构,其开发的万向区块链云平台是该实验室非常重要的战略项目之一。万向平台推出基于区块链的验证性平台服务,为其家族信托企业提供技术保障。在万向区块链业务模式中,通过先对重要材料进行哈希运算来获得消息摘要,并将摘要存储到区块链中;当用户出现对数据真伪进行验证的需求时,只需要对比数据哈希后的结果与区块链上存储的摘要信息,就可以知道数据是否被篡改,如图 6-12 所示。

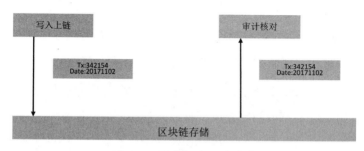

图 6-12 图数据验证说明图

场景一：写入上链。数字资产直接通过哈希加密处理生成唯一且不可逆推的特征值，存储于区块链上；非数字资产需要在此之前增加转为数字化资产的操作，后续相同。

场景二：审计核对。具体的数据信息不存储在区块链上，但是通过对原始数据进行哈希获取摘要结果，再读取区块链上存储的原始摘要信息进行对比，即可以完成对重要数据的审计核对。

万向信托运用区块链将家族信托业务合同及意愿书数字化后录入区块链，通过哈希算法保证其隐私性，信托公司对家族财产的运作管理流程也会被区块链全方位记录，客户可以随时查看该记录。此外，每一单家族信托业务都是为所服务的客户量身定做的，智能合约也可以为每笔合同单独编写指令，操作更加高效、便捷。

信托业务中的各项文件都必须被妥善保管以备查询，但传统的纸质及电子版文档面临被人篡改和泄密的风险。万向信托运用区块链记录家族信托业务合同、客户意愿书等文件，保证了重要资料的真实性，同时由于通过哈希算法处理过的文件内容本身是不可见的，只可通过验证密码值来证明文档的真实性，这也符合了家族客户对隐私性的要求。

信托制度使家族财产的所有权与收益权相分离，委托人和受益人无法直接决定财产的运作。区块链技术可以记录家族财产状态的所有变动。家族信托不仅适用于现金资产，证券、不动产、金银珠宝和古董文玩等非资金财产，也是法律允许的受托资产范围。现行政策提倡信托业回归业务本源，开展财富管理业务，针对非资金财产的家族信托前景广阔。现金资产和非资金财产都可以通过数字化处理记录于区块链系统中，并在上链后完成对其所有状态的更新，记录现金流向及非资金财产所有权变动和其他状态变动，委托人和受益人均可随时登录有权限的节点查看受托资产最新状态。此外，万向信托作为财产主动积极的投资者，需要按照委托人意愿处理委托人财富。家族信托与金融商事信托以资产最大化为目标不同，因委托人所处情况不同而会有不同的目的，如隔离债务、隐私保护和节税继承等。

万向信托借助区块链平台对管理信托资产过程进行存证，存证范围包括资产评估公司、资金托管方、律师事务所、会计师事务所等其他专业第三方机构的工作内容，使业务处于全流程可追溯，既自证在执业过程中履行了忠实义务和谨慎义务，又便于在出现问题后第一时间找到风险爆发点。

　　家族信托计划没有固定的模板，每一项家族信托计划都会根据客户的需求有特定的安排。针对这种一次性计划，可以应用智能合约技术，根据每项家族信托计划的目标编写特定的程序，委托人和受托人就信托计划的目标和操作要求、在预设时间或触及特定条件时执行某项事件达成共识。一旦智能合约编写完毕且顺利上传到区块链，就必定会按照预设的轨迹完成所有安排。这可以降低万向信托的人力成本，提高业务流程效率，同时也可以增强委托人信心，树立万向信托在家族信托业务领域的良好口碑。

第 7 章

区块链与溯源、食品、农业

将区块链应用于农业的意义很大，但是实际落地达到理想中的效果很难。其中的难点不是技术，而是体制、利益和监管市场等。从"公司＋基地＋农户"的产业化组织形式到向农民租赁土地，形成高效农业科技园区的开发基地、中试基地、生产基地，逐步成为立体型、多层次和集约化的复合农业，在这个过程中，现代工业的身影、现代科学技术的威力时时出现。现代农业就是在多种力量的作用下迅速发展起来的。然而，聚集在农产品质量安全上的较量从未平息。这些年"瘦肉精"饲养肉牛，向待宰牛注水，屠宰、加工、贮藏病变猪（肉），生产、销售含有违禁物质的水产，生产、销售含有违禁药物的鱼苗、牛蛙等，质量安全事件层出不穷。

依靠区块链技术建立的产品追溯系统，可为传统农业的转型升级"赋能"。利用区块链技术，可为全部农产品追根溯源，覆盖农业产业全过程，包括种植标准化生产、农残检测、流通检测、销售、安全查询、市场准入等各环节。其间，消费者可以通过手机查询、互联网查询、"400"电话查询或查询机，进行安全溯源的查询，包括生产人、储藏天数、保存温度等各种基本信息都有独一无二的详细记录。这是由区块链技术的本质特性决定的，其去中心化、去信任化和信息不可篡改等特点，通过区块链的分布式记账方式，使农产品的溯源更透明。构建以区块链技术为核心的"信用体系"，有助于解决我国农业发展中出现的诸多问题。

需要重申的是，解决食品农业安全问题的根本不是应用区块链技术，而是需要政府加大对农产品质量安全的执法监管处罚力度，提高人民群众的安全消费意识和从业者的诚信道德水平等，这些都是必要而迫切的。

7.1 区块链溯源

市场上不断出现的食品安全事故、食品召回事件等，引起人们对食品质量问题的广泛关注。然而整个社会的快速发展也导致部分人人心浮躁，想赚取快钱，许多食品生产企业全然不顾诚信二字，生产加工出的食品不求质量只求卖相，许多流通环节敷衍了事，最终到达消费者手中的食品，质量安全问题堪忧，遑论营养健康。食品质量问题关乎每一个消费者的生命财产安全和切身利益，无论是生产企业还是消费者都希望能够知道食品的原材料和来源的相关信息，以保证食品的可靠性、安全性，并了解其品质。

国家市场监督管理总局虽然高度重视相关问题的防范和处理，但食品安全问题仍然严重。食品安全追溯一方面满足了消费者对安全食品的实际需求，另一方面满足了监督管理部门的监督需要，应用新的监管方式和技术手段监管食品领域，将食品供应链的全流程记录在案，这样就能保证在出现食品安全问题时，及时准确地定位和追溯具体的环节和具体的责任人，促使整个供应链上的参与者认真对待，不敢弄虚作假。然而在目前食品的安全追溯系统中，追溯系统的控制方式集中化、负责追溯数据采集工作的单位单一化导致了数据及系统的中心化，数据篡改难度低且篡改后无法辨识，数据完整性无法被验证。这样的情况在很大程度上导致了监管部门和消费者对非官方主导的追溯平台所提供的信息信任度不高，影响了追溯系统的实施效果。

食品追溯系统是指能够识别食品生产加工过程中直接供方的进料和终端食品逐次分销的途径，能够维护食品及其成分在整个或部分生产与供应链上用户所期望获取信息的全部数据与作业的一组相关互联的要素。与一般的食品追溯相比，食品安全追溯更注重对食品生产过程中的添加剂、加工过程的具体操作等会影响食品品质和外观的环节的信息的采集和记录，以及对记录到的信息的真实性和可靠性的保证。

食品安全追溯系统由各类传感器、射频识别标签、条形码标签和信息管理平台等元素组成。它通过唯一对应的食品追溯编码，将食品的原材料信息、生产加工过程信息、物流过程信息、销售信息与食品本身进行绑定，利用部署在生产加工、物流运输等过程中的监控设备对数据进行采集，并将数据传输到计算机的信息管理平台，通过射频标签或条形码技术对食品进行标记，用户利用射频阅读器或条码扫描器获取食品标记信息，连接信息管理系统，获取对应的数据。在食品的生产过程中，追溯系统通过对食品从原材料的采购到逐次分销这一系列过程的重要信息进行记录，提供食品在各环节中的生产、物流和成分等数据，为企业提供指导生产的信息，为消费者和监管部门提供食品成分、加工流程、周转流程的关键信息。

对于消费者而言，追溯系统里的食品生产流通信息能够让消费者对食品的品质有更为充分的认识，同时帮助消费者选取适合自己的食品。

对于监管部门而言，追溯系统所提供的信息是监督和管理相应企业食品质量的重要信息支撑，便于在发生食品质量引起的安全问题时，能够通过追溯系统上记录的食品加工信息和流通信息快速定位到问题环节，查明事故原因，对相关责任人进行问责惩处。所以实施追溯系统能够增强企业对食品生产质量的重视程度，使生产企业在一定程度上更加自觉地对食品负责、对消费者负责。总的来说，实施追溯系统不仅能够降低监管部门的监管难度，提高监管效率，而且能够对生产企业起到一定的约束作用。对于生产企业而言，实施追溯系统能够将生产一线的食品状态信息进行无缝收集和存储，在对收集到的信息进行一定的处理和汇总后，能够给生产调整和优化提供决策依据。

此外，实施了追溯的食品，在市场上流通时，由于食品更具有透明性，所以相较于未实施追溯的同类食品而言对消费者更具有吸引力，能够在一定程度上促进销售和给食品增加附加值。

7.2 区块链猪肉溯源案例剖析

食品追溯系统的服务对象首先是终端消费者，其次是需要信息支撑作为监管手段的监管部门，最后才是生产企业本身。对生产企业是否实施食品追溯系统起决定作用的元素主要有两个，一是成本和收益，二是国家政策导向。对于新的消费需求来说，很多消费者愿意接受价格稍高一点但质量有保障的产品，要让消费者接受实施了追溯的食品价格相对较高，就需要让消费者认可食品追溯系统，然而相关的调查结果显示，消费者对追溯系统的认知度还很低，这一方面体现在消费者不知道什么是食品追溯系统，另一方面体现在消费者对食品追溯系统所提供的信息的可靠性、真实性存在怀疑。

当前追溯系统存在中心化的特点，即在追溯系统的构建过程中，数据的采集输入主要依赖于单个企业。例如，在牛奶行业，实施追溯系统往往由整条供应链上的核心生产企业推进。在这种情况下，牛奶从奶农养殖的奶牛食用的饲料开始，到取得鲜奶，再进行一系列的生产加工最后到运输分销，这一系列过程中需要采集的数据大部分由生产企业全权负责。这样追溯系统的实施和应用模式即中心化，核心企业作为系统的中心，具有对数据进行任何操作的权力。当企业中的某个生产环节发生意外，为保证牛奶能够继续正常销售，那么对该生产环节的信息采集和录入有控制权的个人就有可能会对追溯系统中的信息进行修改。现有的物流追溯系统均由追溯食品生产销售过程中的主导企业负责组织和管理，这样的状况就是中心化。当食品在生产、加工等一系列过程中出现事故或食品需求量大，生产企业供不应求时，为了掩盖食品所经历过的不合规则的活动或使用非原产食品以次充好，事故环节的负责人或整个企业采取篡改追溯系统上的数据的行为就可能会发生。由于当前国家立法和执法机构并未对食品追溯有强制性要求，所以对食品实施物流追溯的行为均由生产企业自发进行。在这样的情况下，只能由食品生产或销售过程中的主导企业来组织和实施。追溯系统中的数据采集、数据维护工作由主导企业负责，数据存储在追溯系统信息平台的中心数据库中，系统中其他的弱势参与方并不保存数据，这就使掌握完整数据的组织只有一个，维护的数据也只有一份。

当前追溯系统上数据存在受篡改的威胁、数据的完整性得不到验证这两大问题，区块链技术都能够很好地解决。研究人员在案例实践研究中提出：区块链技术平台能够跨操作系统平台使用，在要求的通信协议上与现有成熟的协议相同，这意味着能够通过技术接口服务将外界的数据录入区块链中。而追溯系统上的数据从作业现场采集完成到按照确定的通信协议通过网络传输传入追溯的数据库，这个时候区块链能够与数据库同时存储一份相同的数据，或者使用具有单向性的数据摘要算法 SHA 等对原始数据进行摘要处理，形成数据指纹，然后将数据指纹存入区块链中，这从软件实现的角度来看是完全可行的。完整数据存入数据库后能够供用户正常使用，也就是说在使用模式上，基于区块链的追溯系统和当前的追溯系统是完全相同的。但是由于完整数据或数据指纹存储在区块链中，而区块链由数据录入的各方及监管部门共同维护，使区块链上的数据或数据指纹具有不可篡改性。在这样的情况下，即使数据库中的数据被整体或局部更改，区块链上的数据由于有一致性算法的约束，存储于链上的数据也没办法同步进行修改。通过这样的方式，能够快速地从区块链上查出对应的数据或数据指纹，将区块链上的数据与数据库中的数据进行对比以确认数据库上呈现给用户的数据是否被篡改。数据完整性则可以通过将数据库中读取的数据用相同的哈希算法进行摘要处理，再与区块链上的数据摘要进行对比来确定数据是否完整。

根据追溯系统的信息追溯模式，为了解决追溯系统中的数据篡改威胁、数据完整性验证和结构中心化三大问题，需要从现有的较为成熟的区块链平台中选出合适的开发原型。原型的选择影响预设的研究目标能否很好地实现，还需综合考虑系统的柔性和可扩展性。选择成熟的基础区块链平台能够避免许多源于区块链平台软件的漏洞，且稳定性相对刚发布和正在进行各种测试的平台会更优，能够尽量避免在开发的过程中出现平台崩溃等问题，并且当追溯系统开发完成后，出现的问题相对少，对维护工作而言更轻松。另外，由于区块链系统为分布式的架构模式，所以在开发完成追溯系统后需要考虑节点部署艰难的问题，区块链以外的追溯系统部分已经很成熟，部署难度不大。然而与追溯系统结合的区块链平台能否轻松部署，部署的软件环境依赖是否繁杂是需要认真考虑的。在选择区块链原型平台时，部署依赖的其他软件环境及平台成熟与否、维护难度大小是首先要考虑的因素。

基于区块链的追溯流程中的数据由数据库和区块链两种方式存储；数据库由追溯系统中的消费者权益保护部门维护，区块链由养殖场、屠宰场、物流公司、销售单位和国家市场监督管理总局五方共同维护；除养殖场、屠宰场、物流公司、销售单位以外的系统用户还包括终端消费者群体、监管部门。其主要流程如下。

（1）养殖场将养殖过程中采集到的关键信息打包并同时录入消费者权益保护部门维护的数据库和养殖场维护的区块链节点。养殖场节点将养殖信息通过 SHA3 算法取得信息摘要，通过独自维护的区块链节点将摘要发送到区块链上，经过平等的共识过程后把信息摘要写入区块链，信息写入成功后会得到一条返回值即区块链中一条交易的哈希值（它是检索区块链中数据的索引），再将这条返回值存储到数据库中。同样的，屠宰场和物流公司及销售单位分别将屠宰过程、物流过程、销售分装过程采集到的信息录入数据库，用 SHA256 算法取得摘要后通过独自维护的区块链节点发送到区块链上，记入区块链，并将返回值存入数据库。在这个过程中，国家市场监督管理总局负责对养殖场、屠宰场、物流公司和销售单位的行为进行监督。监督方式是参与区块链系统的维护，与这四方节点一同进行共识过程，并将区块链数据同步到本地节点。系统不承认区块链发生的分叉行为，数据一旦写入区块链，就不可通过分叉的形式进行更改。

（2）对于消费者而言，通过食品包装的序列号可以从消费者权益保护部门维护的数据库中查询出对应的详细流程信息，若要对信息的完整性进行检验，可通过区块链中保存的信息摘要与数据库查询出的信息通过同样的 SHA3 算法取得的摘要进行对比；若两者相同，说明数据在录入系统后就未再更改，数据完整。消费者若发现所购食品的追溯数据发生了修改，可以向监管部门提出投诉申请，国家市场监督管理总局确认投诉无误后将投诉信息存入数据库，将其信息摘要存入区块链以成为问责凭据。

（3）对于数据录入阶段出现的意外错误，养殖场、屠宰场、物流公司和销售单位可以发送数据更正请求给国家市场监督管理总局，国家市场监督管理总局对数据更正请求进行审核，若数据更正请求合情合理则批准，并以一条备注信息的形式存入数据库，之后再取得信息摘要，通过国家市场监督管理总局维护的区块链节点将摘要发送到区块链。

通过上述的数据存储机制，能够保证数据一旦存入系统就不能被篡改，实现了数据的不可篡改性。同时，由于引入监管部门国家市场监督管理总局，原来的追溯系统中核心企业的中心化问题也就不复存在。在这样的机制下，数据实现了不可篡改，系统实现了去中心化。

基于区块链的牛肉追溯体系的层次，研究人员构思的体系是由上到下依次为用户层、表现层、业务及应用层、共识及网络层、数据层、数据采集层、作业层，共 7 个层级，分别对应不同的技术和实体组成，如图 7-1 所示。

（1）作业层指的是肉牛养殖、运输、屠宰，牛肉包装、冷藏、销售这几大环节，是操作人员的实际运作过程，也是牛肉数据的来源。

（2）数据采集层包括 RFID、ZigBee 等无线识别技术，以及在物流中转运输、细粒度的追溯个体下常常用到的条形码技术，还包括支持数据信息传输的无线宽带网络。该层次是物联网组网的基础，其作用在于采集作业层的关键数据，并提升牛肉流转和管理的效率。

（3）数据采集层将从作业现场采集到的数据传至数据层，而数据层是区块链底层技术的集合。数据层主要包括哈希算法、Merkle 树数据结构、链式数据结构、非对称加密算法和时间戳等。数据被打包记入区块链中，实现数据的不可篡改化。

（4）数据层上面是共识及网络层，是区块链技术的精髓所在，其中包括 PoW、PoS 共识机制、PKI 访问控制机制、P2P 对等网通信技术及数据验证机制和传播机制。区块链遵循共识机制进行区块的生成和确认，通过 P2P 对等网通信技术实现节点之间的通信，通过外部添加的 PKI 技术实现访问权限管理。

（5）共识及网络层之上是业务及应用层，该层涉及智能合约及食品安全生产规则、食品安全运输规则等，其直接与实际业务挂钩，是业务逻辑与区块链系统运行的结合。

（6）业务及应用层之上是表现层，即对数据按照用户的需求进行展示，满足用户的使用需求，包括 JSP 等动态网页技术。

（7）最顶端为用户层，是现实生活中的实体个人和组织，用户包括消费者、监管部门、养殖者和加工者。

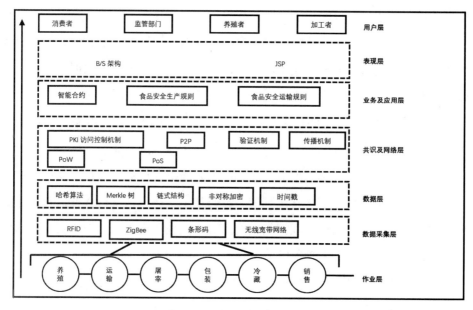

图 7-1 区块链溯源架构图

7.3 农资溯源案例

我国农资质量安全追溯体系已初步建立，目前正处于快速发展阶段。目前运营中的农资质量安全追溯系统不少，其中以"中国农资质量安全追溯平台"为主要典型。"中国农资质量安全追溯平台"是中国农业生产资料流通协会联合中国科学院整合协会、企业、社会三方资源，充分利用农资物联网技术，以标识为载体、信息化为手段，率先在农资行业建立全国统一的农资质量追溯平台。通过该平台，农资消费者可以进行追溯查询、享受在线农技服务及查询优质农资商品；农资生产企业可通过平台管理系统对产品的出库、入库、物流等环节进行全程管理；农资流通企业可利用平台提供的数据共享与集成机制，实现上、下游产业链环节的数据获取，从而为企业的生产经营提供决策支撑；政府监管部门可依托平台对农资流通进行监管，并最终实现农资商品生产有记录、信息可查询、流向可追踪、责任可追溯，保障农资市场安全。

我国的农资质量追溯体系是以农资物联网技术为基础支撑的。物联网通过新一代信息技术将传感器、控制器和机器设备等连接起来，通过物物相连实现机器设备智能化管理和控制，能够提升资源利用效率，节约时间，解决信息不对称的问题。农资物联网是在农资领域对现代物联网技术的高度集成和综合运用，对发展现代农业具有重要的科技支撑作用。农资行业应用物联网技术，建立农资质量追溯体系，有助于解决长期以来农资行业存在的假冒伪劣屡禁不止，农资打假成本高、效果不佳，正规的流通企业品牌受损等问题，对规范农资流通秩序，保障国家粮食安全和农产品安全、保障农民利益都具有非常重要的意义，如图 7-2 所示。

图 7-2 农资业务云图

基于区块链建立的农资管理平台，可完善种子、农药、化肥监管预警体系，实现对农资生产、批发、零售到最终使用的全程监督，实现农资监管与服务信息数据化、购销实名化、监管实时化、服务网络化，构建贯穿整个农资供应链的农资产品源头可追溯、流向可追踪、信息可查询、产品可召回的质量溯源体系，保证农资合法经营、合理使用，从源头上保障农业生产和农产品质量安全。

7.4 区块链技术在农产品供应链的应用案例

善粮味道是"中南建设"联合"北大荒"成立的农业区块链技术平台公司，

采用大规模集约化的土地资源和高度组织化的管理模式，建立了"交易平台＋生产基地＋农户"管理模式的封闭自治农业组织。以北大荒集团的优质土地为基础建立的处于全球领先地位的区块链数字共享农场和覆盖全国的共享云农场，覆盖种植生产全过程的运营管理体系，以物联网及人工智能为基础的智能终端，实现作业的全程数字化、信息化和管理智能化，为消费者提供优质的生产服务。

7.4.1 基于区块链的数据真实可靠

善粮味道采用高度组织化的管理模式，利用土地资源集约化，将收割机、物流车、晒场和仓储加工站等信息并入善粮味道的区块链中，形成智能化区块链的封闭自治农业体系。善粮味道开发的智能终端——农工宝都有绑定的硬件编号，能自动获取时间信息、地理信息和基础性种植信息与管理数据，通过智能终端实现粮食种植物联网化。传统农产品供应链中的每一个阶层，包括供应商、制造商、分销商和客户，每个身处这条交易链上的人，都会对交易信息进行记录来保证交易安全进行。

7.4.2 数据上链——质量安全可追溯

在传统农业产业化过程中，消费者对生产者的生产信息缺乏了解渠道，对粮食生产信息的信任度较低。而善粮味道在区块链技术的基础上开发出的农产品追溯系统，可以保证记录到区块链账本上的数据不被改动，依靠非对称加密算法从根本上消除了人为因素，让粮食安全信息变得更加透明，并与市场权威检测机构进行系统对接，为粮食交易提供品控保障。

7.4.3 区块链技术的应用增强了供应链管理效率

善粮味道平台利用区块链技术的数据不可篡改和交易可追溯两大特性，彻底解决了传统农产品供应链的产品流转过程中出现的假冒伪劣问题，使供应链管理效率获得极大增强。平台中交易各方之间的信息公开透明，信息流转度和可信度高，消费者可实时追踪订单情况，系统可自动执行合约结果，有效解决了交易各方合约信用问题。而一旦供应链系统运行过程中出现问题，参与各方能够及时发现并找出相应的解决办法，从而提高了供应链管理的效率。同时还可以在供应链体系内各参与主体之间发生纠纷时实现举证与责任追究，以有效避免供应链内纠纷的发生。

7.4.4 区块链助力农村金融有效落地

缺乏信用抵押机制使农民贷款整体上比较困难。善粮味道与各大金融机构合作建立善粮农业新金融平台，搭建起了农业新金融信息服务平台，服务于包括农户、贸易商、物流商和仓储商在内的全产业链阶层，提供贷款、保险、代付代扣、信用查询和第三方支付等全方位的服务。

7.4.5 区块链技术与农产品供应链结合存在的问题

随着农村地区经济的发展，农业结构和产业层次调整，"三农"金融需求发生了新的变化，农民资金需求量持续增大，科技化金融服务需求逐年增多。

由于运营成本高、信息不对称、收入难核实，长期以来我国农村一直是金融难以打通的"最后一公里"。20世纪末，我国各大银行在商业化改革中向城镇收缩；之后，大量农村信用社在市场化导向下改制为农村商业银行或农村合作银行……经过多番探索，农民资金需求等问题仍未得到很好的解决。

面对农村贷款难、销售难，国内某电商巨头创造出"数据化产融模式"，消除规模种植户和养殖户在资金与销路上的后顾之忧。

由公司打造贷款定向支付系统，将贷款打入支付账户"专款专用"，供贷款者购买电商平台上的农资农具使用；之后，通过大数据跟踪养殖户经营和风险状况，再由龙头企业收购农产品在电商平台销售。一批养殖户已经享受到该模式带来的便利。

区块链、大数据等技术降低了金融服务的成本，实现了商业上的可持续发展。互联网技术与模式，让包括农村金融在内的小微金融服务呈现出数字化、智能化、场景化、可持续的特征。

1. 用户接受程度

新技术的应用往往会给原来的农产品供应链模式带来巨大的改变。采用区块链技术革新农产品供应链模式，势必将大范围更新、引进新型技术设备，进而增加农产品的生产成本。同时，采用区块链技术后，势必需要引进高层管理人员，这些管理者的薪资也将会增加管理成本。这些成本的增加会导致农产品销售价格高于原有价格，大众群体可能不会为此买账，进而限制农产品产业链中各个阶层的投资意愿。所以在目前阶段，区块链技术的应用规模不大，用户接受程度不高。

2. 实际应用管理问题

区块链采用的是分布式核算和存储，每一个节点都可以储存和读取数据，区块链中的数据块由系统中的每一个节点来共同维护，因此从理论上来讲，如果掌握全网超过51%的计算机，那么区块链上的数据信息就可以被篡改和伪造。善粮味道采用的是区块链的私有链模式，属于金字塔式的监督结构，一层层向下监督，数据信息被篡改的可能性远高于公有链。所以，即使是"去中心化"的体系也需要"中心化"的部门进行监管。区块链技术与农产品供应链结合需要提供一个篡改难度极高的"账本"，不能完全放任不管。可以引入第三方信用中心对其进行监控和实时响应，一旦发现信息篡改立即阻止，以保证信息的真实可靠。

3. 信息丢失问题

区块链技术可以保证节点内数据信息的安全，但是用户自身的隐私信息安全却很难保证，存在用户机密信息的泄露、密钥丢失等现象。同时由于区块链不依赖任何第三方可信机构，网络上的部分不法分子可能会盗取用户的私钥，如果用户的私钥被窃取，区块链技术的去中心化和去信任化的特点可能会造成这些犯罪行为难以追踪，而用户丢失的区块链信息也将很难找回。善粮味道所采用的联盟区块链结合农产品供应链技术，虽足够便利，但是区块链本身的技术问题可能会导致用户个人隐私信息被别有用心的人窃取或泄露。

因此在实践中要确保客户数据的安全，防范恶意攻击。对于信息的丢失问题，可以在其私有链节点中设置储备信息的节点，对消费者的个人信息安全做出相应的保护措施，保证问题发生时消费者能够及时地找回丢失的信息。

4. 人员素质问题

大型集约化农场原本对基础人员的素质要求不高，但是善粮味道采用区块链技术打造的"平台+基地+农户"的标准化管理模式，采用的智能终端随时需要与"物联网"平台连接并上传数据，要求生产人员掌握全程数字化操控，要求监督人员及时记录数据信息，对基础人员的素质有一定的要求。现代农业发展缺乏高素质的信息化人才，大多数从事农业生产的人员不懂信息化知识，在运行初期会造成一定的困难。而且区块链技术与农产品供应链的结合在世界范围内都属于新兴领域，原本的管理模式与方法都需要改变，对管理人员的素质要求自然也比以前更高。

7.5 区块链中药材质量追溯案例

中药材质量追溯体系旨在加强中药材在各流通环节的数字化管理，实现中药材"种植、加工、流通和使用"全过程的信息追踪和质量监管。利用区块链技术去中心化、集体维护、共识信任、可靠数据库等优点，湖北中医药大学科学技术处的孙媛在研究过程中探讨区块链在中药材质量溯源方面的应用和质量追溯体系建设，探讨防止中药材生产、流通和交易各环节信息记录被篡改，增强交易流通信息的透明度，以解决中医药质量的信任问题。中药材质量追溯是区块链技术应用的新领域，这将有助于促进中药材溯源的发展，提升中药材的安全性和可靠性。

中南民族大学计算机科学学院的徐科提出：中药材追溯系统通过物联网采集和传输信息、中药材统一编码、快速检验、分析验证技术，建立中药材溯源服务平台，将种植、加工、流通、交易和使用等环节的信息相关联，并把药材品质数据、企业诚信情况、交易记录数据等关键信息进行统一编码、实时校验，从而实现中药材的全过程质量动态跟踪。区块链技术可以解决中药材追溯中的信息安全难题，采用区块链的共享加密特性，结合防伪编码技术，可以杜绝虚假数据源；运用区块链的分布式架构，则可以保障平台安全性。采用区块链技术进行中药材追溯，可以让溯源的数据存储和分享更加迅捷和透明，提高安全性和信用等级。

1. 中药材品质信息采集

中药材品质信息采集通过传统和现代科学技术对中药材进行基原鉴定和品

质评价,将中药材的指纹图谱、DNA 信息等检测信息集成数字化,是中药材质量可追溯的前提基础。目前,主要有两种集成中药材品质信息的形式。

(1)条形码技术,通过数学算法采用图形方式存储信息。二维码储存容量大、成本低廉、应用灵活。

(2)RFID 技术,RFID 电子标签可以用来记录中药材整个流通过程中的各项信息,为中药材质量溯源提供数据保障。无线射频技术更具优越性,有耐水、耐高温、可加密和高效率等优点,但成本相对较高。

2. 交易数据的分布式存储

中药材的交易记录存储在区块链的分布式节点上,交易数据会被加密并记录,追溯平台的所有参与成员都会获得数据的备份。区块链技术保证了追溯数据不可篡改和不可逆,能提供更高的数据质量和可信度。

3. 交易合约的自动生成

系统能自动生成中药材交易的电子签约,签约双方采用合法、有效的 CA 证书进行电子签名,并在预定时间节点自动生成和完成合同内容和条款,具有可靠性强和不可篡改的优点。

基于区块链的中药材追溯系统,具有共享加密和公开透明的特点,湖北中医药大学药学院的梁泽华提出采用防伪技术对中药材进行编码,可保证数据源的真实性。中药材在生产、流通和交易等环节涉及的物品和人员及参与行为等信息都被存储、查询和溯源,采用多点备份机制,以增强流通信息的透明度和提高信任等级。

中药材追溯体系采用六层架构,分为基础、核心和交互三大模块。基础模块包含数据层和数据采集层,核心模块包含合约层、共识激励层和网络层,交互模块包含应用层,提供用户接口,如图 7-3 所示。

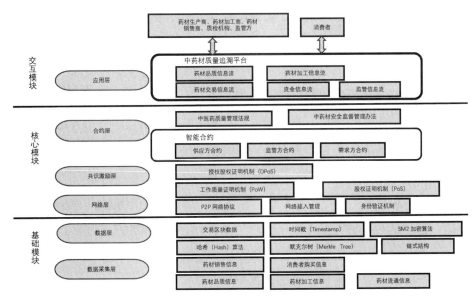

图 7-3 中药材追溯平台架构图

（1）数据采集层，采集中药材信息数据，涵盖药材种植生产、品质检测、加工包装、运输流通、销售交易和消费使用等环节的完整生命周期的信息记录，中药材的品质信息是基础数据。

（2）数据层，按照"区块头＋区块体"数据块格式进行封装，对数据记录进行加密并加入时间戳写入区块链中。基于安全性和政策性风险考虑，本方案的数据层密码算法均采用国密算法 SM2 加密技术进行处理。

（3）网络层，建立在 IP 通信协议和 P2P 网络的基础上，采用分布式组网机制、数据传播机制和数据验证机制。每一个节点都可收发信息，通过共同维护的区块链保持联络。每一个节点生成的新区块以广播方式通知其他节点，共同对这个区块进行验证。

（4）共识激励层，是区块链技术的核心，它规定记账者的选择方式，影响整个系统的安全性和可靠性。本方案引入中药材种植企业、加工企业、第三方机构、政府监管部门和消费者等产业链参与方作为成员节点加入区块链。

（5）合约层，在区块链中内置参与方事先拟定的合约内容和触发机制等形式化规则，加载触发条件，以便合约自动执行，屏蔽外界干扰。本方案将有关中药材质量的政府监管条例、法律法规和质量标准等内容以智能合约的形式嵌入区块链,以实现药材质量的规范化和标准化管理。

(6)应用层,集成中药材信息采集、流通、交易和监管等应用场景,是信息交互的接口,可向药材生产商、加工商、销售商、质检机构、监管方和消费者提供信息查询和质量追溯等服务。本方案基于区块链的技术架构,构建一个透明、可靠、去中心化和去信任化的追溯平台,可供链上参与各方实时查看状态、追溯药材质量。

基于区块链技术的中药材质量追溯体系,可以避免传统溯源系统存在的成本高、效率低和数据不安全等问题。在方案中,中药材的基础数据运用物联网技术采集和传输,采用分布式记账和共识激励机制等方法将数据写入区块链以实现溯源。利用区块链技术的去中心化、去信任化、集体维护和可靠数据库等优势,建立覆盖中药材生产、流通和消费等环节的质量追溯体系。区块链在中药材质量溯源领域的应用,有利于保障用药安全,提升我国中医药的现代化水平。

7.6 农业区块链物联网一体化案例

在农业养殖中,养殖户为了生产出高品质的农产品,就需要优质的品种、更长的养殖周期、低密度的养殖环境等。由于信息不对称,普通消费者仅凭主观难以判断一个产品的价值。举一个最简单的例子,普通消费者很难分辨一只鸡是否属于散养土鸡,往往只愿以市场平均价格来购买一只土鸡,导致提供优质产品的供应商很难获利,生产伪劣产品的供应商反而更易在鱼龙混杂中得益。好产品被淘汰,伪劣产品逐渐占领市场,出现逆向选择,这也是"柠檬市场"(又称次品市场,指在信息不对称的市场中,卖方对产品的质量拥有比买方更多的信息)的典型表现。为了解决市场信任问题,业界通常的做法是靠企业品牌和信誉来背书,但这往往并不可靠。首先,造就品牌和信誉对普通商户来说成本高昂;其次,企业品牌信誉并不一定可靠。

因此基于物联网区块链的溯源系统就获得了众多人的关注,物联网,顾名思义就是物物相连的互联网。这其中有两层意思:其一,物联网的核心和基础仍然是互联网,是在互联网基础上延伸和扩展的网络;其二,其用户端延伸和扩展到了任何物品与物品之间，进行信息交换和通信，也就是物物相息。物联网即通过射频识别（RFID、RFID+互联网）、红外感应器、全球定位系统、激光扫描器、气体感应器等信息传感设备，按约定的协议把任何物品与互联网连接起来，进行信息交换和通信，以实现智能化识别、定位、跟踪、监控和管理的一种网络。物联网技术在防伪溯源领域可以解决两大问题：一是数据绑定，即通过物联网设备绑定现实世界物体，做到即拆即毁、不可复用，为现实世界物体产生一个类似于身份证的唯一标识。该标识可以映射到数字世界，作为现实物体在数字世界的唯一标识。二是数据采集，即通过物联网设备采集现实世界物体的原始数据，并直接上传，避免了人工参与录入的问题。

下面，以步步鸡防伪溯源系统为例，阐述如何将物联网设备和区块链技术相结合解决信任难题。步步鸡防伪溯源系统主要包括3个系统：数据采集系统、数据存储上链系统及数据查询和验证系统。

7.6.1 数据采集系统

数据采集系统主要依靠戴在鸡腿上的环状卡扣物联网设备(鸡牌)采集数据。鸡牌内部含有计步模块、定位模块、通信模块等。每个鸡牌都会有系统生成的唯一ID及可供扫描的二维码。鸡牌卡扣一旦合上就开启工作模式，不可拆卸；一旦拆卸，卡扣内部的电子链接装置就会损坏，从而失去采集数据功能。鸡牌开启工作模式后，会实时采集上传这只鸡的运动步数和坐标，并定期发往通信基站。通信基站通常包含一个主基站和若干副基站，副基站是网格状部署，负责收集在其附近活动的鸡牌发出的数据信息，并将数据汇总发往主基站。主基站会将所有消息发往消息中间件。由于大量物联网设备可能会产生海量数据内容，消息中间件在此处可以充当蓄洪池。

7.6.2 数据存储上链系统

数据存储上链系统需要订阅消息中间件里的消息,并将消息进行存储和上链。

（1）由于物联网设备产生的数据量非常庞大，囿于区块链存储本身，所有数据不能直接存储到链上，所以就需要有一个中间存储介质来存储原始数据。中间存储介质可以是分布式文件系统(如OSS、HDFS)，或者是去中心化的文件系统（如 IPFS）。测试时，也可以使用本地文件系统。该系统会定时将一定量的消息汇集生成文件，并存放到文件存储介质上。

（2）该系统会使用 SHA256 算法对存储文件进行数据摘要计算，得到此文件的数字签名（由于文件的数字签名是对文件原始内容做出的摘要，任何对文件原始内容的修改都会产生新的文件签名）。然后系统发起一笔区块链交易，将文件的存储路径、文件数字签名、上一笔交易地址（PreHash）放进交易的备注字段进行上链。区块链交易一旦经过各个节点的共识确认，便会广播出去并存储到各个节点的账本中，保证交易内容不可篡改。

7.6.3 数据查询和验证系统

查询：消费者购买鸡后，通过扫描鸡腿上的鸡牌二维码（或者感应设备内 RFID 芯片信息），即可查询到鸡的整个生命周期信息，包括入栏时间、步数、坐标、出栏时间、屠宰时间、检疫机构、物流信息和区块链最后交易地址（LastHash）等。

验证：消费者根据区块链最后交易地址，去区块链浏览器查询最后一笔交易信息，依据交易备注字段中存储的文件路径去下载相应鸡的数据文件，并可以将数据文件的数字签名与链上存储的文件签名进行对比，从而确定文件内容是否被篡改；还可以依据 PreHash 向后查找历次交易，进行验证。

虽然区块链可以让食品溯源系统更加完善，区块链本身在资本市场也是"自带流量"的明星，但"唯区块链"论却会把一个项目带入歧途。对于食品溯源来说，区块链物联网仅仅是一个更好的数据容器，其核心还是食品数据本身。而对于食品数据，区块链技术能够起到的作用是有限的。正如某食品企业资深负责人所说："区块链技术是渠，是面子；食品安全数据是水，是里子。"不能过度夸大区块链这个理念或技术本身，最关键的是企业要练好内功，要有符合下游 B 端和 C 端需求的食品安全数据，包括最主要的标准数据、过程控制数据和产品检测数据。

第8章 区块链与税务

2017年6月,国家税务总局征管和科技发展司成立了区块链研究团队,标志着政府在税务服务方面从国家层面对区块链技术表现出关注与重视。区块链技术开始为提高我国公共服务的效能,尤其在互联网大数据下税收治理现代化的实现发挥应有的作用。在"以票控税"到"信息管税"的过程中,区块链技术的深度应用将成为重要的推进技术之一。

区块链技术四大特征能有效突破长期以来税收治理过程中征纳税双方所面临的障碍。一是分布式存储,区块链具有"去中心化"的特点,在其系统中所有人的交易信息都公开透明、随时可查;二是多中心化相互协作,区块链技术能够解决在信息渠道中产生冲突时各节点需保持行为一致的问题,即"拜占庭将军问题";三是安全与保密性能优异,区块链系统设计采用隐私保护增强技术,能够让每个操作者都拥有各自的加密代码;四是可靠的数据库来源,技术中的时间戳既能够准确记录数据文件创建的时间,又能够及时反映数据节点发生的先后顺序。

8.1 区块链税务的实际意义

基于区块链的电子发票是我国发票电子化的一个新阶段，早在 1994 年分税制开始实施，我国电子化发票的应用就开始酝酿和探索，在这一较长的过程中，出现的"网络发票""电子发票"都是某一阶段结合主要特点对某一类型的电子化发票的命名。现阶段所说的"电子发票"主要是指 2016 年全面推行营改增后，增值税发票管理新系统支撑下的增值税电子普通发票。针对现行的电子发票，目前我国已经形成了"税控＋平台"的电子发票运行模式，也就是在依托增值税防伪税控系统产生电子发票的基础上，通过电子发票平台完成电子发票（更准确地说是电子发票版式文件）的开具、发送、存储和查询等系列功能。目前电子发票模式支撑了以营改增为主的税制改革，起到了历史性的重要作用。现存的一些问题和技术机遇，都在推动着电子化发票的进一步完善和发展。

从现有的电子发票模式来看，仍然存在一些问题需要改进。例如，不少专家认为，从发票业务涉及的开具和收取双方来看，传统的开纸质发票之"痛"正变成为收电子发票之"痛"。电子发票开具一方的成本向接受一方转移，甚至部分企业接收电子发票的痛苦大于开具电子发票的便捷。除此之外，"税控＋平台"模式并没有完全解决多个环节之间的发票信息传递问题，从而造成多处断裂的发票信息流，加之企业遵从意识和财务管控能力的原因，甚至出现假电子发票的苗头。

随着以人工智能、区块链、云计算和大数据为代表的新一代信息技术的出现，电子发票有了进一步发展的技术机遇。这些技术中以区块链技术最为典型、最为直接，其以多中心化、信息不可篡改、完整追溯等为主要技术特点，与发票业务多用户、多环节、链条紧密等业务特点天然契合，为下一代发票电子化提供了良好的技术机遇。因此，基于区块链的发票创新是解决现实问题的需要，也是利用区块链丰富的技术想象空间的必然。

区块链技术为进一步提升现代税收治理能力提供了契机，从税务管理应用的角度来看，区块链一方面的确有巨大的潜力，如可以通过分布式的记录和计算提升税务管理信息系统的效率，通过透明公开、不可篡改来解决企业税务交易信息的失真问题，但区块链在税务管理应用中并不能解决所有问题。

税务信息管理可以分解成交易过程的记录、交易要素记录、交易后的归档等几个步骤，是涉及业务、财务和税务信息转换的系统性、周而复始的循环过程。这一过程本质上是数据记录，区块链税务管理应用基于多主体分布式参与带来的效率提升、透明记录、广泛传播和不可消失性，为参与主体的税务信息记录的真实性提供了更有力的保障和更强的自我约束机制，这些技术特点可以避免税务管理的若干传统弊病，但避免不了交易主体自私逐利、知法犯法等税法不遵从现象。这种"不能"来源于税务管理的根本是针对客观世界业务的管理，是数字信息域对实体业务域的映射，而并非与比特币一样，本身就是信息世界自身内部的运作。当然，记录环节的技术革命或许会推动税法遵从水平的提高。但是一定要明确，诚信纳税的社会风气的形成，来自奖励守信、惩罚失信的良好机制的运行，而不是纯粹靠高科技、新技术来实现，同时区块链对税务的实际意义主要有以下几点。

（1）区块链技术能有效减少税收争议。区块链技术的不可篡改性保障了企业交易数据的记录准确，分布式账本与联盟链模式允许多方面获取，包括细节、可见性、信息、确定性等方面的信息。同时区块链技术能够通过智能合约，使交易双方直接实现自动配对，并使用分布式记账的信息化录入系统，自动实现交易双方的结算、清算。由于录入区块链的数据不可篡改，且在交易的每一个环节都实时复制交易数据，录入区块链上的交易记录实际上产生了公示的效果，使在交易的发生和所有权的确认等环节产生的相关争议大大减少。因此，区块链技术可以大幅度减少交易记录的不确定性。此外，区块链技术的公开透明性使纳税人和税务机关对税收数据的真实性具有相同的信任程度。而大多数税收争议来自交易记录的不确定性，区块链技术提供了公开透明、可验证性强的交易记录，可以大幅度减少税收争议，从而使纳税人行为必须合法、合规。

（2）目前很多纳税人基于个人私利，为了达到少缴或不缴税款的目的，通过对会计或财务事项的处理和安排，逃避纳税义务。区块链的去中心化和分布式账本技术，实现了处在不同地理位置的多个节点共同完成交易记录，而且每一个节点都保存着真实、完整的交易记录。不同于传统的中心化记账方案，没有任何一个节点可以单独记录账目。因此，区块链技术避免了单一记账人被控制或被贿赂而记假账的可能性，从技术的手段上解决了纳税人故意漏税的问题。

（3）在实际业务发生过程中，很多纳税人对税法或缴税的核算、申报等程序不甚了解或感到复杂，导致没能及时、足额、准确地缴纳税款，从而出现纳税不遵从行为。通过区块链技术记录的财务数据包含了详细的交易成本、收入明细、企业资产和负债，主管税务机关可以从中轻松获取完整的财务数据，之后通过专业的计算机程序计算出应纳税额，并在申报完成之后，立刻自动从公司银行账户扣去相应税款。因此，申报表将会被区块链中记录的交易数据取代、税款计算和缴纳过程将被专业的税务软件取代，从而极大地简化甚至省去纳税人的纳税申报和税款缴纳工作。

（4）可以有效减少纳税中间成本和时间成本。区块链技术的应用可以实现交易与纳税之间的无缝衔接，纳税过程本身也会被记录在区块链中。事前，区块链技术的不可篡改性保证了纳税义务发生的条件不会被更改；事中，其高度可靠性保证了当纳税义务发生时，申报缴纳会及时进行；事后，其去中心化和分布式记账技术保证了纳税信息的全网备份，支持事后审计。区块链技术确保了税款缴纳事前、事中、事后的全部过程都高度信任化。因此，纳税人可以不必再向税务顾问支付咨询费用或向税务代理等中介机构支付中介费用，不仅减少了货币成本，而且节约了大量时间成本。

（5）可以减少纳税非劳务成本。传统的纳税过程中的交易记录和税款申报缴纳是分离的。税务机关仅掌握纳税人的税款申报缴纳数据，由于信息不对称的存在，税务机关无法充分信任纳税人提交的数据。因此，纳税人需要付出大量的计算机、复印机、电话、传真、信笺和邮票等通信设备和办公用品的成本，以及往返税务机关所花费的交通费用等非劳务成本。区块链技术可以实现交易记录全网备份和实时记录，具有不可篡改性和高度可靠性。因此，交易过程可与纳税过程实时进行，税款的结算、清算效率将极大提高，可大幅度降低纳税遵从的非劳务成本。

8.2 国外税务区块链应用案例

各国税务部门在区块链技术的应用方面已经有不少尝试，国外税务部门都在持续对创新技术进行跟踪和探索，随着技术的逐步成熟，在具备大规模应用的条件下，可以预见各国政府及税务部门一定会推出各具特色的税务区块链系统平台，为提高税收治理水平提供高效的技术手段。

8.2.1 美国税务区块链

1. 美国区块链税务软件企业应用案例

美国国税局发布指导说明，要求将加密货币作为财产征税后，位于纽约的区块链初创公司 Libra 就开始开发加密货币及区块链方向的会计税务软件。该软件的主要功能是跟踪加密货币价格波动，记录基础成本以计算收益和亏损，并上报应税事件。它自动同步交易所的交易、钱包余额及区块链上的交易记录，为比特币、以太坊、比特币现金、莱特币、瑞波币、门罗币及 Zcash 等确定成本基准值，为美国税务申报表生成关于所得、处置、余额和征税批次的报告。

而基于区块链开发的税收系统 BALANC3（见图 8-1），则侧重于为 ICO 收税。BALANC3 平台使用户能够跟踪加密货币的交易，以此来编制实时财务报告，并将这些数据格式转化为会计师、监管机构和国税局所熟知的格式。该公司团队也是会计区块链联盟的幕后团队，该联盟确定了加密货币征税方式，并正在处理诸如如何应对分叉、空投等类似交易的问题。BALANC3 也在计划向交易所、加密货币基金等客户提供该产品，届时系统不仅适用于税务，而且适用于财务报告、记账、发票追踪、工资管理和投资组合分析等领域。

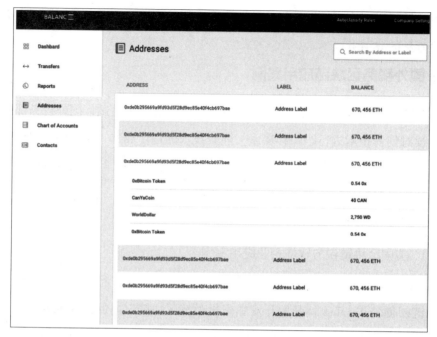

图 8-1 BALANC3 模拟系统

2. IRS（美国国家税务局）

IRS 对区块链等新技术也极度重视，根据之前未披露的 IRS 文件，IRS 计划花费 2.91 亿美元更新 140 个计算机系统，帮助美国税务部门实施新的税法。美国在新技术的创新和应用方面一直走在世界前沿，新技术的应用给美国税务部门带来了许多积极的变化，包括降低许多服务的成本，如报税申报、数据分析和信息交换。区块链技术的出现再次引领了一场新的技术革命。硅谷技术专家分析研究表明：区块链及其数字分类平台可以彻底改变 IRS 分析、信息交换和纳税人存储数据的模式。区块链技术特性可以帮助 IRS 降低成本并提高安全性，提高访问和审核纳税人数据的速度。

美国国家税务局报告说，2017 年，纳税人身份盗窃报告有 24.2 万起，仍然是一个重大的持续性问题。IRS 实施私有联盟区块链平台，可以从速度、安全性和成本角度进行转型。根据麻省理工区块链技术研究中心的试验，私有链模式区块链或分布式账本技术可以使 IRS 成为一个更具成本效益和效率的监管机构。由于纳税申报数据非常私密，像比特币这样的公开链模型可能不适合

IRS，因为任何人都可以访问并与之交互。而私有区块链模式只允许国税局和其他被允许的当事方查看区块链数据。通过私有区块链模式，交易可以通过私人验证或由经批准的第三方验证人进行验证。

例如，当一家银行或金融机构将计划资金转入 IRS 时，交易可以通过区块链进行验证并由各方报告，以便 IRS 可以立即访问数据。IRS 表示，几乎所有与之相关的交易都可以采用相同的技术，每年交易金额超过 10 亿美元。同样，数字分类账平台可以让美国国家税务局或其他政府监管机构实时审计个人或公司，使他们能够即时访问财务或税务的相关数据。此外，使用私人区块链平台可为国家税务局提供更多的安全措施，以防止因加密而导致的纳税人身份盗用。在特定的前置条件满足的情况下，智能合约技术也可以帮助国家税务局管理和执行与纳税人的和解协议。

8.2.2 爱沙尼亚政府

爱沙尼亚人口很少，只有 130 万人左右，南邻拉脱维亚，东接俄罗斯，是波罗的海三国之一。这个国家从 2005 年起，就推行网上投票，95% 的公民通过网络报税，他们在小学就开始推行程序教育。爱沙尼亚已经用网络欢迎全世界作他们的公民，甚至培育出 4 个家喻户晓的独角兽新创公司。

爱沙尼亚政府的电子政务网显示，爱沙尼业政府从 2008 年开始研究和测试区块链技术，那时候甚至还没有"区块链"的概念，爱沙尼亚将之称为"以哈希值链接的时间戳记"。多年来，爱沙尼亚政府以"以哈希值链接的时间戳记"技术即区块链技术为依托，开发和完善了从"数字化医保"到"电子税务"，从教育认证到不动产记录等一系列的社会化应用体系。爱沙尼亚前总统、达沃斯世界经济论坛区块链理事会副主席托马斯·亨德里克·伊尔韦斯认为，爱沙尼亚已经是一个区块链国家，将近 95% 的爱沙尼亚纳税人在线提交纳税申报，整个过程不到 5 分钟，而且不需要会计师的帮助，从而减少了征管成本和纳税人的时间成本。当然，这也和爱沙尼亚高效的税法体系密不可分。

从投票到买卖房地产，在爱沙尼亚，几乎所有的事情都可以通过数字化的方式处理。早在 2000 年，爱沙尼亚就推出具备电子数字化签章功能的数字化身份证（ID-card），卡片内的晶片存有个人基本信息，有了这张卡，民众可以在 5 分钟内完成报税、网络投票、编辑自动化报税表格、申请社会安全福利和查看学业成绩。这张卡甚至储存了个人健康信息，记录了看诊及用药记录，就算换医院看病，医生也能无缝接轨，有高达 98% 的药物是以电子处方的形式开具的，患者可以持卡直接去药局领药，不用多跑一趟医院。目前，有 95% 的爱沙尼亚人使用电子报税，有 98% 的银行交易是在网络上进行的。

8.2.3 英国政府

英国政府目前正在探索运用区块链技术来提高纳税人税款的分配效率，如补助金等。英国政府 IT 系统的记录并不完整，之前的 IT 系统信息完备性问题已经给护照机构、税收信用体系造成困扰，英国皇家税务与海关总署（HMRC）平台架构组正在试验区块链项目，以提高跨政府数据共享的效率。

8.3 区块链在税务中的应用

对于税务管理而言，区块链是具有挑战性和机遇性的重大技术变革，国家的经济收益来源主要取决于税收，所以税务信息化的变革关系到国家的发展，也关系到大量民营企业的生存环境。对于传统的征纳税收而言，我国国家税收制度是"以票控税"的政策，也就是根据开出的发票数额的多少计算缴税的数额。例如，消费端行为或企业之间交易是需要给国家税务部门交税的，但是如果没有开发票，没有发票凭据，就无法证明消费行为的发生，税务部门也就无法得知这笔交易，税务部门就无法向企业索要税收。每个行业的税收不尽相同，在有些税收高的行业，有些人为了少交税或不交税，就和供应商双方暗地里达成协议，而明面上的协议则是虚假的，这种明面上的协议合同和暗地里的协议合同，也被称为阴阳合同。要想破解偷税漏税，关键点在于资金和发票流转过程中的可溯源和不可篡改。如果在税务系统中应用区块链技术，纳税人的信息都在这个区块链网络上，将基于区块链数据的链上数据与链下数据融合，达到政府、税收机关与纳税人之间信息对称，提高信息数据的透明度与互信度，就能解决之前税收机关对纳税人信息掌握不足、不准而导致部分纳税人逃税漏税的问题。对于作为国家主权下政务职能的一个重要组成部分的税务部门来说，多中心形式的区块链概念具有自主、安全、可控的特征,更符合税收治理的需求。对于税务管理而言,结合税收领域的业务特点,区块链技术对应的应用模式有以下几种。

8.3.1 基于区块链的电子发票

基于区块链的电子发票是指没有纸质发票作为载体的全数字化发票,通过在企业收据或凭条上打印生成电子发票号码和税控加密码作为发票使用,可以通过发票号码和税控加密码证实真伪,如图 8-2 所示。电子发票可以完全脱离纸质,以电子记录的方式在网上流转。电子发票的应用使企业可以有效地简化财务人员在票源申请、打印、开具和存储过程中的工作压力,提升管理效能。

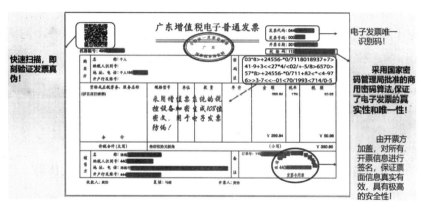

图 8-2 基于区块链的电子发票

纸质发票在使用过程中的成本主要包括以下几个部分:发票印制成本及其环境成本;发票打印成本,打印发票需要税控机及其维护;发票邮寄成本、储存成本;退换货红字发票成本;企业需要每月去税务局进行纳税申报的成本;纸质发票烦琐的使用程序,需要耗费大量的时间和人力。对于企业来说,使用电子发票后,通过与企业内部的 ERP 系统相连,统计和财务方面就能直接高效地用软件管理其发票。发票电子化便于快速集中处理,提高了企业财务处理的效率,并可以及时为企业管理者提供决策有关的信息。对于员工,电子发票和消费直接绑定,根据发票自动整理成报销文件,大大简化了报销流程。基础效率的提升带来的是全社会效率的提升,对全社会的经济效益带来了不可小觑的影响，如图 8-3 所示。

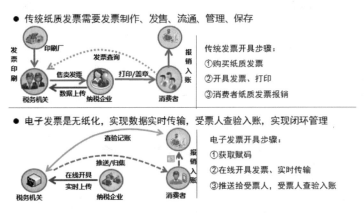

图 8-3 传统发票与电子发票的对比

电子发票已经推出了多年，但目前电子票的存储还依然分散在不同的电子票供应商中，构成了分散的数据孤岛。这些数据之间的集成、验证、追踪较为复杂，也造成了大量成本的浪费。其实，电子票交易是区块链技术极为天然的应用场景，使用分布式账本，可记录跨地域、跨企业的电子票信息，对电子票据商业背景的追溯、背书连续性、交易主体身份真实性及电子票在中小规模业务中的普及都有重要意义。使用区块链技术，利用其互联互通的优势，建立相应的联盟链或公有链，可以将这些信息孤岛中的数据真正地整合起来。同时，还为链中的所有数据提供了透明、安全的分布式存储方案，并让这些集成后的数据拥有了可信度高、不可篡改、可验证性强等特点。

电子发票大规模应用后，税务机关制定的格式可能会有新的变化，但区块链电子发票对于财务人员来说，未来随着该技术的逐步普及，工作中遇到的一票多报、虚报虚抵、发票验证、费用报销烦琐等问题，都将得到解决。

8.3.2 解决发票管理难点

一些企业常常由于利益的驱使，虚开大额发票，甚至为不存在的虚假交易开出发票。通过区块链技术，可以将发票数据存储在区块链上。结合交易数据的区块链技术，就可以使交易数据与发票拥有公开性、透明性及可跟踪性，使交易数据与发票数据能够保持一定的匹配关系，进而达到快速鉴别虚开发票的目的。另外，发票开具系统其实也能自动使用区块链中的交易数据来开具发票，减少了因为人工疏忽而导致的错开发票问题。

区块链大数据等新技术在税务系统的应用会记录下企业的任何事项，也会追踪企业的资金流、票据流等。只要大数据系统将企业纳税人识别号作为起点，追查同一税号下进项发票与销项发票，就可以对企业是否虚开了发票，以及是否购买了假发票入账一目了然。开票软件已经增加了商品编码，为下一步企业开票的货物流监控预留接口，买票冲进项的年代已经过去了，特别是五证合一后，税务、工商、社保、统计和银行等接口，个税社保、公积金、残保金、银行账户等在相关大数据系统里其实是一览无余的。

8.3.3 发票真伪鉴别

发票造假，企业对发票的验证手段单一，而且目前验证有一定的滞后性，使企业蒙受了信息不对称产生的损失，降低了员工与企业间、企业与企业间的信任。如果使用区块链技术来管理发票数据，这些发票数据将可以快速地在所有节点中被记录，所有安装了客户端的企业都可以及时地查询到这些发票数据。同时，由于区块链技术拥有透明、去信任化的特点，只要是能在区块链中查询到的发票数据，都是真实的。在基于交易主体控制的前提下，可以解决目前电子发票真实性、重复利用、假票难查和慢查等问题。

8.3.4 发票全流程管理

在当下的环境中，不同的信息化供应商提供了不同的税务管理系统。而这些系统与订单系统、支付系统、财务系统的集成需要分别进行定制化接口对接。当区块链技术在上述领域得到深入的应用后，不同系统间的不同数据的孤岛问题也就得到了解决。而且可以在区块链中获得高质量、高精确度、较高实时性、真实的数据。这些不同系统、不同类型的数据，都可以在对应的区块链中获得。而且还可以追踪到每一条数据的产生时间、历史来源，以及后续的变化。使用区块链技术，可以通过时间戳、哈希算法等对发票进行真伪确认，可以证明其存在性、真实性和唯一性。一旦在区块链上被确定，票据的后续操作都会被实时记录，其全生命周期可追溯、可追踪，这为财税全业务流程管理提供了一种强大的技术保障和完整的数据支撑。区块链技术的大规模应用，必将优化财税领域的业务流程，降低运营成本，提升协同效率，进而为票据电子化升级提供系统化的支撑。

区块链技术可以实现从整个发票的周期来跟踪一个发票的全过程，此外，任何一张发票的开具与报销都自动在双方进行，在大大提高了效率的同时，也在无形之中规避了很多风险，增强了安全性。区块链发票从生成之时就已形成了它存在的整个系统链条，其以去中心化、信息不可篡改、完整追溯等主要技术特点，与发票业务多用户、多环节、链条紧密等业务特点天然契合，可以从根本上解决发票在整个流程中的诸多问题。

8.4 财税一体化中的区块链应用案例

在我国,日常财务人员的工作几乎都是在与税务打交道，例如，费用报销中审核的都是发票，发票的真假、发票是否合规、住宿发票可不可以开专票，还有抵扣等，而这些都与税务有关，如图 8-4 所示。应付账款则首先就涉及发票开票，而认证抵扣作为应付中一个非常重要的环节，又会涉及税收筹划。这些都是很多财务要做的日常工作。财税一体化理念以简化企业财务管理为目的，以财税互联为中枢，通过对企业的财、税、产、供、销等各环节的核算进行精细化管理，来提高企业规范日常运行流程和生产经营活动的管理能力，促进企业内外部资源的协调作用，提升企业的生产经营效率和管理效率。

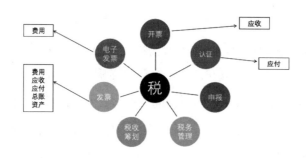

图 8-4 财税关联图

8.4.1 区块链给企业财税管理带来的变化

对于财税管理来说，如差旅报销，传统的报销方式需要报销人员核算完成、粘贴发票后提交到财务，财务需重复核算和审核，这些操作占据了财务部门 70%~80% 的工作时间；而当区块链发票产生时，会自动生成智能合约流程，随后系统会自动验证金额，自动付款。区块链时代下的财务是实时财务，所有凭证都是以一个链状态形式去记载的，它的全面应用，将会给企业的财税管理带来巨大变革，极大地提升企业财税管理的自动化、数据化和智能化。

现今的企业财务流程非常复杂。因为它不是基于数据的，而是基于人和单据去经营一些非结构化的对象。需要通过人眼辨认发票，手动把发票上的信息生成凭证、费用报销单和应付单，需要将这些数据记载在单据上，再交到财务系统审核，不仅耗费了巨大的人力时间成本，而且效果也不理想。从管理层来看，也无法知道下面的财务人员是否百分之百认真核实，一旦出现问题将无法追究到具体责任人。从数字化本质来说，把每一张发票都看作一个数字的来源（现在电子发票是结构化的数据），去抓取税后发票所对应的数据；通过 AI 技术把发票变成可以识别的数据，输入 ERP 系统，连接财务凭证，成为财务税务一体化数据连接的重要桥梁，从而大幅提升财务系统处理数据的准确性。

8.4.2 开票流程模式剖析

以金财互联电子发票为例，广东省税务局联合方欣科技、支付宝，通过全国首个区块链电子发票平台"税链"实现从开票到报销、入账的全闭环。

（1）消费者用支付宝结账。

（2）在付款成功页面点击"开发票"，申请开票。

（3）填写开票信息，选择开票抬头，点击"申请开票"。

（4）点击"完成"。

（5）返回主页面，打开"新发票提醒"，点击"查看详情"即可获取发票。

（6）电子发票开具成功后，全自动同步到支付宝的发票管家。消费者可随时查看，也可以发送到邮箱并打印。

（7）企业员工在钉钉上申请报销，财务审核后报销款会直接打入员工绑定账号。

一体化区块链电子发票有两个核心理念：交易即开票和开票即报销。交易即开票，是指企业在通过移动端支付的同时，移动端支付工具会弹出一个开票入口，企业进入并完善相关信息后，现场就可以生成一张区块链电子发票，也就是交易信息和开票信息之间可以无缝连接。而开票即报销是指当消费者或员工拿到这张发票，可以通过这张发票上的一个入口，如卡包，马上获取这张区块链电子发票的信息，然后一键无缝连接到ERP系统来完成报销，如图8-5所示。

图 8-5 电子发票示例图

一体化区块链电子发票有以下优点。

（1）不需要税控盘设备，也无须购票和抄报税等手续。

（2）每一张发票都能够完整包含全生命周期信息，包括报销、记账、红冲、作废和认证抵扣等。

（3）天然具备真伪自动识别、防篡改和防止重复报销等特性。

（4）可通过跨链技术连接交易、合同、采购、物流、支付和司法存证等多个方面，实现发票的全程无纸化、信息化和透明化。

8.4.3 智能业务流转剖析

发票业务是贯穿业务、财务、税务的数字一体化的十分关键的技术，所有的业务信息都可以自动对接，最终实现业务、财务收入一体化。发票三大业务模块："开票"，即场景化处理能力；"收票"，即一体化、自动化、智能化处理能力；"税务管理"，即专业化、标准化能力，如图 8-6 所示。通过发票云智能平台连接之后，原来 80% 的工作都会进行智能化处理，将释放掉 80% 以上的人力，而未来，在区块链技术的支撑下，仅有的 20% 或 10% 的工作量也都可以完全释放掉，实现 100% 的财务审核自动化与智能化。

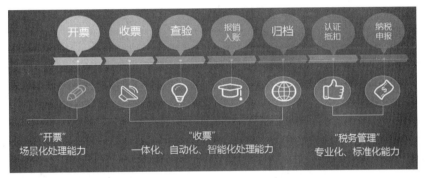

图 8-6 全链发票流程图

第一条主链是发票链，从开具到报销到申报的流程，可以由税务局的区块链联盟主宰整个电子发票区块链状态的记录。企业都有自己的 ERP 系统，区块链信息通过跨链技术把财务上的应用，如记账、报销、付款等信息跨链结合在一起，形成树状或网状结构的电子发票信息体系，每一个计算节点都可以充当跨链中介，丰富发票的生命周期，如图 8-7 所示。

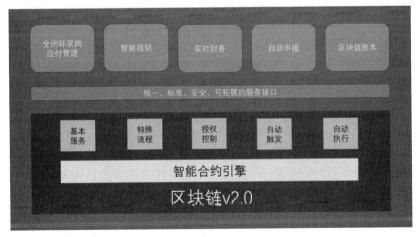

图 8-7 区块链 v2.0 架构图

区块链可以比拟互联网革命。每一个数据在全生命周期中随着时间流动，它发生的所有变化都会以一个区块链文件的形式记载下来，不可篡改。这就赋予了这个文件数据本身的意义和价值。

但是企业在管理经营系统业务时，系统之间的数据是互相割裂的，税务信息化迫在眉睫。这就需要对税务信息化系统进行整合，这就是核算自动化的过程，同时也是税务风险排查或模型纠正的过程。目前，区块链与税务核算对接还存在一定的困难，但是只要对接好发票与业务的信息，系统会自动抓取所需要的税务数据，自动完成整个纳税申报，实现税务一体化，如图8-8所示。

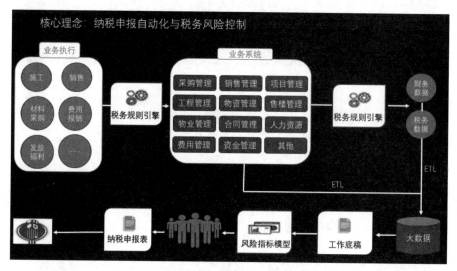

图 8-8 税务一体化

一名顾客在消费后，来到柜台前用手机结账付款，随后在支付凭证下进入发票入口，并点击"开发票"按钮填入开票信息，申请开票后，手机收到一条消息"本次消费的发票已经存入微信卡包"。区块链电子发票与传统电子发票的最大区别体现在其防伪的方式上。传统的电子发票在依托增值税防伪税控系统的基础上，通过电子发票平台完成电子发票（电子发票版式文件）的开具、发送、存储和查询等系列功能。然而，由于存在电子可复制、入账报销难等问题，电子发票的发展也受到了制约。而区块链电子发票，则深度结合了区块链技术，将发票开具与线上支付相结合，"资金流、发票流"二流合一，通过区块链不可篡改的特点，实现"交易数据即发票"。这样一来，既能避免开具发票填写不实、不开、少开等问题，保障税款及时、足额入库，又能通过区块链管理平台，实时监控发票开具、流转、报销全流程的状态，对发票实现全方位管理。

基于税局试点的方案，企业方可以在区块链上实现发票申领和报税，用户可以实现链上报销和收款；而对于税务监管方、管理方的税务局而言，则可以通过区块链落地全流程监管的科技创新，实现无纸化智能税务管理。

8.5 税务综合应用联盟模式案例

2018年6月22日，金财互联承建的全国首个电子发票区块链平台"税链"在广州市黄埔区、广州开发区上线。广州燃气集团有限公司由税务机关授权加入区块链网络，开出首张"上链"发票，并实现全国首张电子发票上区块链存储和流转，从"以票控税"迈向"信息管税"。自此，区块链发票的技术形态和业务特点可以从技术、发展方向和运作机制、目标等角度来规划符合社会应用的下一代税务票据体系。

8.5.1 全国首个电子发票区块链平台

2018年，区块链优化营商环境高峰论坛暨"税链"电子发票区块链平台项目介绍会在黄埔区、广州开发区召开。从"以票控税"迈向"信息管税"正是新常态下税收征管的大势所趋，重点就是用现代信息技术手段，解决征纳双方信息不对称的问题，进而堵住征管漏洞，防止税收流失。

电子发票自2016年开始被广泛使用，在使用过程中，由于存在多个开票服务第三方平台和企业开票自建平台，传统电子发票数据泄露、信息孤岛、真假难验、数据篡改、重复报销和监管难度大等困扰税务部门、开票方、受票方的问题频频出现。广州市税务局先行先试，按照国家税务总局深化"放管服"改革，基于阿里云服务，创新性地将先进的区块链技术引入电子发票领域，在全国率先推出"税链"平台，建立去中心化的电子发票系统，构建起发票全生命周期的新生态。

"税链"平台打通了开票方、受票方和税务部门等各方的链接节点，使发票数据全场景流通成为现实。纳税人可实现区块链电子发票全程可查、可验、可信和可追溯，切实保护纳税人的合法权益；税务部门可实现对纳税人发票申领、流转、报税等全过程、全方位监管，有效降低了以票控税的成本，解决了凭证电子化带来的信任问题，提升了管理效能，并促进了纳税遵从。

8.5.2 "税链"平台企业应用

广东税务部门计划从拥有电子发票自建平台、租用第三方代理开票平台和使用单机版电子发票系统的三类用票企业中选取南方航空等100户用票量大、有一定影响力和辐射带动力的企业开展"税链"平台（见图8-9）应用试点，广州市税务部门则计划在全市进行大规模推广。

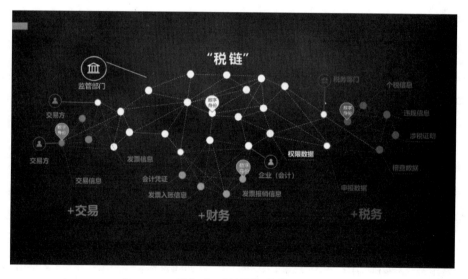

图8-9 "税链"平台

目前，黄埔区、广州开发区已有李锦记（广州）食品有限公司等11家企业正在链上试点，体验"电子发票+区块链"带来的便利性和安全性。广州燃气每个月开具的电子发票超过700万份，需要安排专人跟踪发票的流向，工作量极大，在接入"税链"平台之后，平台可实时监控发票去向，自动提醒受票方接收情况，同时可实现发票数据自动备份，省去大量人力、设备成本。李锦记（广州）食品有限公司每个月要从多个平台上获取电子发票，发票管理起来十分烦琐，在接入"税链"平台后，电子发票自动归集，大大提升了工作效率，"税链"上还同时记录了发票的入账标识，彻底解决了电子发票重复报账的问题。

区块链发票基于一种新的运行机制，将引起发票管理机制的转换，从以往的控"真票"到控"真人"的延伸和转换，实现交易和开票环节的合二为一。摆脱以往以票管税的依赖，依托区块链发票，不仅需要将区块链发票的涉税行为与企业经营行为、企业核心人员的个人行为联系在一起，而且要将以前分离的交易和开票环节融合在一起，形成新机制及诚实经营的纳税信用体系和经营风气。另外，结合个人所得税、数字经济新规则等税制改革重点，这一新机制对推进面向企业和自然人的征管信息基础建设的意义更加凸显。简言之，区块链发票新机制要"基于真人、交易即开票"，真正管好企业税务事项。

应用区块链发票的目标是建立发票生态链，将现在的电子发票模式涵盖开具前、开具中和开具后的全流程，以及区块链发票的税务管理方、基础平台提供方、应用开发方、开票方、受票方及服务方等多个参与者，并进一步形成基于区块链的可信验证机制、税务管理部门主导的多中心链条、反映业务和支付等多层面信息的发票信息链；通过这个多元化、开放式的区块链发票体系，提供安全、便捷、高效的区块链发票基础服务和增值服务，推动形成良性的税务发票环境，助力税务管理现代化的实现。

8.5.3 改变记账方法

"税链"平台"区块链+电子发票"解决方案的落地，是区块链技术在财税领域的成功探索与应用，可以助力税务部门提高税收征管水平，降低征管服务成本。众所周知，发票是商业交易的凭证，具备交易维权、会计记账和纳税基础凭证三大职能。而区块链融合了分布式数据存储、点对点传输、共识机制和加密算法等技术，具有分布式、可信任和不可篡改等优势。它能通过特定算法记录每一个交易事项，具有无与伦比的可靠性和安全性。纳税企业现在通常使用复式记账法，记录每一笔交易的借项和贷项这两个输入项，在引入区块链技术后，就有了"三式记账法"。每笔业务的发生(如销售产品、采购材料、支付薪资和费用，记录资产和债务等），在分布式账本中都会产生第三个输入项——每笔交易的时间戳凭证，这时公司的财务报表就会变成具有可审计性、可追溯性及可验证性的活化分类账本。相关利益体各方，如检查、监管等单位及股东等个人只需赋予访问权限，就可以随时访问账本。通过共享公共账本，能够使财务核算、税务核算、监管、审计和稽查等大部分环节实现自动化，信用成本大大降低，对整个社会信用诚信体系建设具有强大的支撑作用。

区块链技术有利于涉税信息的交换，实现数据共享，打破信息孤岛。目前我国的电子发票分布在第三方服务商平台或自建平台，发票数据信息不能互联互通，给税务机关的监管造成了一定的困难。区块链技术解决了这一难题，税务机关及各大服务商可以在现有基础上搭建数据链条，实现电子发票数据的统一和整合。未来可以考虑接入工商、财政、海关、银行、法院等部门，解决跨部门之间的数据共享问题，建立横向间信息和数据的自动告知机制。

8.5.4 电商发票

2019年1月1日，《中华人民共和国电子商务法》正式实施，明确要求电子商务经营者销售商品或提供服务应当依法出具纸质发票或电子发票等购货凭证或服务单据。以此为契机，广东省税务局发挥区块链弱中心化的技术特点，充分利用"税链"区块链电子发票平台开放式、分布式的部署架构，与阿里发票平台进行对接，实现由阿里发票平台借助"税链"区块链电子发票平台提供的标准接口，在链上为天猫商城的消费者开具广东省通用类电子发票。

对于消费者来说，在天猫商城下单后，阿里发票平台会自动根据消费者所购买的商品内容开出区块链电子发票。消费者可实时预览发票样式，在确认收货交易成功后即可正式下载发票，发票同时也将保存在消费者的淘宝APP中。对天猫商城的商户而言，只需完成区块链电子发票的票种核定和阿里发票平台的入驻，即可享受开票的便利。阿里发票平台对接天猫订单系统，发票票面信息根据订单内容自动生成，商户可自主选择下单，自动开票或手动在阿里发票平台为消费者开出发票。

"税链"区块链电子发票实现了发票用票量智能监控，实现了准时自动验旧、在剩余票量达到下限数值时触发自动领用、发票自动归集汇总，做到了发票全流程自动化管理，商户用票可实现人工管理零成本。

以往电商打包货物，使用财务打的纸质发票一来容易出现纸漏，二来也不能排除漏寄错寄的情况，而且发票到客户手上容易丢失，不便于客户退货、换货或日后保修。现在用区块链电子发票，从客户的体验性到发票的规范性、及时性和财务工作效率等方面，都有较大提升。电商平台有配套的区块链电子发票系统，能进一步支持中国电商行业的增长，也能在很大程度上规范和提升商家的服务，降低商家成本。

区块链技术在税务机关、发票服务商、纳税人等各方之间建立起高度互信的数据共享机制，在税务机关制定的统一业务标准和技术标准下，阿里发票平台等多方积极参与，共同为纳税人提供发票管理相关服务，促进发票管理向互联网化模式发展。这是税务机关在深化"放管服"改革上迈上新台阶的重大举措。

税务联盟应用小结

目前税链平台需要做的工作还有很多，在推进区块链发票建设中，区块链发票发展蓝图要放置在深化税务管理改革的总体框架中，要映射税务管理的现代理念和改革方向。区块链发票目前仍处于发展初期，尤其是与现有电子发票模式的对接，需要妥善安排好并行试点效果和全面转换的时间点。区块链技术应用性强，并且属于现有重要核心业务的技术升级，不仅要技术可行，而且要做到运行方案可靠，要解决可用性、安全性、兼容性等若干重大技术和业务问题。目前的试点致力于进行技术可行性验证，并对有待解决的重点问题给出可信方案，以为更大区域的推广积累经验。下一步应该设立一定的科学技术标准和门槛，例如，推广方案应通过国家权威部门的认证等。

总之，区块链发票作为一个技术发展方向，为了减少探索中的曲折，要慎重考虑区块链发票的发展初衷、发展愿景，推动区块链发票的深入发展，为我国税务领域深化改革打好坚实的微观基础。

8.6 财税区块链公有链模式案例探索

目前，很多区块链公链的设计都是引入数字资产的开发，精细优化资源配置，把目前没有开发的人、物的各类主体的各项权益和属性优势都建立数字标，然后投入使用。但是，在中国政务领域的公链设计不能够使用数字资产的机制来设定，因此有必要探索一种新的政务公链模式。

8.6.1 财税公链设计模式

目前区块链系统的设计已经由单链走向 DAG（数据库可用性组）、分片的并行计算时代。基于 DAG 和 Hashgraph（哈希图）的问题在于完全确认的速度较慢，且网络状态需要不断同步，增加了带宽的耗费。分片技术目前仍有主链的概念，当数据量急速增长时，一条需要众多节点同步的主链必定成为性能瓶颈。财税公链需要有扩展权益证明，对于所有的节点而言，办理不同财税业务场景时不同的节点会参与不同的共识圈体系，而与其他节点无关，只会对需要全局共识的交易发起全局共识。而对于数量庞大的节点共识来说，随机记账权的分配，是兼顾效率、安全、经济模型的较佳方式。

但是，财务、税务往往会涉及企业的资本权益、政府机关的行政权益、会计事务所的信誉权益等多种维度的权益，无法使用仅可以体现统一的资产维度的算法。PoW 直接让比特币成为现实，并投入使用。而 PoS 的存在主要是从经济学上的考虑和创新。在财税公链体系设计中，有的专家提出了可以涵盖各种独特属性权益的扩展权益证明，该模式有如下几个特点。

（1）支持在财税业务场景中建立两阶段或多阶段共识。对于在每个场景中不同维度的，简单按照权重或根据场景设计不同维度的协同关系进行第一阶段共识，可以称为场景共识。这个共识只需要在场景建立时进行一次即可，之后在场景内交易，均可以按照这个共识参数来进行交易共识。

（2）支持依托法律法规建立税务智能合约，或者行政公约。在共识过程中，企业的恶意共识罚的是资本权益，税务机关罚的是行政信誉分，这个处罚由行政复议和行政诉讼执行。随着时间的推移，企业的业务处理量与相应的行政信誉奖分和罚分会在不同的行政机关之间形成差异,成为考评依据。

(3)可以适应税务政策的变化,不断进行调整。"税收对于税务机关而言,是一个求税收最大值的过程,视经济发展情况,有时通过加税来求最大值,有时通过减税来求最大值;而对于企业来说,是一个求纳税最小值的过程,所以财税公链的共识机制,能够在税务局的最大值和企业的最小值之间,寻找一个最佳值,这个值对促进经济发展最有利,是税务局求最大值的最佳值,也是企业求最小值的最佳值。"

以上业内专家提出的算法都在特定的时间段中有各自的考虑和意义,如果从技术上或业务上跳出技术者的角度,更多地结合政治与经济的思考方式,就有可能形成更多的共识算法,如结合类似PPP概念的共识方式,从而达到对恶意者惩罚的目的,乃至达到最高效节约算力的目的。

在过去的财税系统中被一直推行的是集中式系统,也就是常说的多账套合一,为的就是相关数据可用、可查和可分析。而区块链体系记录每一个交易事项,交易的每一个后续变化都可在连接和可追溯的链条下游创建另一个数据区块,并且在交易的每一个环节都实时复制一定时间内全部的交易数据,使交易数据几乎不可能被伪造或销毁。在无须借助第三方平台的背景下,企业财务部门压力大减。在过去财税系统中,一直都会有并发数量的要求,也就是说同一时间有多少人员操作使用。同一时间使用人数的多少会影响财税系统的性能,尽管基于区块链的财税系统同样也会有TPS(每秒处理的消息数)的性能要求,但与过往系统不同的是,区块链公链体系可以根据不同的交易,视其重要程度选择不同的记账层次,对于涉及商业隐私问题的税务业务,只需要相关方接触敏感信息即可。区块链系统与TPS相关的指标则可以更宽泛,在财税业务场景中,区块链目前可以通过特定的共识算法和硬件网络环境达到的TPS来满足使用的需求。同时,在财税公链平台上,法律、法规和协议均可以按照智能合约的形式进行贯彻实施,进行由上至下地逐级落实。财税区块链系统不但可以被应用于国内的财税业务中,也同样可以用在国际税收合约项目中。对于财税区块链生态可以这样设定:在一个区块链生态里,根据不同的业务场景建立不同的子链，这些子链根据本身业务的实际需求确定节点数和网络结构方式，不同的子链之间通过跨链技术来实现互联互通。

8.6.2 纳税信用公示子链系统

在社会纳税环境下，人们都会发现一个现象，很多企业或者个人都有逃税的行为。人们选择主动还是不主动纳税，更多是在纳税或不纳税的成本和风险与所获取利益之间比较。一个企业面临的应交税额越高，它选择逃避纳税义务的利益动机就越大，选择不纳税的概率也就越高。对于企业和个人来说，如果不交税的违法成本很低、税收滞纳金、罚款和声誉损失成本不高，纳税人很可能会选择做出纳税不遵从行为。

但在现代商业环境下，声誉损失成本往往无法用货币来衡量，传统的税收征管模式对声誉损失成本采取的主要方法是纳税信用公示和重大税收违法案件信息公示。但由于信息不对称，纳税人往往无法得知交易对方的全部纳税信用信息，结果导致声誉损失成本的惩罚程度很低。

区块链技术能够搭建一个全方位、数据更为详细的纳税信用公示系统。具体而言，区块链网络将给予纳税人唯一的纳税人识别号，并加盖时间戳记。每一次产生纳税信用信息和重大税收违法案件信息，都将被实时记录在区块链网络，并且不可篡改。该系统具有以下特点。

（1）可追溯性。区块链网络可以保证每一笔纳税失信记录都可以追溯到唯一纳税人及其关联方，保证了纳税信用公示系统的全面性。

（2）不可篡改。每一笔失信记录都不可删除和更改，保证了失信记录的完整性。

（3）信用公示针对性强。通过运用公有密钥与私有密钥的合理配置，可以实现失信记录的有效公示。一是仅将失信记录查询权限授予失信纳税人交易相关方，合理保护了失信纳税人的隐私和商业机密；二是通过私有密钥，可以保证纳税人信用恢复时，及时全网屏蔽失信记录，使失信纳税人恢复信用。

（4）自动化与智能化。通过智能合约机制，可以实现失信记录一经产生就被及时自动记录在区块链网络中，从而防止因时间差而导致的信息不对称给交易相关方带来损失。

8.6.3 增值税管理子链系统

增值税管理子链的出现，是一个革命性的变革。子链可以变成一个个功能库，让子链之间可以互相分享。而各种提供服务的子链，因为服务的不同，必须有角色细分。例如，提供 IPFS 的子链，重点在存储；提供 zk-SNARKs 的子链，重点在运算速度。如何用同样配置的参数来作不同的子链支持基础，用同样的共识算法、同样的区块速度来做不同的事情，这些都需要底层平台来完成。根据不同的财税需求来定义与创建，区块链技术与增值税管理系统具有高度的契合性。它通过使用加密技术和由防篡改分布式记账启用的分布式信任系统来记录和验证交易，可以实现对某一商品从生产到最终到消费者手中的全过程中所有交易事项信息的详细记录。该交易记录不可以篡改，且不可逆。因此，区块链技术会使增值税管理系统更加透明和高效、增值税抵扣链条更加准确和完整，进而促进纳税遵从。

1. 构建会计和税务处理结合子链

在构建会计和税务处理结合子链时，去中心化特点导致交易记录一旦生成就不可更改，这个特殊的属性在会计和税务事宜上具有极其重要的意义。这与会计准则的要求和税法规定高度重合，即若发生交易退回，只能再记录一笔反向交易，同时自动生成红字会计分录和红字发票，但不能更改以往的交易记录。此外，区块链技术去中心化和智能合约的特点保证了财务会计原始资料的不可篡改，实现了会计信息和财务数据的公开透明、安全准确。因此，区块链技术可以大幅度降低财务风险和税务风险，使人为主观因素对财务数据的影响大幅下降，会计计量更为公允。而更为精准、公允的财务数据保证了税务处理的准确，有助于提高纳税遵从。

2. 主链子链结合，有效解决出口退税

区块链技术还有助于识别骗取出口退税的行为。目前我国骗取出口退税的方法主要有非法获取出口单证、代理出口业务，非法获取虚开、代开的增值税专用发票，串通不法商人与外贸企业非法调汇，通过行贿或欺骗手段非法获取盖有海关验讫章的出口货物报关单。

　　这些骗取出口退税的方法，都是通过票证单据与实体货物和交易的信息不挂钩，即信息不对称实现的。而区块链技术可以实现货物信息从诞生到出口全部详细信息的记录，区块链的智能合约机制可以实现将增值税出口退税规则直接写入区块链数据链条，从而快速识别票证单据与交易记录相关数据的不匹配，快速识别骗取出口退税的行为。此外，若交易真实发生，通过区块链技术也可以得到快速的验证，从而实现出口退税的快速办理。在大幅度减少增值税退税扣留期限的同时，也能有效缓解纳税人运营资金的压力。

第9章
区块链与电商新零售

电子商务在当今的经济交易中占据了越来越重要的地位。与传统交易方式相比，电子商务中的交易更多地体现为跨期或跨域进行，时空范围极大扩张，运输成本和信息传递成本极大降低，相比电子商务20余年的发展历史，区块链技术从真正发明到现在不到10年，应用也才刚刚起步，但已经开始对现有的电子商务发展模式产生冲击。区块链技术诞生初期主要应用于数字货币、金融支付等领域；从2014年起，国际电商零售业巨头亚马逊、美国快递业领先者联邦快递等大型公司开始研究将区块链技术运用到电子商务产业链条中；国内阿里巴巴、京东、滴滴等一批具有代表性的电子商务企业也开始积极研究区块链技术在电子商务行业的应用，以进一步降低成本，提高服务质量。

事实上，区块链技术作为一项新兴并且理解难度较大的技术，从诞生开始就面临极为极端的评价。反对者认为，区块链技术发展尚不成熟，而且对全网算力要求过高，在互联网技术已经发展成熟并且实现信息高效传输的背景下，发展区块链技术缺乏经济性。而拥护者则认为，区块链技术将通过数学算法彻底解决交易中的信用问题；通过去中心化的进程提升数据安全性，使之难以篡改，对明确产权归属，降低交易成本具有重要意义。

9.1 区块链电商信任、制度问题解决案例

区块链对电子商务行业产生了比较大的影响，电子商务是利用计算机技术和网络通信技术实现消费者在网上购物、商户之间的网上交易和在线电子支付及各种商务活动、交易活动、金融活动和相关的综合服务活动的一种商业运营模式，在这个运营模式中解决信任问题特别重要。

9.1.1 电子商务信用问题

电子商务信用问题的具体表现可从电子商务交易主体中去分析，最直接、最常见的信用问题就是买方和卖方的信用问题。研究人员在研究过程中提出：进一步讲，还有作为平台中介的信用问题，作为支付工具或媒介的银行信用问题，作为市场监管方的政府信用问题等。针对电子商务中卖方信用问题或信用风险的具体表现主要有虚假信息披露或不披露、成交后不履约、交收风险及诈骗风险等，具体常见的问题有网络安全等违法问题、违背售后服务承诺、侵害客户隐私、商品质量等柠檬市场问题和物流问题等。这主要是由于交易双方之间存在信息不对称，卖方自身掌握更多的信息，出于利益最大化考量，在机会成本较低的情况下出现信用问题。

买方的交易风险主要包括网上购物信用卡恶意透支、故意拖延支付货款、中途取消交易造成卖方实际损失等给卖方带来实际时间、货物或货币损失的行为。在B2B模式中，常见的买卖双方的信用问题有企业身份可信任度、网络信息可信任度、交易可信任度、交易过程的安全和保密性。在B2C或C2C交易中，虽然平台中介由于其客观性及不直接涉及买卖交易，一般不存在信用问题，同时凭借其身份认证，第三方支付平台还可降低信用风险，但仍然存在信用评级失真的风险。信用评级制度是基于历史表现和评价的卖家信用等级，是买家了解卖家信用最主要的渠道。信用度失真的原因有两类：信用度炒作和恶意评价。信用度炒作主要是通过在短时间内产生足够多的交易及从所产生的交易中获得好评来迅速提高信用度。恶意评价是指在交易成功后，交易一方故意通过给另一方差评来降低其信用度的行为。和信用度炒作不同，恶意评价的

后果是导致被评价方的信用度被低估，且恶意评价是交易真实但评价者不公正导致的信用失真，是一种评价者的不诚信行为。

9.1.2 电商制度问题

目前电商普遍存在的问题除发货、退款等基础服务外，网络欺诈、售假、虚假宣传等涉及的诚信问题也十分突出。消费者在选择电商平台时，最注重的特征依次是商品的质量与保真、物流的时效性、商品及服务的价格、支付流程的安全性、个人信息的安全性。这表明消费者远不止关心商品和服务的价格，对商品及服务质量的要求也越来越高，这更凸显了电子商务各个环节保证信用、提升信誉度的重要性。

电商制度问题，包括网站的制度和政府的制度，都是交易第三方为了维护交易秩序，降低交易成本，加强买方卖方之间信任程度所订立的契约。但由于制度不完善，因此会产生一系列问题。和前文论述的一样，如果在电子商务交易环境中，没有制度的约束，所有的交易都将变得不可信，而所有的交易也将不会发生。因此，制度在建立信用契约的层面上变得格外重要。目前很大一部分投诉问题都是由于电商制度不健全或制度缺陷而产生的，同时也导致消费者权益受损。如果电商存在制度问题，损害了消费者对其的良好期望，那么在重复购买决策时，就很难再选择同一家电商。具有代表性的问题包括由于订单信息篡改及商品源头难以追溯造成监管制假售假不便；恶意差评，如一些商品服务质量优良的商家被竞争对手雇佣水军恶意刷差评；信用炒作，如店家刷单、刷好评来骗取消费者信任。

以淘宝为例，在淘宝的信用评价体系中，仅考虑了交易次数和交易满意度。淘宝信用评价体系对卖家信用评价的规定为淘宝会员在淘宝网每使用支付宝成功交易一次，就可以对交易对象作一次信用评价。评价分为"好评""中评""差评"三类，每种评价对应一个信用积分，具体为"好评"加一分，"中评"不加分，"差评"扣一分，而并没有关注到交易金额对信用的重要性。虽然从淘宝网的规则中可以看到关于虚假交易的一系列处罚措施，其中包括通过换商品积累信用的情况，但仍需要消费者主动去申诉，通过淘宝网客服的审查核实再进行后续的处理。然而实际情况是，很少有消费者注意某一家店所卖商品的种类、营业额等情况，通常只会大概看店铺的信用水平。所以此类问题的症结仍是在于信用评价机制的设计，单纯以交易次数为衡量对象，从制度本身就给卖家造成了信用炒作的动机。恶意差评方面，淘宝将其定义为买家、同行竞争者等评价人以给予中差评的方式谋取额外财物或其他不当利益的行为，其范围包含不合理要求、买家胁迫、同行差评、第三方诈骗、泄露信息或辱骂几种情况，但在当前制度下需要卖家自行举证，难度较大。

制度是对信用主体的趋利避害本能进行约束的重要手段。在制度缺失的情况下，信用主体是否发生违约完全依靠其自身意愿，从而使信用风险大大增加。在存在治理的情况下，相当于外界给交易系统内施加了一个约束，对卖方而言就是限制趋利避害的尺度；而对买方而言就是促进其建立对卖方的良好期望，从而使交易得以进行。一旦制度约束出现问题，或者暴露出的制度缺陷没有被及时修正，那么在重复交易时，就很难再建立起信任关系。

互联网的显著特性是匿名性和不可接触性，这是由交易主体之间的跨域造成的。但是一个完整的交易，必然会借助资金流、信息流、物流将商品所有权进行转移，而转移需要耗费一定的时间。这里面的跨期与跨域的交易成本大部分都要由消费者来承担，这在交易中显然是不公平的。正是网络的不可接触性要求买家拥有网购后悔权，也就是7天无理由退换货。通过这种途径，避免消费者因为网购无法真实接触商品而可能造成的潜在损失。显然，在这种制度下，卖方不再具有绝对的时空优势。如果买方大肆购买商品，并不断无理由退货，对于卖方来说也是巨大的风险。同时，就算顺利进入退货流程，卖方也要比原先更多地承担资金流与物流的跨期和跨域风险。淘宝作为电商平台要吸引更多的卖家进入平台，就需要为其创造良好的制度环境；京东一方面自己卖商品，另一方面也有第三方渠道，这在制度上限制了买方的权利。但真正良好的制度环境，一定是尽量降低交易成本或对双方交易成本实现最大限度可控与合理划分。偏向任何一方的制度都将导致信用风险的增加，从而违背其设立的初衷。

9.1.3 区块链与电商网络技术结构

通俗来讲，区块链技术是一种分布式数据库技术。在区块链中，信息或记录被放在一个个区块中，然后用密码签名的方式链接到下一个区块形成链条。这些区块链在系统的每一个节点上都有完整的复制，所有的信息都带有时间戳，是可追溯的，也就是能够保证数据在实际发生的时刻凝结在了那一个时间节点上。区块链技术的层级就像 TCP/IP 在互联网中的层级一样，属于网络的基础设施层。区块链目前分为三类：公有区块链、联合区块链和私有区块链。公有区块链，指世界上任何个体或团体都可以发送交易，且交易能够获得该区块链的有效确认，任何人都可以参与其共识过程。公有区块链是最早的区块链，也是目前应用最广泛的区块链。联合（行业）区块链，指由某个群体内部指定多个预选的节点为记账人，每个块的生成由所有的预选节点共同决定（预选节点参与共识过程），其他接入节点可以参与交易，但不过问记账过程（本质上还是托管记账，只是变成分布式记账，预选节点的多少，如何决定每个块的记账者成为该区块链的主要风险点），其他任何人可以通过该区块链开放的 API 进行限定查询。私有区块链，仅仅使用区块链的总账技术进行记账，可以是一个公司，也可以是个人，独享该区块链的写入权限，本链与其他的分布式存储方案没有太大区别。目前公链的应用，如比特币已经工业化，保守的巨头（传统金融）都在实验私有区块链，私链的应用产品还在摸索中。

9.1.4 区块链信用评价制度的实现过程

区块链具有单向不可逆的特点，保证了每一个区块固定在历史时间点上的某一空间不可更改，这一特性支持了区块链的自主信誉评价系统的交易制度设计。目前解决电子商务中信用问题的制度都是中心化的。当前的信用保障制度主要有两个方面：国家层面的法律法规和中介平台自己制定的制度。前者已经有《合同法》《消费者权益保护法》来解决电子商务中消费者买到假货等问题，《电子商务法》也已公开实行。当前在支付宝处理的交易中，如果一个人同时拥有两个账户，他在两个账户里反复进行转账交易，就会以非常低的成本制造刷单信用炒作的行为。针对此类问题，淘宝网一方面使用机器算法对店铺进行排查，将出现异常情况（如交易过于频繁）的店铺进行上报；另一方面设有2000多人的团队，对涉嫌刷信用和好评的店铺进行清查，但是收效甚微而且在很大程度上增加了人力、物力成本。这不仅是淘宝网面临的难题，也是所有电子商务平台面临的问题。导致这一问题的根本原因在于现在的电子支付都只是无向的等价交换（标量），而且每笔交易无论金额大小在信用评价中的权重都相同。而运用区块链技术设计支付体系，可以解决这个问题。其中，哈希生成时信息的单向性起到了决定性作用。

币天（Coin Days）销毁是区块链一个非常重要的概念，它等于每笔交易的金额（币）乘以这笔交易的币在账上留存的时间（天）。例如，支付一笔100天以前收到的10单位货币，这笔交易的币天销毁就是1000币天。如果规定把币天销毁作为信用评价因子，在一次交易中，销毁的币天越多，则信用评价的权重越高。当刷客试图用两个账户反复交易刷好评时，第一次交易的评价是有效的，但历史上累积的币天在交易完成之时便已销毁；当进行第二笔交易时，由于发生在第一次交易后不久，其币天积累将非常小；相应地，对信用评价的贡献微乎其微，其后所有交易的币天销毁之和同样也非常小，这样一来，用户利用同一笔钱反复给自己刷好评，不管进行多少次，其最终效果与第一笔交易所带来的信用评价都几乎一样。同样，当差评师试图通过大量小额交易给用户以恶意差评时，由于信用评价正比于币天销毁，交易的额度太小，同样也几乎不能对用户的信用产生影响。

使用区块链的自主信誉评价系统，交易过程如图9-1所示，具体分析如下。

（1）卖家在系统里用企业组织代码或个人身份证注册唯一标识。

（2）系统为每个卖家生成一对公钥和私钥，在每次交易时向买家发送一个带有交易内容、买家、金额和产品信息的签名文件，买家在完成购物后可将此签名文件和评价信息一起用私钥签名，并广播到各个分布客户端。系统收到此信息后，先用买家公钥解密，获得卖家签名的文件，再用卖家公钥解密，确认卖家签名文件和买家文件中的信息和金额是否一致，并在一致的情况下，将此区块加到此卖家的区块链上，否则拒绝添加。

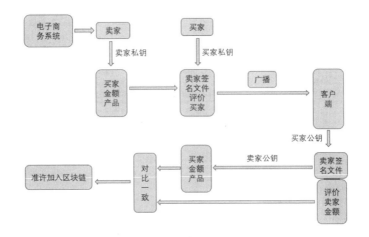

图 9-1 区块链电商图

(3) 系统准许该条买家评价加入卖家区块链后, 先获取上个区块的卖家的评价, 加入该条买家评价以形成新的评价, 再加到区块链上, 如图 9-2 所示。

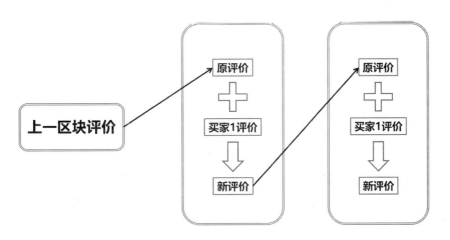

图 9-2 评价图

基于区块链自主信用制度的评价形成过程如图 9-3 所示。其他客户端用买卖双方的公钥验证其签名, 如果通过, 则添加到卖家的区块链上。

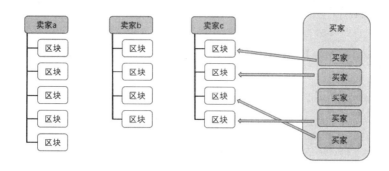

图 9-3 基于区块链自主信用制度的评价确认过程图

通过以上制度设计,将依托于平台自身设计制度的信用转变为依托于科学技术的信用,可以极大地降低因评价数据中心化等导致的评价不能反映商家真实信用的风险,使评价向消费者传递正确的质量信号,避免消费者得到错误的信用信息而负担额外的成本。

9.2 区块链电商 C2M 模式中的设计应用案例

C2M 模式是在"工业互联网"背景下产生的新型电子商务互联网商业模式,它将客户需求直接反馈到工厂,省去所有中间渠道,实现按需求进行定制生产,真正实现用户和生产厂商之间的互联互通。通过借助区块链技术的去中心和去中介信任的功能,解决了信息发布和共享的问题,以及交易双方共同发展的信任机制问题。该模式是为顺应用户的个性化需求和节约成本而产生和发展的,采用 C2M 模式实现用户到制造商的两点直线连接,去除所有中间流通环节,连接设计师、制造商,为用户提供顶级品质、平民价格、个性且专属的商品。C2M 模式应用在互联网电子商务中,它一端连着制造商,另一端连着消费者,短路掉库存、物流、总销和分销等一切中间环节,砍掉了包括库存在内的所有不必要的成本,让用户以超低价格购买到超高品质的产品,如图 9-4 所示。

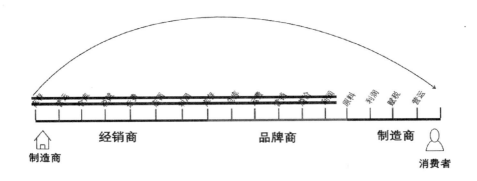

图 9-4 C2M 模式图

C2M 模式的目的是实现现代工业的自动化、智能化、网络化、定制化和节能化,其终极目标是通过互联网将不同的生产线连接在一起,运用庞大的计算机系统随时进行数据交换;按照客户的产品订单要求,设定供应商和生产工序,最终生产出个性化产品。

9.2.1 区块链在农产品电商 C2M 模式中的应用

2016 年 10 月,沃尔玛食品安全协作中心在北京落户,IBM、沃尔玛和清华大学电子商务交易技术国家工程实验室三方共同宣布将在电子商务的食品安全领域开展合作,采用 IBM 区块链构建全新模型,实现食品供应链的透明化和可审计功能。区块链技术在电商 C2M 模式中的应用,主要作用是帮助记录、跟踪商品出货及加工信息的行为,以确保该商品信息的准确及可查性,并为商品交易提供信用担保,用户之间商品的交易也是基于诚信和透明的原则,从而改善农商产品的追溯、运输和销售方式。区块链依靠各个节点实现系统的维护和保证信息传递的真实性。区块链数据的验证、存储、记账、维护和传输等过程均是基于分布式存储数据的,而不是某个中心进行集中管理,每一个节点都可以引发监管,从而形成去中心化的、可信任的分布式系统。中心化的特点是,中心节点掌握分布节点信息,分节点不掌握其他节点信息(中心化,交易非公开)。中心化的问题是,系统安全性取决于中心节点安全性,分布节点对此没有控制权。

9.2.2 区块链技术在电子商务交易模式中的特征

（1）区块链是一种只允许追加信息的系统，数据只能添加，不能删减。分布式记账技术保证数据的安全，去中心化让数据的存储和分享更加迅速和透明。因此，当商品交易进入评论环节，便不能被随意修改，即使修改也需要在符合约定和透明的前提下进行。

（2）电子商务中商品的交易，几乎都需要借助可信赖的第三方信用机构（如支付宝、财付通等）来处理电子支付信息。区块链技术通过构建比特币区块链网络与交易信息加密传输的基础技术，使任何达成一致的双方直接支付，从而不需要第三方中介的参与。

（3）提供区块链验证、业务模型验证及开发研究等底层技术支持。通过区块链系统可以实时查看交易过程及对账结果信息，进行实时的监控和管理。

（4）完整区块链，记录了所有交易历史信息，通过特殊的结构保证历史交易的安全性，并且用来验证新交易的合法性。

区块链的网络节点间数据是匿名的，并且节点之间不需要互相信任，整个系统通过公开透明的数学算法运行。节点之间数据公开，彼此信任，无法欺骗其他节点。智能合约在支付系统中的应用是去中介信任最具有代表性的案例。从消费者的角度来讲，智能合约通常被认为是一个自动担保账户，当特定的条件被满足时，程序就会释放和转移只有合约双方才能动用的资金，一旦合约确定了，其中的资金就由区块链按照合约条款来分配，并且只有合约到期才可以使用这笔资金。

9.2.3 区块链技术在农产品电商 C2M 模式应用的整个设计过程

通过运用区块链技术去中心化、去信息化和安全保密性等特点，结合电商 C2M 模式中去供经销商和品牌商，降低商品成本的优势，人们还设计了一种区块链在 C2M 应用的过程，具体包括以下 5 个步骤。

（1）农产品生产商利用私钥对前一次交易和下一位客户签署一个数字签名，并将这个签名附加在这枚货币的末尾，制作成交易单。

（2）农产品生产商将交易单广播至全网，农产品就发送给了客户，每个节点都将收到的交易信息纳入一个区块中。

（3）每个交易过程都会产生一个数字签名，从而获得创建新区块的权利，并争取得到交易生成单。

（4）当实现一个商品交易时，它就向全网广播该区块记录的所有盖时间戳交易，并由全网其他节点核对。

（5）全网其他节点核对该区块记账的正确性，在确认无误后，他们将在该合法区块之后竞争下一个区块，这样就形成了一个合法记账的区块链。

由于区块链任意节点之间的活动均受到全网的监督，并且数据库采用分布式存储，它能保证以下特性：一是无法伪装和进行欺诈活动；二是无法依靠一个节点控制所有网络；三是如果某一个节点被破坏，由于其他节点的存在能很快被恢复，从而保证了区块链数据的不可篡改，系统达到较高的安全等级。

9.3 数字营销广告

1. 数字营销

数字营销是所有商业活动中非常重要的一部分。为了让一个品牌在多元化的社会中更加引人注目，企业必须能够有效地利用各种在线平台进行广告宣传。在营销效果上，广告主普遍会关注 Awareness（品牌或产品知晓度）和 Conversion（点击或销售转化率）。数字化转型（Digital Transformation）由麦肯锡全球研究院（MGI, McKinsey Global Institute）在 2014 年提出，主旨是利用数字技术提升企业内部运营效率，驱动业务流程的自动化，形成企业自身特有的差异化竞争力。随着物联网、云计算、大数据、人工智能等技术的成熟和实际落地，数字化转型从 2016 年开始备受关注，各种数字化驱动的创新不断出现，中国在电商、社交、职能制造等领域走在世界前列。但在开展数字化转型时，企业通常会遇到以下 3 个核心问题。

（1）如何收集、汇总和运营自己的数据。

（2）如何建立数据运营团队。

（3）如何在短期内快速展现成果，在企业内部树立信心。

这 3 个核心问题，通过"数字营销"都能给出最佳答案。

数字营销在国内已经开展了超过 20 年，生态圈上下游的广告主、广告公司、媒体大部分有了自己独立的数字营销团队，执行层面的各种职能被高度细分，DSP（需求方平台）、DMP（数据管理平台）、ADX（广告交易平台）、ATD（代理平台）、OTT（通过互联网向用户提供各种应用服务）等数字营销新角色不断出现，整个中国的数字营销生态圈是以极度激进的状态进行着自我更新。

数据是数字营销的出发点，数字技术的发展让广告主从以往单一、昂贵、存在合规风险的个人可识别数据，向着大数据量、低成本、容易收集、合规的数字数据（Digital Data）转型，以往大型广告主收集到 T 级别的消费者数据需要数年时间，而在今天可能只需要几天。这些数据帮助广告主更全面地洞察消费者，降低数据运营成本，同时也是开展其他数字化转型业务的基础。

2. 数字营销行业问题

根据 marketingweek.com 网站的分析，2017 年因广告作假而由广告主承担的损失达到 70 亿美元。以宝洁为首的广告主频频抨击数字广告存在的不透明问题。2017 年 6 月，宝洁宣布与长达 7 年的合作伙伴 Audience Science 结束合作。宝洁首席品牌官 Marc Pritchard 甚至毫不留情地指出，甲方需要一个透明的媒体供应链，能让公司摒弃浪费。对这种行业沉疴，宝洁是第一个做出决断的公司，却不会是最后一个。伴随着新技术逐步应用于实践，数字营销行业的变革已势在必行。

据研究公司 Forrester Research 报告，2016 年，高达 56% 的展示型广告开销都是为虚假观看买单。未来 10 年内，全球广告诈骗损失预计会增至 500 亿美元。大家熟知的水军、僵尸粉和平台流量作弊只是"小苍蝇"，技术更高、隐蔽性更强的机器作假才是"大老虎"。CNBC 网站援引网络广告效果评估和审计服务公司 Adloox 的数据显示，"机器流量"（机器而非人类访问或点击广告）在去年给广告主带来了 125 亿美元的损失。而 WPP 旗下的 The & Partnership 公司的数据显示，2018 年由机器广告作假带来的损失将增加 40 亿美元。网络反欺诈和流量监测公司 White Ops 公司披露了一项名为"Methbot"的机器流量欺诈事件。黑客组织通过伪造主流媒体公司的网页，使用先进软件工具播放视频广告，并伪装成真正的用户浏览广告，向广告商收费，每日赚取高达 200 万～500 万美元。在中国，百度发布的《搜索推广作弊市场调研报告》显示百度推广每天监测并过滤千万量级无效点击，其中 5% 为人工作弊，49%～65% 为机器作弊。

数字广告中的大部分付款方式都是基于 CPM（千人成本）结算。CPM 是一种极为反常且不正当的激励模式，是广告技术中多数罪恶的根源。简单来说，广告商会向流量分发商（媒体平台或媒体联盟等）支付每千次展示所需的固定金额费用，即 CPM。但 CPM 模型的问题是展示次数对于访客实际关注率来说是一项弱指标。一部分原因是展示次数是一种高度抽象的概念，不同供应商可能以不同的方式进行估算。无论是 4A 公司还是媒体平台，流量的持有者和中间商都有动力以十分宽松的方式来评估展示的来源。流量提供方购买或借助机器人浏览广告并将浏览结果报告给广告商是潜规则。

3. 区块链技术体系对数字营销的变革

区块链广告平台解决了数字营销数据信任问题，去掉了中间环节，省掉了媒体投放公司的大量佣金和广告平台的抽成费用，让品牌直接与网站和自媒体平台合作。同时，区块链技术也最大限度规避了流量和点击作假，广告投放的效果不是以 IP 来计算，而是以观看者和点击者的数字身份来验证。区块链的技术特性让黑客和水军公司很难像批量生产假 IP 和假社交账号一样伪造数字身份。

Forrester Research 的分析师估计，如果广告发布者去掉了中间代理商，那么他们可以更好地优化千次曝光价格。区块链技术可以做得更好，它可能最终会彻底动摇整个市场，企业可以跳过传统的广告购买流程，直接向观看广告的目标群体支付费用。使用"微型货币"，企业之间将会争夺真实用户的真正"关注"，而非仅仅是对广告的印象。而且企业可以在货币交换之前就证明广告已经受到了关注。市面上已经有一种浏览器，使用它自身的"基础关注代币"让企业能够直接向那些在自己广告上"耗费了关注度"的用户支付费用。这意味着企业将走向更加智能的广告支付，并与潜在的客户建立起联系。在过去，广告主需要从各种不同的渠道来收集关于消费者的数据，如年龄、性别、薪资水平，甚至于他们开什么样的车、晚上习惯于去哪里用餐，这些正是所谓的用户画像。但是使用了区块链技术后，广告主具备了直接从用户那里构建用户画像的能力，可以收集所有用户愿意分享的信息。这也使市场具备了更强的能力来满足用户的需求，并将广告只投放给那些最有可能购买产品的用户身上。

区块链能验证及分析每位消费者观看广告的过程，从而确定是真实的人而非欺诈程序按照广告合约的指标完成了广告的观看。这就能改善数据，驱动营销活动的透明度。通过精确监测广告的投放位置，营销者将能掌控资产的消耗，通过确保广告观看者是真实的消费者及对广告展示进行适当追踪来打击虚假流量式广告欺诈。区块链基于账本具备的透明度，有助企业与消费者建立信任。有大量实例证明，如果能换取实实在在的优惠，消费者其实非常乐意向企业提供自身的信息。这意味着，能够赢得消费者信任并为其提供切实福利的品牌能获得消费者的更多信息。区块链让消费者能了解其数据是如何被营销者和广告主使用的，从而解除其后顾之忧。这有可能会催生出一个这样的消费者数据市场：用户不仅能清清楚楚地了解其数据被广告主拿来做了什么，还能控制广告主以后能拿这些数据做什么。区块链的另一潜力是使用较新的广告技术服务商，如电信提供商，具备与Facebook、亚马逊这些互联网巨头抗衡的实力。

从广告主角度，要投放一个流量主，会看它的点击率、阅读量，根据量级进行付费，并乐观地期待着与之匹配的广告效果，这看似很合理，可以帮助其完成整个数字链条的收集，计算出转化率和产生了多少销售额等。但现实不是这样的，以一篇文章为例，当受众读到了一篇关于旅游的文章，一般不会直接订机票，会先关闭这篇文章，去与朋友聊，打开浏览器去更深入地了解更多的产品信息，过了一段时间之后，终于决定要出发了，才会打开自己熟知的一款APP去下单。这意味着这款APP并不知道是它在哪一个渠道的投放触发了这个用户的消费行为，也就无法追踪和溯源，从而调整广告投放策略，精准化投放。而对于渠道方而言，没有办法把这个转化效果体现给它的广告主，也就没有办法获得应有的广告收入。不同广告主由于行业属性，它的受众覆盖面是相对受限的，例如，一个针对中年女性的电商平台，除了受众在自持平台上的行为数据，也会更想了解这个用户在社交媒体上、在其他 APP 上的行为特征，才能更精准地做出目标受众画像。这在传统意义上是很难做到的。

有企业提出全域数据解决方案，该方案的思路是用一个全网唯一的 ID 去打通一个用户的全行为轨迹，从而让数字营销生态上的各方可以去了解消费行为产生的全流程，广告主可以据此进行精准的渠道选择，流量方可以据此获得相应的报酬。但这个模式没有普及，因为在一定程度上来看，这是大公司才有的特权，在行业内称之为花园围墙。大公司通过资本并购、资源整合等手段，在其体系内纳入大量网站与应用，并打通其体系内成员之间的数据，实现全域数据解决方案。但围墙之外，全域数据解决方案基本不可能做到。回归本质，其实可以归为信任二字。可以从两个层面来看：一个是数据确权，另一个是数据泄露。首先是数据权利的信任性，作为一个广告主，在一个完全虚拟的世界里，很难做到数据确权，没有办法识别什么样的权利应该属于你，即使得到承诺，也没有办法实现让这些权利真正落地。其次是数据泄露，在公司与公司交往中，基于信任的不确定性，各方都会担心自己的数据被泄露，没有哪一方能够完全放心地把自己的数据给到其他公司去操作，因为在利益的驱动下，即使有合同，也很难保证不会发生问题，更不用说数据的安全性。所以在实践中很难整合数据，再加之没有统一接口的问题等，除大公司外，全域数据解决方案成了很难落地的应用。

针对以上问题，有的区块链公司提出了两个不同的解决方案。

（1）基于可信账本的数据确权。

基于区块链的可信账本非常适合权利的记录与分配前提，把数据确权分为四块：占有权、使用权、收益权、处置权。

通过区块链技术，可以保证每一项权利的真正落实。例如，基于智能合约广告主进行了一次投放，期间，肯定会涉及媒体和服务公司，而在这个行为中，区块链的智能合约会基于预设给出每一方具体的确权。在链上会记录广告主拥有这个数据的占有权、使用权；而其中做出贡献的媒体、服务公司将拥有收益权，甚至成为数据记录者；在用户方面，之前用户从来没有享受过任何权利，但理论上，这个数据的占有权其实应该是归用户所有的，特别是在每一次用户数据被调用之后，用户应该享有收益权，现在，在链上可以给用户带来从未有过的收益。对于处置权来说，链上用户可以遗忘相关的数据，也可以帮助产品、帮助广告主去丰富数据，去修改不正确的数据，在未来将会是一个重要的改变，并且每一项权利都会记录在这个链条上面。

（2）基于智能合约的可信数据协作。

很多事情要基于数据协作去完成，但信任是无法解决的问题，包括流量作假、数据作假等。举一个简单的例子，广告主想要进行投放，通常会遇到投放的渠道并没有办法很好地满足所有的标签需求，在传统意义上，这是非常难办的问题，但是基于区块链技术、基于数据协作的框架，可以通过不同方贡献出不同的数据标签，最终得出一个特别的结论。也就是说，让企业之间不用基于烦琐的合同约束去解决信任问题，每一款产品都可以和全网任何产品之间进行无缝隙与无风险的数据交互，每一个服务方，甚至渠道方都可以为广告主的决策贡献数据，最终帮助广告主优化投放策略，当然，与此同时，所有的权利被行使，所有数据的持有者也都应该享有相关的收益权。在要进行渠道投放抉择时，一般会有一个模糊的概念，例如，需要的是女性的产品经理，20~30岁，喜欢宠物，等等。但基于现有的渠道，很难分析出哪部分用户可能更符合投放诉求，当然也没有办法让广告主给出明确的预算。而面对这种诉求，通过某个垂直区块链就可以调用API去完成一个决策的申请，结果是在链上通过了8个渠道的数据匹配，发现有78%的用户是符合广告主需求的。

而之前，仅凭单一的标签，无法说服广告主进行某些渠道的投放，而垂直区块链的数据可以帮助广告主进行更全面的决策，当然也可以帮助渠道方拿到预算。区块链在数字营销行业中的应用远不只是如此，还有很多地方都可以助力行业升级。对于数字营销行业来说，可以分为投放前、投放中、投放后3个阶段。

在投放前，可以通过市场数据的洞察、数据可信度的验证，证明数据的独一无二性，例如，现在有的广告商通过区块链做数据的交易、做广告和微信的校验，甚至是广告素材的追溯等，这些都是非常好的应用场景。

在投放中，目前基于技术的一些限制，尚不能做到数据的实时掌控，就像结算，但是相较于传统的结算体系已经有了质的提升。另外，在投放中，还可以进行相关流量的验证、流量整体溯源等。

投放后，区块链可以保证结果上链，不被人为篡改，还有数据的确权和全域数据的补充，以及渠道的评级等。

总体来说，区块链与数字营销行业结合的路还很长，还有各种各样的技术难题、落地难题等着业内人员协力去攻破。可以明确的是，将区块链的益处落地在行业中，一定能帮助服务数字营销生态中的各方，帮助整个行业做到更智能化投放。

9.4 区块链新零售

"新零售"一词火了，缘于马云的一句话："纯电商将死，新零售已来"。新零售是企业以互联网为依托，通过运用大数据和人工智能等先进技术手段，对商品的生产、流通与销售进行升级改造，进而重塑业态结构与生态圈，并对线上服务、线下体验，以及现代物流进行深度整合的零售新模式。

从现阶段的应用来说，研究人员认为：区块链技术在新零售的实践更多是在供应链上的应用，即通过区块链技术实现商品的全程溯源，从而防止假冒伪劣商品，或者在问题产生时，能够迅速找到问题的源头。区块链技术应用在供应链上的基础框架如图9-5所示，利用区块链技术，可以实现商品在供应链不同节点的流通一致性及可追溯性，但由于新零售中的商品是实物资产，不同于虚拟资产，所以首先需要实现商品的数字化。

商品在供应链各个环节的流转和交接			
区块链上链的数字化的商品			
用户管理	基础服务	智能合约	运营监控
账户管理	接口适配	合约注册	配置 / 可视化
权限管理	共识管理	合约执行	告警 / 监控
秘钥管理	网络通信	合约触发	发布 / 云适配
风控审核	记录存储	升级注销	

图 9-5 区块链应用在供应链上的基础框架

而要实现实物资产的数字化就需要做大量的工作，需要保证上链的真实性，甚至在特定场景下，需要链上链下时刻同步，这些均是应用区块链技术的成本和难点。而当前解决这个问题的一个可行性途径就是与物联网结合，具体来说，就是应用 RFID 技术来实现商品的可识别和一定程度的智能化。

RFID 技术早已被应用于提升供应链的透明度，现在结合区块链技术，则可以确保物品从物理世界向虚拟世界映射的透明度和安全性。因为区块链技术可将分类账上的货物或商品转移登记为交易，以确定与生产链管理相关的各个参与方、产品产地、日期、价格、质量和其他相关信息。此外，由于分类账呈现分散式结构特点，任何一方都不可能拥有分类账的所有权，也不可能为谋取私利而操控数据。再者，由于交易经过加密，并具有不可改变性，所以数字分类账本不易受到破坏。因而，若将区块链技术与 RFID 技术结合，不但可以打击假货，更可以提高客户对产品供应链的信任。这表现在，一方面，每当产品保管方发生变化时，都需要对其带有 RFID 标签的产品进行扫描。而每次扫描将会更新 RFID 芯片和后台的密码，并捕获和更新系统中的地理信息；另一方面，消费者在购买商品时，可以通过带 RFID 阅读器的智能手机扫描 RFID 标签，查看供应链历史记录，确保产品货真价实。扫描时还会提供产地、制造商、外观等产品信息，以及保管地点变换等信息。

由于每件商品都带有不同的 RFID 标签，且会随着供应链的更新和密码更改进行动态变化，杜绝了复制或伪造行为。打开产品或移除标签都会导致标签无法使用，因此也不能将其用于非法行为。

此外，借助物联网，可实现供应链各主体数据的自动化上传。同时，利用区块链技术和智能合约，完整保存了整个供应链各主体的数据，保证了数据公开透明、可追溯且不可篡改，便于防伪溯源及监管。

由此可见，结合区块链技术和物联网技术，并将其应用到新零售的供应链中，是具备一定优势的，那么，这么做会增加哪些实现成本（即实现将供应链的商品链接区块链技术而带来的成本）？增加的价值是否高于实现成本呢？

（1）要求供应链各流转主体都具备 RFID 信息自动化上传功能，必须配置相应的物联网设备，这个要求在目前还具有相当大的难度，尤其是针对众多分散的中小型供应商和流转中的中小型流转点，需要时间和利益补偿来负担这个成本。

（2）对于最终得到好处的末端消费者来说，要有一部带 RFID 阅读器的智能手机或专用终端，这也需要增加消费者成本，所以 RFID 技术走入寻常百姓家还需要相当长的一段时间。

（3）现在区块链人才短缺，打造一套区块链系统需要相当长的时间和比较多的资金投入。

虽然以上带来的价值及增加的成本这里还无法做精细的量化评估，但是显然也无法得出价值大于成本的结论。而且基于底层技术的开发进展，受制于技术、成本、效率、服务和监管等诸多因素，笔者认为区块链技术短期内不会在新零售模式中得到普遍应用，规模应用也至少需要 2~3 年的时间，但未来确实潜力巨大。从长期来看，区块链通过去中心化的信任机制改变了连接方式，带来生产关系的改变，而这些新的生产关系和信任关系势必将对各行业产生深远影响，这点对零售行业来说也不例外。

9.5 广电运通区块链惠民生态案例

人类社会正在步入一个全新的数字经济时代。在这个时代，机器智能将与人类智能紧密结合，机器智能将参与以往只有人类参与的大规模协作。大规模协作的基础是信任机制，而区块链作为重构数字经济时代信任机制的基础设施，对生产关系的改善、生产力的提高将起重要作用。

鉴于区块链未来在数字经济时代具备的巨大潜力，上市金融科技公司广电运通专门成立合资公司——广电运通区块链科技有限公司，聚焦于研发区块链基础设施，构建与智能设备及民生密切相关的惠民生态的区块链平台——运通链。区块链作为一种通过去中心的模式来建立信任的机器信任技术，需要与基于人工智能的智能设备结合，才能真正发挥其机器信任的价值。有鉴于此，运通区块链聚焦于智能设备的区块链应用，致力于构建一个全国独有的服务于智能设备的区块链平台。这里定义的智能设备是指具有人机交互能力的、采用人工智能技术的机器和终端，例如，无人零售机器、无人售票终端、自动识别身份的闸机，以及广义上的具有人机交互能力的机器人。

运通区块链以智能设备区块链平台为基础，联合集团内外的合作伙伴，通过人工智能技术提升生产力，并利用区块链技术改善生产关系，共同打造全新的涵盖新零售、大健康、新政务、新物流和新金融的惠民生态。区块链将成为链接这个惠民生态的信任枢纽，提供公平的分配和激励机制，提升透明性和构建可问责机制。区块链技术在这样的惠民生态中将实现真正落地，其价值将落到实处并让民众体验到。

1. 新零售生态

"新零售"由开始时的通过电子商务连通线上与线下的模式逐渐演化成无人零售模式。虽然，现在新零售还是以电商模式为主流，但随着人工智能、物联网和移动通信等技术的不断完善与普及，相信未来无人零售模式才是"新零售"的最终形态。无人零售主要由智能化后的自动售货设备提供，目前这些自动售货设备大多只停留在为客户提供日常所需的商品销售服务，而客户的消费习惯却由于缺乏有效的数据入口而白白流失，以至于商品供应商未能通过这些智能设备捕捉到客户的消费大数据,这是对资源的极大浪费。

而运通区块链将运用区块链技术链接所有的自动售货设备,让每台自动售货设备都成为区块链网络上的一个节点,在用户授权后用于保存上传每名客户的消费信息,并通过人工智能技术对这部分客户的消费信息进行分析处理,指引商品供应商的产品生产,如图 9-6 所示。

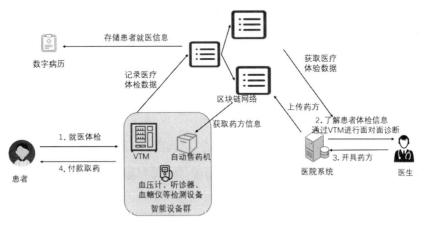

图 9-6 运通区块链自动售药机

2. 新旅游生态

智能设备的产生与不断改进,正给人们的生活与出行带来方方面面的改变,其中旅游行业是改变最大的行业之一。如今,人们可以通过网络提前订票或使用自动售票机打印门票,也可以通过加载了 GPS 技术的电子地图实时、清晰地了解旅游的路线,还可以通过互联网化的旅游平台了解到其他旅行者对旅游团服务的历史评价,甚至可以借助游记来制定自己的出行方案,从而优化旅游体验。由此可见,智能设备与技术正给人们的旅游出行带来巨大的改变。

目前,人们的旅游出行方式由于智能设备的介入已得到了极大的优化,但仍存在如下问题有待进一步改进。

(1)智能设备大多由景区进行管理,游客的出行数据只能保存在单一或某几个合作的景区数据库中。这种数据孤岛的现象使用户画像难以形成,也妨碍了景区对旅行者的体验进行优化。

（2）旅游过程中的不文明行为屡见不鲜。旅游景区虽加强了监控管理，但却未能对不文明的旅行者形成有效的制约。同时，对于部分文明旅行者的好人好事行为也未能给予有效的奖励。

（3）旅行者对旅行团、旅游服务商（如酒店、餐馆等）的评价均存储在部分旅游平台的中心化系统中，而这些旅游平台可以对评价的内容进行选择性显示，评价的真实性存疑，从而导致部分旅行者通过平台选择了"优质评价"的旅游服务但最终并不满意的情况出现。

针对上述问题，运通区块链提出利用区块链技术赋能智能设备，进一步优化人们旅游体验的新旅游生态方案。首先，运通区块链将通过区块链网络链接自动售票机、自动售货机、景区内的视频监控设备、景区门禁设备、酒店自助入住/退房设备等智能设备系统，通过这些智能设备和人工智能技术精准捕捉人们的旅游行为。其次，运通区块链将引入大数据及人工智能系统，将个人存储在区块链上的信息进行处理，构建个人在旅游生态上的数字身份活动轨迹。具体应用场景如图9-7所示。

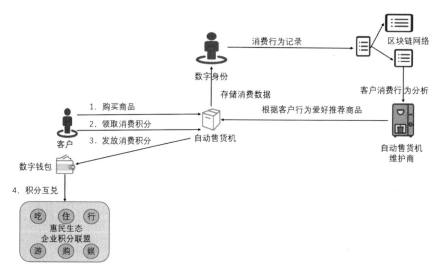

图9-7 场景结构图

第10章 区块链与政务

贵州省发布的《贵阳区块链发展和应用白皮书》,从主权视角探索了区块链技术的应用。与其他形式的区块链体系结构相比,主权区块链在网络中是分散多中心化而不是去中心化;在政务监管结构中,依托于主权经济体进行总价值交互,而不是网络社群共同认定的价值交互;在公共部门共同协作的基础上,更注重包容的共识算法和规则体系,而不是仅效率优先的共识算法和规则体系。

10.1 电子档案应用案例

政务档案管理系统包含档案采集、档案管理、案卷管理、库房管理、档案查询统计和条码管理等功能。电子政务办理可以实现电子化受理、电子化流转、电子化发放和电子化归档。

电子化受理即通过网上政务事项受理及数据采集系统，实现群众申请和政府机关受理过程的电子化；电子化流转即通过网上政务端流程审批系统，实现公务事项在政府机关内部进行审批流转过程的全生命周期电子化，也包括了流转过程的监控与审计；电子化发放即通过管理端电子签章技术的应用，将政务管理系统与事项审批和电子档案系统对接，实现各种管理结果的电子化发放，也包括发放时的送达回执管理；电子化归档即通过电子档案系统，实现对全过程所产生的各类电子凭证资料的档案化管理，并借助 CA 签名签章取代纸质凭证资料的管理。

10.1.1 政府 A 部门电子档案应用现状

政府 A 局 2013 年创建电子档案系统，并且明确了共同业务使用电子化管理档案，不再收取纸质档案资料。企业、缴费人和税务干部的涉税档案资料电子化受理、电子化流转和电子化归档，实现了企业灵活事项分类采集，电子化"一户式"征管档案管理，减少了企业和行政干部纸质档案管理负担，减轻了企业纸质资料报送、"往返跑"的负担，满足了企业方便、快捷、高效的业务办理需求，最大限度地便利了企业，全面提升了企业满意度。与此同时，在电子记录档案系统和核心征管系统深度融合对接的基础上，实现了业务的"同城通办"，企业可不受经营地点和所属机关限制，在全省范围内自主选择服务厅办理有关事项，达到了全面提升效率、降低行政成本、提高服务质量的目的。在行政机构合并后，电子档案系统在系统互联互通中也发挥了更为重要的桥梁纽带作用。

在调查中发现，随着深化改革的不断推进，"放管服"改革简化资料和政务信息共享的要求，以及大数据、"互联网 +"在政务领域中的应用，电子档案系统暴露出以下几个问题。

问题一：档案抽查审核，人工审核工作量大，效率低。目前电子档案系统已采集档案资料，存在基层各局采集设备型号参差不齐，采集环节缺少智能审核识别功能，造成档案资料采集质量标准不一；还存在微信实名企业采集渠道缺失档案资料智能审核识别功能，造成资料不清晰、不完整、采集错误和不能得到及时纠正的问题。

问题二：企业档案、政府部门内部档案与档案存储分离，不能实现档案共享互信，造成重复采集和档案利用率低下。企业档案资料保存不当或无法保存，存在重复报送现象。机关内部的业务档案资料还在用纸质传递，造成基层负担大、上级保管难及查找困难等问题。

问题三：录像视频、音频等档案文件没办法存储，无法满足日常业务需要。执法过程中使用执法记录仪采集的录像、音频等相关电子文件无法归档，造成档案缺失、涉税档案保管不集中问题。

问题四：缺乏互联网新技术的应用，使电子档案的电子管理和共享运用显得不够智能化。电子档案业务档案系统需要依赖专业设备才能完成档案资料影像化采集，机构合并后，随着电子档案系统应用拓展，各基层单位一方面专业档案采集设备资源需求缺口较大，另一方面采购设备资金预算不足，短期内无法解决全省电子档案应用硬件资源缺口问题。

问题五：档案资料法律效力得不到保障。CA 数字电子签章，因相关规定不得向企业收费，目前没有较好的商业收费运作模式，影响了 CA 数字电子签章推广使用，间接制约了电子档案法律性的实现。

基于以上逐步呈现的问题，显然已不能满足新时代"互联网＋政务"发展的需要，为了打造优质的营商环境，有力提升行政管理、政务服务、风险防控和内控效能，需要利用新的技术对电子档案系统进行改造。

10.1.2 区块链电子档案的特点

结合电子档案的具体业务情况，基于区块链技术支撑，区块链技术有去中心化、不可篡改性、可追溯性等特性，引入区块链技术能够解决电子档案数据普遍存在的真实性和安全性风险的问题。在实际调研中发现，随着政务档案信息化建设的不断推进，电子档案已成为档案最重要的载体。但是不同省份的管理水平也是不同的，如何确保电子档案内容的真实性，在电子档案存储和使用的过程中，防止档案数据被非法访问、篡改和盗取已成为电子档案管理的最大隐忧与挑战。区块链技术的出现与发展，使解决这一难题成为可能。区块链是随着数字加密货币的日益普及而逐渐兴起的一种全新技术，已经在金融行业、科研机构、政府部门和教育领域受到高度重视与广泛关注。事实上，除了数字货币外，区块链技术在多个领域中都有很多高价值的应用。在2017年、2018年国家档案局科技项目立项选题指南中，均把区块链技术在电子档案管理中的是应用列为选题；2017年，澳大利亚墨尔本大学开始利用区块链进行学生档案管理，准备通过一套全新的数字系统查看学生档案，即利用区块链的不可篡改性，为企业提供真实的人才信息，但在学校内部使用区块链技术来管理档案其实更多的是一种尝试，因为并没有解决实际的问题，换句话说就是以前的中心化系统也是能解决所有的问题，实际上只是应用区块链的技术来实现已有的系统功能而已。清华大学也成立了区块链技术联合研究中心。可见区块链技术作为一项重大技术创新越来越受重视，而引入区块链技术已成为提高档案管理能力的主要技术方向之一。

10.1.3 区块链能解决的问题和综合思路

电子档案的问题很多，但所有的问题并非区块链技术都能够解决的。区块链技术只能解决其中一部分的问题，但是可以通过设计综合解决方案来处理问题，而不是仅仅局限于某个技术。

（1）电子档案形成过程中的可靠性无法保障。电子档案的物质架构不像传统档案那样容易区别和辨识。电子档案没有明确的物理形态，它的形成过程无法由实物来确定，既无法进行追踪溯源，又无法进行过程控制。电子档案还无法拥有旧式痕迹，改动的痕迹在传统纸质档案里可轻松保存下来且清晰可见，但在电子档案里要想保存这些过程记录却很困难。

电子档案还容易受信息系统环境影响。电子档案属于档案的一种，要遵循档案格式,固定内容、固定的管理要求,而电子档案作为信息技术发展的产物,又要适应信息技术升级带来的变化。一旦电子档案依赖的信息技术出现较大的改动,就有可能与电子档案在兼容性上出现冲突,甚至造成内容失真等极端现象。

(2)区块链技术能较好地解决电子档案数据存储安全隐患。传统档案的安全管理,因为传统档案的实体性,只需要提防有不法分子偷偷进入档案馆窃取档案信息资料,档案管理人员严格执行档案管理规定便可消除隐患。而电子档案必须运行在网络上,网络的安全性一直都不能完全得到保证。在当今大数据时代,数据的传输和储存都离不开网络,由于网络存在很多安全漏洞,因此一些黑客和不法分子会利用系统漏洞入侵系统,获取档案资源和各种信息数据,甚至篡改档案内容,给档案资料库带来严重的损失,导致档案数据被破坏。

在数据存储方面,电子档案主要是以数字形式存储在磁盘阵列等介质中,全部数据集中存储在一台或几台设备上。集中式存储虽然给信息的储存带来方便,提高了档案的便携性,但是对储存的环境要求也相当高,有时候一杯水,或者一次断电都会带来不可挽回的数据损失。一旦出现存储设备故障,就可能导致很多电子档案的信息乱码、破损甚至丢失,但如果引入区块链技术,让档案行政主管部门、专业档案管理部门成为电子档案永久保管机构,甚至电子档案生成机构都参与到电子档案状态的更新与维护环节中,"形成一个分布的、受监督的档案登记网络,各方均保存一个完整的档案副本,就可以有效解决上述几个问题,提高档案的安全性、便利性和可信度"。

10.2 打造基于区块链技术的电子档案信任体系案例

电子档案存在的内容可靠性和数据安全性等问题,实际上反映了数字世界和物理世界的本质区别:物理世界的东西是真实的存在,没办法凭空产生、消失或随意修改;但是数字世界是虚拟的,数据可以人为或程序化删掉、修改或复制,而且很难留下任何痕迹。这是两个世界完全不一样的地方。而区块链技术能让数字世界可以像物理世界一样真实可信,通过区块链技术实现电子档案的信任体系建设,实际上就是利用区块链技术在数据存储、数据流转、记录管理等方面的优势,与电子档案管理的基本要求高度一致,具有极大的可操作性。

利用区块链技术的不可篡改性与数据可完整追溯的特性,就可以实现电子档案的全生命周期管理,而不用担心在任意环节遭到篡改或破坏。

与现有电子档案的管理模式相比,通过基于区块链技术的电子档案管理平台,其管理阶段将向前延伸到生成阶段,区块链上的任意电子档案的内容变动及其传递过程,都得到了整个平台中其他节点的确认,每个节点既是参与者,又是监管者。同时,区块链技术本身具有不可篡改性,故对数据进行非法修改的行为根本没有发生的可能,电子档案的真实性可以依靠区块链技术得到很好的保障。

区块链属于去中心式管理,无论是档案管理员还是普通用户,都无法控制整个平台。参与的每个节点数据库中保存的是所有节点的完整数据,并且由于时间戳与哈希指针的存在,可以实现对所有数据生成周期的追溯。也就是说,每一份电子档案的生成、状态变动等过程,都将公开透明地展现在所有节点面前,完整的数据都将保存在整个区块链节点中,从而实现电子档案真实可靠、可追溯。

区块链技术也能够解决电子档案数据存储风险。区块链支持分布式存储。分布式存储是一种数据存储技术,就是将数据分布到多个网络节点,节点之间通过加密协议进行通信,各节点物理上的分布不受空间地域限制,逻辑上又能构成一个整体,相互验证、互为备份,能够有效阻止来自网络的攻击、硬件断电、内部人员擅自修改等风险。

与电子档案传统的集中存储相比,基于区块链技术的分布式存储更能确保电子档案的数据安全。通过区块链技术的分布式存储,电子档案数据不再集中存放,而是被加密存储于一个分布式、虚拟和分散的网络中,更加安全可靠。当存储数据的任一单点受到网络攻击或出现硬件故障,也不会造成灾难性的影响,因为其他的节点会继续发挥作用。由于数据都不存储在中心化的服务器中,不会出现服务器崩溃导致数据丢失、服务中断的情况。另外,由于不存在中心化的服务器,黑客无从攻击,也不会出现档案数据被盗取的情况,可以完全实现电子档案数据的安全存储。

10.2.1 区块链电子档案系统设计案例

在实际业务探索过程中,中国科学技术大学的赵哲根据"高内聚,低耦合"的设计原则,将系统分为档案管理子系统、基于区块链技术的档案保护模块、基于 Zabbix 的系统监控平台三部分。其中档案管理子系统用于实现基于区块链档案管理系统的业务功能,基于区块链技术的档案保护模块用于实现区块链数据的存储、读取和追溯;系统监控平台用于保障整个系统的服务器、数据库、分布式区块链和 IPFS 节点的稳定运行,每个子系统的功能相对独立,各司其职,通过网络连接进行数据交互。

1. 档案管理子系统功能需求分析

(1)档案管理与检索。

档案管理子系统需要实现档案的管理操作,包括档案的录入、修改和借阅等操作。管理员在录入和修改档案信息后,系统后台需要通过 RESTful(Representational State Transfer,表征性状态转移)接口调用数据并存储在区块链上,实现对数字档案的保护。档案的所有修改和借阅日志都需要通过 RESTful 接口存储在区块链上,实现对操作日志的保护。档案管理子系统还需要实现档案的检索操作,包括本地数据库检索和区块链数据保护子系统检索两部分,并对只存在于区块链保护子系统中的档案信息进行突出显示。对于查询到的具体档案,还需要实现用户对本地档案数据的验证和区块链上档案数据的查看等功能。

(2)权限控制与用户管理。

档案管理子系统需要对用户进行基于角色的权限控制,默认角色包括普通用户、黑名单用户、档案管理员和系统管理员。其中普通用户能够查询和查看档案,还能够对具体的档案执行借阅和验证操作。档案管理员具有完整的档案管理权限,能够完成档案的录入、修改和查询工作,还要能够审核普通用户的注册申请和档案借阅申请。系统管理员用户还能够进行系统相关设置,并对用户进行管理。

2. 区块链数据保护子系统功能需求分析

（1）档案保护与验证。

区块链数据保护子系统需要实现档案的保护、验证、历史追溯与恢复等功能，其中档案保护是指将档案附件和属性信息加密存储到IPFS，并将档案摘要信息存储到区块链的过程；档案验证包括公有区块链对私有区块链的验证、私有区块链对IPFS中存储的档案对象的验证和档案对象对档案馆管理系统数据库中的档案数据的验证三部分；档案历史追溯包括数字档案修改记录和借阅记录的追溯和档案历史版本的追溯；档案恢复是指在档案验证发送异常后，还能够在一定程度上对档案信息进行数据恢复的过程，包括私有区块链信息的恢复、IPFS中的档案数据恢复和档案管理系统中的数据恢复三部分。

（2）RESTful接口服务。

区块链数据保护子系统需要能够通过Web服务器的RESTful接口对外提供调用服务。电子档案数据对安全性要求很高，因此RESTful接口传输的档案数据都需要进行加密并计算数字签名，然后使用安全性更高的HTTPS协议进行数据传输，以保证档案数据在传输过程中不能被非法获取。RESTful接口可以分为写入接口和读取接口两部分，服务器以json对象的形式返回操作结果。为避免受到攻击，所有的RESTful接口的HTTP请求都应被设置为仅一次有效。

3. 系统监控平台功能需求分析

（1）服务器和应用程序监控。

系统监控平台为档案管理子系统和区块链数据保护子系统提供了全方位的系统监控服务，主要包括服务器状态监控和应用程序错误监控。服务器状态监控包括CPU、内存、硬盘等主机硬件指标的监控及IIS、Nginx等Web服务器和区块链节点运行状态的监控。应用程序错误监控则通过错误收集接口处理程序在运行中发生的异常和错误情况。

（2）稳定性保障和告警通知。

系统监控平台除了需要对档案管理和区块链数据保护子系统的软硬件进行监控之外，还应该具有Zabbix自身的稳定性保障机制，避免Zabbix监控主机发生单点故障。除了 Zabbix 监控框架本身具有的 Zabbix Server 和 Zabbix Agent 程序,还需要开发运行在 Zabbix 监控主机和被监控目标主机上的服务自检程序,定时检查 Zabbix Server 和 Zabbix Agent 程序的运行状态,并在程序异常退出时能够自动启动该程序。此外,还需要在其他主机上部署 Zabbix Server 的外部监控程序,用于在 Zabbix Server 监控主机发生异常时,发送告警通知,进一步保障监控系统自身的稳定性。在检测到相关指标超过阈值或收到应用程序运行中的警告和报错时,平台需要能够通过短信、邮件等多种方式通知相关人员进行处理。

10.2.2 系统整体架构设计

基于区块链的档案管理系统由档案管理子系统、区块链数据保护子系统和系统监控平台三部分组成,如图 10-1 所示;各模块分工明确,通过网络调用进行数据交互,在提供档案管理功能的同时,又能够保障系统的稳定性和档案数据的真实性。

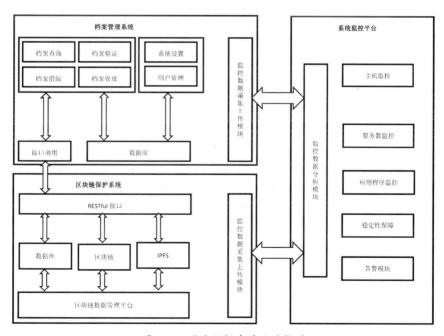

图 10-1 区块链档案系统结构图

档案管理子系统是整个基于区块链的档案管理系统的入口,通过该系统普通用户可以对档案进行查询、验证和借阅操作,档案管理员可以对用户和档案进行管理操作。档案的新增、更新、借阅操作的相关信息不仅会存储到本地数据库中,而且会通过 RESTful 接口调用的方式同步到区块链数据保护子系统。档案的查询操作既能够查询本地数据库,又能够通过 RESTful 接口查询区块链数据保护子系统中档案的信息。档案的验证操作是将本地数据库的档案信息通过 RESTful 接口发送到区块链数据保护子系统进行数据比对分析的过程。区块链数据保护子系统的数据存储分为区块链、IPFS（InterPlanetary File System，星际文件系统）和数据库三部分,其中数据库只存储档案的最新信息,用于档案的模糊查询;IPFS 保存了电子档案每个历史版本的附件和属性信息;而区块链上保存了电子档案每个历史版本的数字指纹和 IPFS 地址。区块链数据保护子系统通过 RESTful 接口接收和处理来自档案管理子系统的请求。其中执行数据写入操作的 RESTful 接口包括档案的新增接口、修改接口和借阅接口。执行数据读取操作的 RESTful 接口包括档案模糊查找接口、档案精确查找接口、档案历史版本查看接口、档案修改和借阅日志查询接口。区块链数据管理平台提供了一种更加直观地查看区块链上档案信息的方式,用户可以通过该平台进行模糊查询,查看档案的当前信息、历史信息、修改和借阅日志等操作,还可以查看档案的统计数据,查看和重置 RESTful 接口的相关密钥。

系统监控平台用于监测档案管理子系统、区块链数据保护子系统相关的服务器主机和应用程序的运行状态,包括档案管理子系统的 IIS 服务器、MySQL 数据库、档案管理子系统网站和区块链数据保护子系统的 RESTful 接口服务器、区块链和 IPFS 节点客户端程序。Zabbix Agent 客户端（监控数据采集上传模块）运行在被监控的档案管理子系统和区块链数据保护子系统的所有服务器主机上,Zabbix Agent 可以收集该服务器主机的性能参数及应用程序的运行情况,并将收集到的数据定时发送到 Zabbix Server（监控数据收集分析模块）。Zabbix Server 服务器运行在系统监控平台,在获取到 Zabbix Agent 上传的数据后会将其存储到 MySQL 数据库,并在达到监控阈值时自动触发告警操作。应用程序监控不仅能够监测程序的运行状态,而且能记录和处理在程序执行过程中出现的连接超时、数据写入失败、内存不足等异常情况,并根据异常的等级进行告警处理。

10.3 公安领域应用

公安行业信息化主要是依托于"金盾工程"展开的。1998年公安部提出建设"金盾工程",即公安通信网络与计算机信息系统建设工程。"金盾工程"是全国公安信息化建设的基础工程,分为全国公安通信网络和全国公安应用系统两大部分。全国公安通信网络由公安专用计算机网络、公安专用电话网络和公安专用移动无线通信网络三部分内容组成,全国公安应用系统由全国公安信息系统、全国公安保密电视会议系统和全国公共信息网络安全监控中心三部分内容组成。现已建成人口信息系统、全国公安快速查询综合信息（CCIC）系统、车辆管理系统和出入境信息系统等数据库。经过多年的发展,各部门的单机、单项应用得到长足发展,积累了大量的基础信息和数据,建设规模和应用水平不断提高。但是,网络化应用、综合应用依然薄弱,跨地区、跨部门的信息共享远未实现,公安信息系统在实际应用中的作用并未充分发挥,还存在以下问题。

（1）信息共享程度较低。

公安信息的特点是种类多、互补性强、关联关系较复杂。目前各业务应用系统大多处于独立运作、数据独立存放状态,信息系统网络化和集成化程度低。业务部门之间甚至业务部门内部由于信息不能共享,造成资源的浪费和数据的不一致性,规模效益不高,不能满足公安执法工作对信息支持的要求。业务信息系统间普遍存在信息交叉采集、重复录入的情况,造成警力和资金浪费。

（2）信息准确性难以保证。

公安领域的现有数据库建设大多是基础数据的建设,对信息的准确性要求高,如人口信息系统、身份证信息系统、违法犯罪人员信息系统、在逃人员信息系统和禁毒信息系统等,要求信息必须准确,并且能够作为司法依据。但是目前身份信息错误、一个人存在多重身份和案底信息不准确等问题广泛存在,由于人为或失误导致的信息错误几乎不可避免。

（3）信息安全机制不健全。

由于公安系统一直采用专线通信、业务信息化程度较低等原因,在网络和信息安全管理方面的基础非常薄弱，整体上没有建立成熟的安全结构，管理上缺乏安全标准和规范，应用中缺乏实践经验，导致信息的丢失和泄露在实践中难以避免。

10.3.1 区块链技术在公安领域的应用探索

区块链技术已在多个领域探索了应用，在公安领域也将有广泛的应用前景，主要表现在以下几个方面。

（1）去中心化解决公安信息共享问题。

目前，公安领域信息系统建设各自为政，信息共享严重不足，区块链技术去中心化的解决方案能够将公安领域不同数据资源集成到一个区块链中，再通过数据加密哈希算法解决数据共享后的权限问题。

具体的应用包括整合人口信息系统、CCIC系统、车辆管理系统和出入境信息系统等公安基础数据库资源，实现信息资源共享；对警用装备从立项论证、研制生产、交付服役到退役报废全寿命周期进行管理，实现设计、制造、使用、维护等多部门在同一平台上的管理等。以区块链应用于警用装备全寿命管理为例，如果引入区块链技术可以使上级主管部门、装备管理部门和装备使用方，甚至装备生产厂家都参与到装备战技状态的更新与维护环节中，形成一个全监督的警用装备档案登记网络，各方均保存一个完整的档案副本，可以有效提高警用装备档案的安全性、便利性、可信度和监督力度。

（2）开创性解决公安信息信任风险问题。

由于区块链技术具有开源、透明的特性，系统的参与者都能够知晓系统的运行规则。在区块链技术下，由于每个数据节点都可以验证信息的内容和构造历史的真实性和完整性，能确保数据历史是可靠的、没有被篡改的，这相当于提高了系统的可追责性，降低了系统的信任风险。

将区块链技术应用到公安领域，特别是全国犯罪信息中心、刑侦信息系统、监营人员信息系统、禁毒人员信息系统、办公厅管理信息系统、人口管理信息系统、出入境管理信息系统和交通管理信息系统等基础信息的维护中，能够确保原始信息的准确性，能够记录信息修改的全部过程，能够高效防止信息被人为恶意篡改，杜绝通过"走关系"的行为修改基础重要数据，提升公安信息的可信程度。其他的应用还包括解决公安人力资源信息造假问题，通过区块链记录每个干部的任职履历，形成无法篡改的个人电子档案，从技术上彻底解决传统干部管理系统存在的问题和积弊；将区块链应用于警用通信领域，有效避免警用人员通信信息被不法分子获取、窃听及截获；用于公安科技成果的知识产权保护领域，通过类似比特币的运作方式对公安科技成果数字版权文件进行认证，让版权信息能够和具体文件绑定，并将数字资产所有权登记在基于区块链技术的公共账本上，被全网络验证并记录，以备产生产权纠纷时可追溯微数字版权交易的历史，确认数字文件的所有权归属等。

（3）自治性和不可篡改解决公安信息数据安全问题。

区块链技术天生就是安全的数据保护方案，可以通过多签名私钥和加密技术来防止数据的泄露。当数据被哈希后放置在区块链上，使用多签名技术，就能够让那些获得授权的人们对数据进行访问，在某些情况下，还可以设定需要3个人中的2个人授权才可以进行访问或更复杂的访问规则。数据的丢失备份更不是区块链需要考虑的问题，因为每个节点中都储存着完整的数据备份，相当于有多少节点就有多少份备份，即使数据丢失也可以从其他备份中恢复过来。

区块链的安全性基本上可以应用在公安的所有领域，特别是在对身份信息、犯罪信息和出入境信息等关键并且敏感的信息的管理中，既能确保信息安全，又能保障信息的正常使用。以区块链技术应用在身份识别系统为例，通过程序将加密身份数据写入区块链，将整个记录存入区块链，并加以时间标记，可以高效证明"你是你"之类的问题，这是一种低成本、极其灵活的身份标识发行和验证程序。

区块链技术在公安领域的应用前景非常广阔，能够解决公安领域信息共享、信任问题和数据安全等多个问题，但是区块链技术也有不足的地方，如区块链性能问题还有待突破，目前难以支持数据量人的运算；区块链突破了中心服务器存储数据的传统模式，公有链上的隐私数据有待加强保护等问题。所以，不能盲目在公安领域推行区块链技术，要根据公安业务的实际需求和技术需要，充分利用区块链的优势，避开区块链的缺点。

10.3.2 公安区块链系统设计案例

将全国的公安信息系统部署为一个由 N 个区块构成的区块链系统，整个区块链系统存储有全国公安系统的所有档案资料；将区块链系统的每个区块视为一个节点，对每个节点设置相应的操作权限；在区块链系统的每个节点进行操作，操作记录会被区块链系统记录下来，进行备份；同时，每一个节点的操作记录会及时地广播给其他所有节点，由其他所有节点对操作记录进行备份。

基于区块链的公安系统档案管理方法，当所述区块链系统的某个节点上对已建档案进行数据修改，该节点将修改数据广播给其他所有节点进行认证，当该节点收到一定数量的节点共识认证的认证通过信息，该节点将对修改记录进行记录存储，同时将修改记录信息广播给其他节点。区块链系统每个节点的操作包括对过往的数据档案进行修订、补充材料、调档、借阅等的任意一种或两种以上操作。操作记录包含数据档案的数据内容、操作人员、操作时间、操作地点和操作设备等。每个节点为一个城市公安部门的档案数据或地区公安部门的档案数据，这里需要说明的是，可以根据实际应用需求，将节点设置为每个省的公安部门的档案数据，或每个市的公安部门的档案数据。

另外，还包括所述区块链系统的每个节点对自身故障进行判断，若某个节点判断出自身故障，并发送故障信息至其他节点；其他节点接收该节点的故障信息，并提取该节点发送并存储的信息发送至该节点。若每个省市的公安系统都分别将各自的档案部署在区块链系统上，通过区块链系统不仅能实现数据共享，而且数据的操作记录也会同时被记录和共享，具有如下有益效果。

（1）因为某个节点故障导致数据损失，可以从其他节点进行信息恢复，避免因为意外（操作不当、技术故障、病毒、黑客攻击等）造成的数据损失。

（2）在所述区块链系统的某个节点上对已建档案进行数据修改，该节点将修改数据广播给其他所有节点进行认证，当该节点收到一定数量节点的共识认证通过信息，就对该节点的修改记录进行记录存储，同时将修改记录信息广播给其他节点。由于每次动作都是有记录的,其中的一些欺诈、不安全行为的犯罪成本会极大提升,可以避免人为进行的恶意操作风险。

(3)公安系统档案管理方法中,每个节点拥有权限的用户都可以查看到所属节点以外的其他节点的数据信息,实现数据共享功能,打破信息孤岛,如图10-2所示。

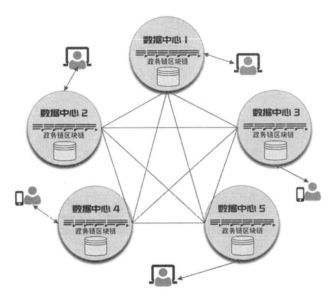

图 10-2 分布式数据中心图

10.4 政务办公应用

政府机构在信息技术的支撑下,实现日常办公、信息收集与发布、公共管理等工作数字化管理、网络化管理,如政府办公自动化、政府实时信息发布、公民网上查询政府信息、电子化民意调查和社会经济统计等。"互联网政务服务"已经成为电子政务建设和发展的趋势。随着区块链技术的发展,"区块链政务服务"的电子政务服务模式开始逐步得到应用,"区块链政务服务"以区块链和大数据为重要抓手,解决了数据开放共享所伴生的信息安全问题,消除了社会大众对隐私泄露的担忧,在提高政府治理能力的同时,确保公民的个人数据不被滥用、公民的合法利益得到保障,每个人都能掌握自己的信息所有权,能够实现在发展的同时保证安全。

10.4.1 公民身份认证

公民身份认证需要通过国家权威部门来进行核对和认定，个人平时主要通过居民身份证和社保卡等来确认个人身份，例如，在办理银行、证券、电信、医疗、教育等涉及个人业务的事项时，需要出示身份证件证明个人身份。但在办理电子商务等网上业务时，验证个人身份存在一定的困难，这也导致了各类诈骗事件频发。

而区块链建立在互联网基础上，任何接入互联网的端口均可接入区块链，任何证件、实物或无形资产、私人记录、证明，甚至公共记录都可迁移到区块链上，形成"数字身份证"。依赖于可靠、不可篡改的数据库，区块链将彻底改变人们的身份、资产等相关信息的登记与验证方式，各类数据信息和社会活动将不再依靠第三方个人或机构来获得信任或建立信用，全网的多方验证形成了数据信息的"自证明"模式，而不再依赖于第三方机构管理和提供的数据信息。

区块链运用于数字身份认证会产生若干颠覆性的影响。由于区块链具有去中心化管理信任与分散性的本质，因此个人身份不受任何机构的控制。而且在区块链的运作下，没有人可以改变任何一项记录，只能追加新的记录，因此身份具不可改变性。在身份认证区块链系统记录个人身份后，电子商务、网上客户等业务需要验证个人身份时，可以直接通过区块链系统和个人记录的信息核对，这样更加方便、快捷和安全。

10.4.2 公民和机构的诚信管理

诚信是社会和谐发展的基石，个人和机构进行商业往来、借贷等业务时，如果没有诚信则寸步难行。由于社会各行各业的信息存在信息孤岛现象，一些公民和机构在某些事物上的不守信情况被登记在具体的业务管理系统里，如银行征信系统、旅游管理系统等。目前还没有一个窗口能够查到公民或机构的全部诚信信息。而如果引入区块链技术，在区块链系统登记个人信息的同时，也会把个人的征信情况记录下来，这些信息在网络上对所有端口开放，在办理涉及个人的商业往来、借贷等业务时，通过区块链系统可以随时查询到个人和机构的全部诚信记录，从而避免许多纠纷事件的产生，促进社会和谐发展。

10.4.3 政务信息公开

政府的主要职能在于经济管理、市场监管、社会管理和公共服务。而电子政务就是要将这四大职能电子化、网络化，利用信息技术对政府进行信息化改造。通过电子政务，政府可以将社会公众关注的事项及时公开，接受社会公众的监督。由于区块链技术能够保证信息的透明性和不可更改性，有助于加强社会公众对政府公开信息的信任，对政府信息公开的落实有很大作用。如在土地登记方面，使用区块链记录将能保证完整的土地流转信息，包括登记土地的位置、大小、权属和交易记录等。例如，车辆交通违章，一旦违章信息登记入区块链系统，则违章的车牌号、违章时间、违章地点和违章处罚等一直记录在区块链上，不会因为任何人员的干预而被人为删除，保证了交通管理制度对所有人的威慑力。

10.4.4 政务区块链案例

在探索区块链等新技术的应用方面，广东省佛山市禅城区人民政府以建设现代治理体系为核心，打造了"营造共建共治共享社会治理格局"的"禅城样本"。

2017年6月，禅城区政府在"一门式"政务服务改革的基础上，发布了全国首个区块链政务应用——智信城市，构建真实信用体系。"智信城市"以区块链技术为基础平台，通过横向打通个人及组织的"条数据"，形成跨平台、跨部门、跨地区、开放共享、真实可信的"城市块数据"，实现城市数据的互联互用和信用的互通互认，如图10-3所示。

禅城区尝试"一门式"政务改革，由于其领先优势和良好的大数据基础，打造了全国首家基于区块链的电子政务服务平台。禅城区块链+IMI身份认证依托于区块链底层技术，并基于可信数据空间构建真实的自然人和法人信息。具体而言，IMI以实名认证为基础，将身份控制权从中心服务器移交给个人，利用区块链安全、可溯源、不可篡改的技术特点，解决虚拟世界人员真实身份的确认问题。

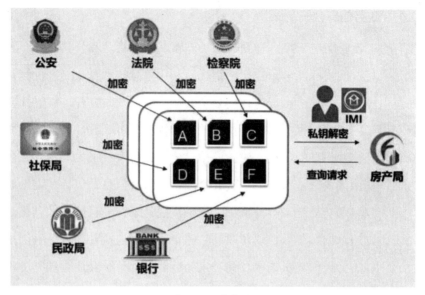

图 10-3 政务链

在政务应用领域中，对于旨在实现基于区块链技术，向公民提供政务服务和政府各部门业务自动化机制的电子政务数字生态系统，理想的模式是将国家政务所有领域结合在一起，形成一个共有的信息空间。目前，数字广东已经在做比较领先的体系，例如，广东"数字政府"改革建设的阶段性成果、全国首个集成民生服务微信小程序"粤省事"及同名公众号已正式上线发布。其中，"粤省事"首批已上线服务142项，涉及驾驶证、行驶证、出入境证件、残疾人证等八大类证件服务，多项业务已实现指尖办理；交通查缴、人社、医疗等用户量最大的刚性需求服务，都在"粤省事"移动民生服务平台——得以实现，给广大民众带来了极大的方便。

IMI 区块链架构

在 IMI 项目中，数字身份控制权是可以恢复的，个人可以通过使用区块链私钥的方式获取数字身份的控制权，在这个高度集中的架构设计中，可以通过数字身份恢复机制更新私钥，并以新的私钥重新获取数字身份的控制权。这种模式与现在的区块链模式有比较大的区别，但对于政务应用来说，这种设计变化是可以理解的。在这个设计体系下，只有本人可以在自己的个人数字空间保存相关的个人数据，对个人的隐私数据进行加密，换句话来说，可以通过这种方式建立可信任的个人数字空间，如图10-4所示。

概括来说，区块链IMI平台身份认证主要可以实现以下内容。

（1）"我是我"信用身份认证体系。

（2）"我的数据我做主"个人数字空间。

（3）"自信+他信"信用体系。

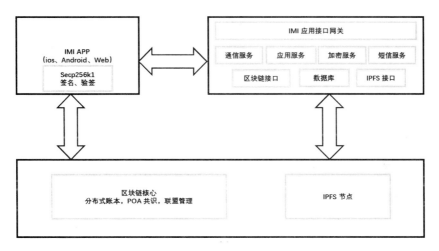

图 10-4 政务结构图

禅城区政府规划了一门式三步走战略，实现简证放权，在一个窗口审批所有事项。一门式综合信息平台通过积累群众和企业的办事记录500多万件，将计生、流管、残联、人社和法院等部门近700万条数据和600万份材料进行整理后，建立了自然人库和法人库。

在工作机构体系上实现了"一局一中心一公司"的大数据工作架构。其中，一局是指数据统筹局，负责整体统筹决策；一中心是指大数据应用服务中心，负责具体执行；一公司是指数据产业化公司，负责全区系统的维护和数据的市场化应用运作。

在以上基础上，禅城正在积极创建"广东省大数据综合实验区"，如图10-5所示。

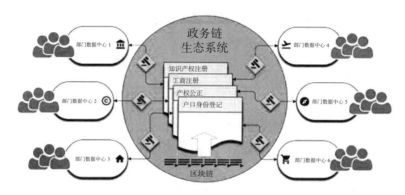

图 10-5 政务数据图

从技术上说，政务链数字生态系统是一个点对点网络，其节点是数据中心，每个都包含完整的区块链数据。这些节点依次以极短的周期生成区块，单一节点便可维持其生态系统的效率，其余节点则可确保网络的不间断运行，并防止未经授权的数据篡改。

10.5 区块链医疗

随着社会对去中心化的认证技术及安全性的要求不断提高，区块链技术正在逐步应用于金融、保险、网络安全和能源等相关领域。我国当前存在严重的医疗资源匮乏、医资分配不均、医疗保障制度不健全等问题，群众就医困难、就医费用高昂、医疗索赔低效等问题层出不穷。随着区块链技术的不断发展成熟，越来越多的创业公司也抓住机遇投身于此。医疗领域作为一个重大的行业应用场景，国内外各大企业、政府部门及投资机构等开始迅速布局区块链技术在医疗行业的应用。从整体来看，区块链技术在当前医疗领域的应用相当有限，区块链技术公司 Gem、飞利浦医疗等医疗企业在逐步摸索实践中。

在医疗卫生领域，由于数据交换的双方必须相互确认对方的身份，以保证交易记录的正确性、不可篡改性，因此需要有一个强有力的中心化机构提供服务。由于中心式存储易受攻击，电子病历等健康数据也易于查阅、检索和修改，容易导致患者隐私泄露等问题发生。此外，制售伪劣药也不容忽视。区块链的分布式存储、匿名交换数据及可回溯、不可篡改的特性很好地解决了上述问题。

将区块链技术应用于医疗卫生数据的管理，有如下优势。一是可分享数据，患者拥有对自身医疗数据的访问和复制权限，并且可以无障碍地将其传递给其他医疗机构和临床科研机构；二是可杜绝篡改，患者的医疗数据存储于区块链中，除非拥有整个区块链中超过51%的节点，否则医生、患者、保险公司和政府都无法修改任何医疗数据；三是可实时理赔，在医疗保险的理赔流程中减少了中间环节，减少了理赔的流程；四是可降低风险，因为医疗数据存储在分散的网络中，所以黑客无法通过攻击一个集中式的数据存储平台来获得海量的医疗数据；五是可保护隐私，区块链在存储了大量的健康、饮食、遗传、生活方式和环境等数据后，通过匿名的方式对以上数据进行保护，而且由于数据被加密后存储在区块链中，因此只能通过使用患者的个人密匙才能查看，即使网络被黑客们攻破，他们也无法读取患者的数据；六是可追溯来源，研究人员可以对患者的临床数据进行长期跟踪式研究，以确保实验数据的稳定性和长期性，并且能对药品、电子处方的来源进行追溯。

10.5.1 电子病历共享案例

以往电子病历的数据分散在各个医院，患者无法获得自己的诊疗记录，医生也无法详细了解患者的病史。采用区块链技术存储电子病历之后，患者可以主动地获取自己的就诊信息，如医生的诊断和各项检查指标。目前，将区块链技术应用于电子病历的管理是国际上一大研究热点。许多研究和项目（如 Healthcare Data Gateways、MedVault、Factom、BitHealth、Gem Health Network），一些知名公司（如德勤、IBM 和埃森哲）也在使用区块链技术存储医疗保健数据和电子病历。Factom 的技术首先将私人医疗数据进行加密编码，然后生成一个数据指纹以供时间标记和验证，这种方式可以确保实际医疗数据不会被泄露给第三方。PokitDok 公司在英特尔的开源区块链平台 Sawtooth 和 Intel 芯片的支持下，建立了一个叫"Dokchain"的医疗区块链解决方案；而飞利浦与 Tierion 公司合作了首个"区块链+医疗"项目，Tierion 主要负责收集数据并记录到区块链中，与飞利浦共同开发企业级的区块链医疗应用；区块链技术公司 Gem 则推出了 Gem Health 项目，并利用区块链技术建立一个数据记录和身份管理的公开标准。一个全球化的医疗健康区块链能够将每个患者的包含本地医院和医生的记录信息关联匹配一个 ID。基于区块链技术的通用医疗健康 ID

能够减少患者诊疗过程中的医疗错误并保护患者的隐私,有利于电子病历信息的共享。

10.5.2 医疗系统分级诊疗案例

国家卫生系统中的信息不仅包括医疗机构运营数据,而且包括居民健康及医疗就诊信息。我国卫生信息系统目前存在以下问题。

(1)信息不完整。首先是统计数量不完整,因部分居民并无电子健康档案,甚至也无纸质的健康档案;其次是统计时间不完整,因为居民一生在不同地区的不同机构进行健康档案登记,信息无法对接,导致数据断裂、不连续。

(2)信息不准确。由于历史上没有数据对接的通道,信息统计需要通过逐层上报、手工录入等进行层层统计,中间难免会出现人工统计造成的差错。同时,健康信息没有向居民端开放,其准确性难以核对。

(3)信息统计效率低。因统计需要逐级上报,费时费力,并涉及高额成本,包括人工成本、时间成本、资料储存成本等。

当区块链技术全面应用于卫生信息系统后,分级诊疗机制必将得到升级。居民无须再到大医院排队挂号,可在社区进行首诊,由最熟悉的家庭医生进行诊断治疗,所形成的检查和诊疗记录可在转诊后被大医院的专家查询以辅助其进行诊断。同时,家庭医生还可以查看该居民在大医院的检查和诊疗记录,把控其最新的健康状态,为其更新健康管理方案,从而形成真正意义上的联动分级诊疗机制,提高医疗服务效率。将区块链技术应用于卫生信息系统的第二个好处是可以建立完整的居民健康档案。对居民从出生开始便建立唯一、连续、全面的健康档案,有助于进行健康管理、医疗诊断,有助于提高整体居民的健康水平。将区块链技术应用于卫生信息系统还可以提高中国医疗医药行业的研发能力。这是因为它实现了卫生数据统计的实时性、完整性、准确性,可以提供给医生、专家、学者最优质的统计和研发数据,从而提高中国在医疗医药行业的研发能力,提升中国在医药医疗研发领域的世界地位。

10.5.3 基于区块链的中医云健康系统案例

成都中医药大学肖丽副教授在研究实践中提出,中医云健康平台可以通过各种简便的医疗仪器及终端采集个人信息、脉诊、舌诊和问诊,并将采集的个人医疗数据传送至云端服务器，进行存储和分析，而云端计算器可以把个人医疗信息编写成相关的电子报告，并反馈给用户，并为医生提供有效的监测手段和方法。

中医云健康系统完美地结合了中医"治未病，不治已病"的经典理论与现代云计算个性化、标准化、自动化的特点，可为用户量身打造高质量的中医健康管理服务，如图10-6所示。中医云健康系统主要面向社区医院和个人用户，并对各种慢性疾病，如高血脂、冠心病、高血压等疾病具有很好的预防疗效。中医云健康系统可以实现健康电子档案和中医电子病历系统等云计算应用平台的对接。中医云健康系统能够对个人及家庭的健康档案进行体征记录及有效管理，不仅能及时了解用户的生理健康，达到治未病的效果，还能够在线挂号、查询电子病历等。云健康系统主要分为用户终端、网络环境及云服务器3个部分，用户的个人信息在云服务器和用户终端之间传递、存储和共享，由于各种信息的使用范围不同，使部分关于个人隐私的信息（如患者医疗健康信息、医疗处方、治疗结果等健康信息）存在泄露和被篡改的风险。数据安全问题是系统面临的最大问题，采集了用户的数据后，云服务器将在海量数据中进行运算检索，计算机可能会由于数据冗杂而发生错乱，导致各种数据丢失。

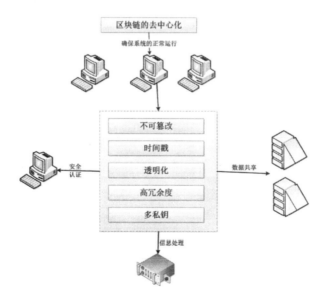

图 10-6 基于区块链的中医云健康系统

在中医云健康系统中，区块链技术去中心化的分布式特点可以轻松、有控制地实现患者个人健康数据的共享，不会因为某一个节点的损坏就导致整个系统瘫痪，其不可篡改性和时间戳的特性能够避免医疗纠纷的发生，进行任何修改都会有实时的记录。区块链技术的多私钥和高冗余度可以帮助研究人员、患者、医生解决目前的信息完全认证问题，以实现用户对各种医疗数据的访问。此外，基于区块链的分布式计算和存储，可以实现中医云健康数据库中用户的中医临床数据的抽取、挖掘、清洗及分析，以减少医生的信息处理工作，透明化的处理方式则可保证医疗数据存储的安全性。

第 11 章
区块链与智能物流

现代社会交通、物流行业发展势头很迅猛,但就技术、自动化、专业化和安全方面来说,依旧存在一些弊端,需要随着社会的进步和需求的变化不断完善和改进。党的十九大报告首次提出交通强国发展战略,货运物流作为我国交通强国建设的重要组成部分,推动货运物流行业发展和实现现代化交通强国的宏伟目标离不开新一代信息技术的综合应用。随着大数据、云计算、物联网和人工智能等新一代信息技术在人类生产生活中的不断应用和普及,区块链技术作为数字经济新技术的代表,引起了交通运输行业的广泛关注。

11.1 区块链供应链物流信息生态圈模型案例

供应链物流是由制造商、供应商、分销商、零售商和客户等多主体通过信息共享实现资源共享的多元化、多层次、多功能链式组织。区块链技术对供应链物流信息资源的分布式管理按照去中心化的思想，各主体之间平等地进行信息交换和储存并享有相同的权利和义务。区块链作为一种大规模的协作工具，通过"去中心化"和"共同信任"机制，有效解决了多主体信息共享和复杂交易的成本问题，奠定了其在供应链物流信息资源管理方面的基础。

安徽省社会科学创新发展课题"基于区块链的物流互联网共享创新研究"中指出：供应链管理的目的是满足一定服务水平条件下的系统成本最小化。传统的供应链管理是简单地将节点企业串联起来，形成一个链状的整体，而应用区块链可以为"由点及链到网"的供应链管理提供技术支撑。

点：对于节点企业，是将区块链技术嵌入企业内部物联网。物联网通过植入智能感知、识别技术和普适计算等实现信息互换和通信，以互联网为基础并延展的网络满足区块链技术的机制和运营要求。同时，物联网的分布式异构特征与区块链系统的分布式网络节点具备耦合关系，其网络设备在交互作用中的角色、行为和规则可支持区块链系统去中心化共识机制的建立和完善。

链：在由诸多节点企业组成的传统供应链中，各主体之间是"零和博弈"，彼此信息共享不完全，容易产生多次交易等问题。引入区块链技术可将节点企业间的"串联"关系转变为"并联"关系，从而降低因信任缺失产生的机会成本并提升主体之间的交易效率，解决供应链管理中的信息共享、协同合作、利益分配等问题。

网：供应链中各节点企业耦合区块链系统的去中心化与分布式并存的技术，可实现每笔交易的可持续性验证，按照时间序列在公共"区块"中构建一个唯一且不断延续的"链"，形成区块供应链，从而提高供应链管理效率，保证交易的唯一性、准确性和可溯源性。

数字时代的供应链企业通过信息网络实现物流、信息流和资金流的高效流动，物流和资金流构成供应链结构的基础，信息流构成供应链的"神经网络"，是各方联系的纽带。在物流方面，区块链技术和物流信息技术融合后，与比特币交易数据类似，任意信息均通过哈希运算生成相应的 Merkle 树并打包记入区块链，通过系统内共识节点的算力和非对称加密技术保证安全性，可大幅度提升物流系统的效率。在信息流方面，供应链运营产生的各类信息分散保存于各个环节的系统内，导致信息流缺乏透明度和可溯源性。引入区块链技术可使各主体准确掌握数据信息，在区块供应链上形成流畅透明的信息流，及时发现并解决运营过程中存在的问题。同时，加盖时间戳的区块链数据信息能解决供应链体系（见图 11-1）内各参与主体之间的纠纷，追溯供应链内产品流转存在的各类问题。

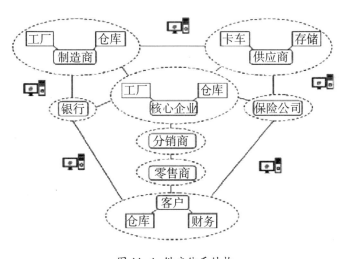

图 11-1 供应体系结构

在资金流方面，应用区块链技术可减少财务部门间的对账成本及争议解决的成本，提高支付业务的处理速度及效率，这在跨境支付领域的作用尤其明显。区块供应链中的安全数据库技术可保证各节点间每笔交易数据被真实录入且不可篡改，数据交互可匿名且无须相互信任，可有效避免信任主体的违规行为。同时，区块链技术没有中央支付清算机构，节点间可直接进行信息交互，任一节点损坏均不会影响全网运行，可提高业务连续性和交易效率。

基于区块链的供应链物流信息生态圈模型，实现信息流在从供应链物流系统的建立到功能发挥的全过程中居于主导地位，具有信息量大、时效性强、主观性影响大、信息化水平要求高等特点。供应链物流的各节点企业之间的信息资源生成、传递、存储、开发、利用和处置活动形成信息流程，其信息资源主体是各节点企业。信息生态圈是信息活动中的信息供应者、信息传递者、信息消费者和信息分解者4类信息主体进行信息流转的链式依存关系。因此，需要综合供应链物流信息生态圈，供应链物流信息生态圈是指依附于供应链物流实体环境中的、由信息交互关系将各种信息主体连接为一体的链式依存关系。在供应链物流信息生态圈中，各信息主体既有明确的角色界限又相互依存和转化。其中，客户与供应商扮演着信息生成者的角色，是一次信息流的起点，主要发布需求信息和供应信息；客户与上游供应商扮演信息利用者的角色，是信息流的终点，如主动搜寻以获得供需信息；电子化的商务交易平台扮演信息传播者的角色，传输和分享各类信息，是供应链物流信息的传递通道；所有的信息主体均发挥信息分解者的功能，其作用是整理和分解供应链物流系统中过期、零散或虚假的信息，营造供应链物流信息生态圈的良好环境，保障信息生态平衡。

信息主体除了主体之间的信息交互外，还时刻受到信息内外环境的影响，特别是与外部环境的交流，使供应链物流信息系统面临一系列安全问题。对此，考虑区块链去中心化的本质，人们将区块链作为供应链物流信息生态圈的底层。这样在数据层，系统节点链接成网状结构，形成冗余的数据通路，即使攻击者阻断网络拓扑结构中的部分数据通路，信息仍然可通过其他数据通路进行传输。在网络层，只有获得授权的节点能得到其他节点和传感器的公钥，攻击者没有公钥将无法解密网络传输的数据信息。在共识层，每个传感器拥有自己的私钥，每次向全网分发数据信息时，在数据包末尾添加用私钥加密的数字签名，增加攻击者伪造传感器数据欺骗网络中其他节点的难度。在应用层，区块链系统中所有用户的个人信息具有绝对隐私权，杜绝隐私泄露。可见，基于区块链的供应链物流信息生态圈具有抗攻击性、数据保密性、自我修复韧性和运行生态化等特点，可促使供应链信息生态圈的发生、形成和稳定，乃至实现供应链物流信息生态和谐。

11.2 用区块链构建物流信息化体系案例

我国物流行业普遍存在物流管理粗放、浪费严重的问题，原因主要是运输分散和智能化水平低。物流企业的经营模式多为传统的单车货物运输，管理手段简单，货源组织能力差，数量很多，但是规模较小，在基础设施、节点网络、服务保障方面还不能满足需求企业的要求，能提供的综合性全程服务还不足总体需求的5%，市场主体"小、散、乱"现象突出，难以形成规模效益，抗风险能力较差。

近年来，物流企业开始引入信息化来优化产业结构，大型物流企业与供应链管理服务企业内部的物流信息化基本完成，整合资源的无车承运人也应运而生。国家交通部在各省大力推行无车承运人试点建设，旨在通过无车承运人方式实现不同企业之间的信息共享，从而实现上下游业务协同，资源跨区共享，降低物流成本，提高效益。但是由于企业间缺乏信任，不愿共享数据，目前无车承运人大都做成了第三方物流，反而成了第三方物流企业的竞争对手，根本无法共享资源与业务协同，物流信息化发展由此遇到了"瓶颈"。

物流信息化的风向标逐步从企业内部走向企业之间。货拉拉与运满满等平台企业得到迅猛发展，他们解决了各企业之间车货信息共享的问题。若企业内部系统是物流信息化1.0，货拉拉等企业平台则相当于物流信息化2.0，那么物流信息化3.0要解决的就是车货资源安全共享及业务协同问题：如何让企业相信平台共享的车货信息是安全可靠的？如何快速匹配车货资源需求？如何监控物流过程质量？如何促进企业业务协同，提高物流效率？

针对以上问题，紫云股份负责人提出基于区块链构建新一代物流信息化体系，将物流信息安全共享、规模化车货资源匹配、物流过程全程追溯可控及跨区域业务协同完美融合在一起。新一代物流信息化体系将基于区块链开放共识、去中心化、不可篡改、可追溯等可信机制构筑企业资源共享、业务协同的平台。

11.2.1 基于区块链建立"一物一码"可信供应链服务体系

成立全国赋码平台运营中心，将商务部标准赋码体系应用于追溯领域。平台基于区块链的分布式账本实现不同物流信息平台的共享，同时通过标准产品赋码体系建立"一物一码、物码同追"的追溯链条，将产品流通过程展示给企业，从而构建可信供应链服务体系，满足企业物流监管需要。

11.2.2 建立区块链行业共信服务体系

基于区块链搭建平台组建全国联盟链。企业可以随时上链，通过统一业务规则、接口程序将自身业务数据上传或将自身业务系统对接到统一的区块链平台上，平台对企业提供统一的公共服务。这一架构大大简化了行业信息资源整合 IT 架构，同时平台数据可追溯、不可篡改，可以确保商业机密不被泄露，保证上下游企业交易可信度，为快速建立行业共信服务体系提供有力保障。

11.2.3 构建新一代区块链物流信息化平台

基于区块链可信服务体系可快速构建安全可信的供应链合作伙伴关系，加快企业车货资源及物流信息资源汇聚进度，从而实现规模化物流服务。新一代物流信息化平台利用车货配载匹配算法，可以将上游大规模订单与下游运力资源智能匹配，进行最大限度的集约化运输与仓储，从而降低物流成本。同时通过供应链上下游智能协同，完成高效交易，可降低整个供应链服务损耗成本。企业通过平台公共服务，也可在线查看物流运输过程中的车辆定位、运行轨迹、温湿度数据等信息，可实现物流运输质量细节管控。图 11-2 为基于区块链平台提供的可信物流体系的部分服务功能界面，将功能界面依次介绍如下。

（1）货主在线发布需求，平台为其匹配资源后提供在线支付功能。

（2）双方达成协议确认订单后，货主和司机可以分别在各自的 APP 页面利用电子签章签订在线运输合同、在线支付运输费用或代收货款。

（3）货主、物流企业及其他监管者可以在线监控运输过程中的温湿度情况及车辆运行轨迹。

（4）扫码追溯可查看货运物品的详细信息及在区块链上的 HASH 值。

图 11-2 物流区块链产品示意图（资料来源于罗建辉先生相关网络文档）

（5）可分别查看货运物品在生产加工过程、流通过程、终端销售时的详细信息，以及信息存储在区块链上对应的 HASH 值。

11.3 区块链技术构建中欧跨境电子商务生态圈案例

多年来，欧盟一直都是我国重要的出口市场和主要的进口来源地，我国与之始终保持着密切的贸易关系。然而，受中国与欧盟贸易市场环境与结构差异影响，中欧跨境电子商务发展略显滞后，构建和谐、统一的贸易生态环境成为推动中欧跨境电子商务顺利开展的迫切需要。

中国和欧盟的贸易市场环境和贸易市场结构存在差异，为顺利开展跨境电子商务，必须建立和谐、统一的贸易生态环境。区块链作为一种先进的协同技术，可以借助去中心化、去信任和共识等机制有效解决中欧跨境电子商务贸易中存在的差异，为构建协同合作的中欧跨境电子商务生态圈奠定基础。张衍斌博士构思了由跨境电子商务综合服务平台体系、信用风险管理体系、供应链智能体系、跨境物流体系、海关监管体系五大体系组成的基于区块链的中欧跨境电子商务生态圈，如图 11-3 所示。

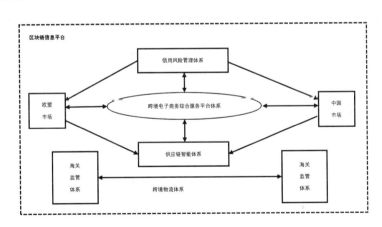

图 11-3 基于区块链的中欧跨境电子商务生态圈

在该生态圈中，区块链技术被内置于五大体系的底层，借助区块链技术特征支撑五大体系协同运转。综合服务平台体系需要通过区块链基础数据存储平台建立与信用风险管理体系、供应链智能体系、跨境物流体系的数据信息对接。中欧双方海关部门根据跨境物流体系内部区块链存储的数据进行有效的货物监管和贸易追踪。综合服务平台可将区块链存储的客户与商家交易信息随时随地提供给海关监管部门。

11.3.1 当前跨境电子商务综合服务存在的问题与区块链解决方案

当前，中欧跨境电子商务贸易主要通过阿里巴巴、亚马逊等知名电商平台进行。不过，精明的欧洲消费者依然对中国产品的质量、在线支付的安全性、网上商品评价的真实性等一系列问题存在顾虑。以欧洲第三大电商市场、素有"退货王"之称的德国消费者为例，他们与生俱来的严谨性充分体现在了网购上，他们始终在抱怨如今的跨境电商平台存在夸大宣传、客户信息泄露、商家信息造假等诸多问题，加之近几年中国市场恶意刷单等负面信息的传播，更使欧洲消费者对跨境网购显得忧心忡忡。

要解决上述问题，首先，可以创建区块链基础数据存储平台，形成去中介化、防篡改、可追溯的大数据平台。平台内部严格存储商品信息，做好与供应链体系的对接，使客户可以通过数据接口查询到商品质量、品牌认证、售后服务等信息；并增强用户体验，按照消费者所在地对客户进行分区，及时收集客户有关商品的使用信息，向潜在消费者提供身边人群的购物和消费体验，以真实数据取代传统广告。其次，借助区块链共识机制，确保网络支付的安全性，建立以第三方消费者取代中介的支付认证体系，让具有同等地位的客户甚至身边的人充当监督者，使支付者具有更高的安全感，同时采用区块链非对称加密技术充分保护消费者个人隐私，使之在轻松愉快的环境下消费。最后，尝试建立去中心化的交易平台。这类平台有别于当前的电子商务平台（如 OpenBazaar 2.0 等），通过去中介达到去除第三方管理运营成本的目的，真正实现点对点购物模式。这种模式的优点在于，既可避免因某一国电商公司充当双方贸易的管理者而在文化、法律法规、地域保护等方面产生主观偏差，又可通过区块链共识机制衍生出所有消费者共同管理、共同监督的模式，从根本上实现交易成本的最小化，增加客户福利。基于区块链的跨境电子商务综合服务平台体系，如图 11-4 所示。

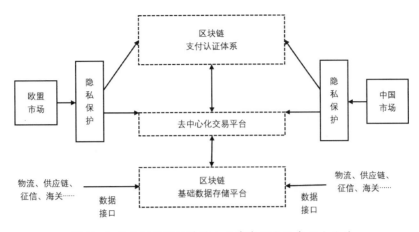

图 11-4 基于区块链的跨境电子商务综合服务平台体系

11.3.2 基于区块链的信用风险管理体系

信用危机一直困扰着我国的电子商务市场。尽管我国政府与企业始终都在着力完善电子商务信用风险管理体系，但受国内市场大而散、中小企业生命周期短等特点的影响，收效甚微。而与之形成鲜明对比的欧洲信用风险管理体系则以高效、透明、严格、全面著称，能够切实保护好个人隐私。中欧双方信用风险管理水平的差异严重影响了中欧跨境电子商务的发展。为更好地解决信用问题，可摒弃传统做法，从技术层面引入区块链共识机制，构建中欧跨境电商信用风险协同管理体系。

基于区块链的信用风险管理解决方案，首先，创建区块链信用数据存储子库，并将之内置于区块链基础数据存储平台，该子库是一个开放共享、无法伪造篡改和可追溯的数据库系统。其次，建立跨境征信平台，借助区块链共识机制客观征集商家、客户信用信息。再次，创立基于智能合约技术的信用评级机构，将中欧双方公认的行业规范、质量标准、产品规格等写入代码指令，界定商家信用级别。最后，建立公共信用服务中心，完成信用查询、信用担保、信用监管和信用保障等一系列辅助与协调工作。基于区块链的信用风险管理体系，如图 11-5 所示。

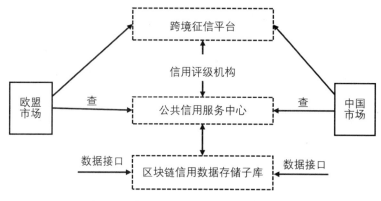

图 11-5 基于区块链的信用风险管理体系

11.3.3 区块链供应链智能体系

跨境电商供应链的发展明显滞后于跨境电子商务的整体发展。与欧洲供应商相比，尽管我国企业生命周期往往较短，缺乏历史沉淀，品牌效应不强，供应链管理不够规范。我国的低价供应尚能在国内占据一席之地，却很难在欧洲供应链高度完善的情况下实现可持续发展。当前，中欧跨境供应链依然停留在供应阶段，并没有真正达到供应链中"链"的层次。供应链的信息化、品牌化、高效化、服务化和规范化是跨境供应链赢得市场的基础和重要目标。当务之急是要通过供应链革新，确保消费者能够体验并获得良好的商家信誉、高品质的商品和优质的售后服务。

要想通过区块链技术来解决相应问题，其一，在区块链基础数据存储平台内部建立子库共享和存储供应链数据信息。其二，以时间戳技术为基础创建产品信息追溯平台，从原材料到生产加工再到出厂销售的各个环节都要有据可循。其三，确定中欧统一的产品标准、认证和标识，由智能合约技术进行备案。其四，利用区块链溯源防伪特征构建供应链追踪平台，定期追踪供应链各环节产品信息并反馈给智能合约平台，由智能合约平台判定其是否异常，进而按照预设指令实施处罚。其五，成立供应链协同中心，通过共识机制协调供应链各平台间关系，确保各环节协同参与、数据公开透明、系统资源整合合理、客户无障碍查询等。基于区块链的供应链智能体系如图 11-6 所示。

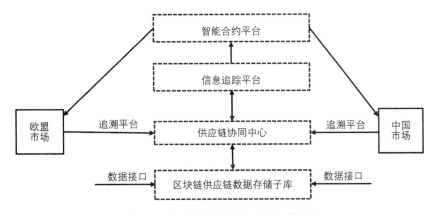

图 11-6 基于区块链的供应链智能体系

11.3.4 区块链跨境物流体系

当前跨境物流主要包括 4 种形式,即包裹邮寄、国际快递、跨境专线和海外仓储。与其他 3 种形式相比,海外仓储具有较大的优势,如高效的物流速度、快捷的售后服务、个性化的产品服务和优质的品牌推广服务等。但是,受海外仓储投入成本巨大、管理费用较高等的影响,中小企业只能租赁第三方海外仓。降低仓储成本、提高发货效率、确保派送安全、减少退换货环节等是推动海外仓发展的关键所在。

基于区块链的解决方案,其一,构建区块链物流仓储数据库,使之具有透明性、时序性、不可篡改性等特征,且数据库端口与综合服务平台和海关数据库实时相连。其二,建立智能仓储平台,以仓储平台为核心,根据区块链分布式记账原理实时进行出入库记账,通过智能合约动态管理库存、布局库位并进行物资采购和质检、出入库查询等。其三,创建安全配送平台,借助数字签名和非对称加密技术确保包裹安全送达到客户端,利用智能调度解决方案提高邮件派送效率,借助区块链存储技术实时监控配送全过程。其四,开发基于区块链的智能退换货和售后服务平台,提高客户满意度。其五,采用共识机制组建物流协同调度中心,协调各平台正常运行。基于区块链的跨境物流体系如图 11-7 所示。

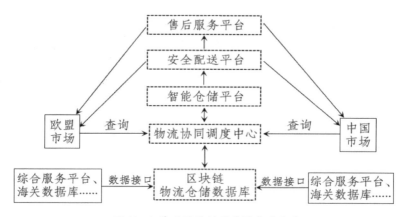

图 11-7 基于区块链的跨境物流体系

11.3.5 区块链海关监管体系

与传统进出口贸易相比，跨境电商给海关监管带来了新的挑战，同时也暴露了海关监管存在的诸多问题。例如，海关在税收、风险、统计方面对碎片化、低值化和高频次的电商贸易把控困难，对甄别网上交易是否存在价格欺瞒、劣质商品和侵犯知识产权等违法行为略显吃力，对化整为零、涉嫌走私、虚假跨境等电商企业违规报关行为缺乏有效监控。考虑到上述问题的存在，为便于规范监督电商企业跨境贸易，中国海关新增了"9610"监管模式，即将跨境电商监管从传统进出口贸易中独立出来。该监管模式的优势在于清单核放、汇总申报的快捷与低成本运行，所面临的问题在于如何让大多数业务分散、资信难辨的中小型电商企业正确适用"9610"模式，真正实现跨境电商商品源头可查、去向可追、风险可控和责任可究。

基于区块链的解决方案，能实现海关与在线交易、支付、物流和信用风险管理的实时互联互通，确保海关监管的有效性。以中国海关为例，首先建立基于区块链的共享基础数据库，其次成立跨境电商单一窗口平台，然后创建基于共识机制的企业和商品信息认证与备案平台，并配备基于智能合约的智能统计监测平台及加盖时间戳的跨境金融保险平台，最后实现跨境电子商务综合服务平台体系、跨境支付平台、跨境物流体系、供应链智能体系、信用风险管理体系与上述数据库和平台的无缝对接。基于区块链的中国海关监管体系如图11-8所示。

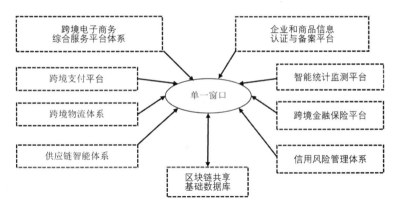

图 11-8 基于区块链的中国海关监管体系

11.4 区块链技术对企业物流效益案例分析

在物流运作实践过程分析中，可发现目前 A 公司在物流方面存在的问题主要表现为以下几个方面。

（1）原材料及标准件等外部采购的产品跟不上生产的需要。例如，有时候生产过程中会遇到缺少某一零部件，再向外购买需要较长时间。这一问题存在的原因主要在于原材料采购部门、仓储部门与生产部门的沟通不及时，不能实时共享库存余量和生产计划信息，导致库存跟进和调整滞后。如果能够在原材料采购部门、仓储部门与生产部门之间建立起有效的沟通机制，将有助于减少这一问题的发生。

（2）各部门、各生产车间之间前后工序相接，如果在一个环节物料周转不够及时，必会导致后面的数道环节相应地出现延误。各部门和生产车间物流周转的延误原因主要在于各环节的权责定义不清晰，事后档案留存不足，难以在问题发生后确认责任，导致物流管理工作出现漏洞。如果在各环节实时记录物流周转情况，并留下不可篡改的记录档案，将有助于确认物流权责，完善物流管理体系。

（3）物流公司负责转运成品货物的运输过程不透明，存在丢件、调包、冒领的可能。成品货物一旦交付给物流公司，公司就失去了对货物运输的监控，监控缺失容易导致代理人问题，并且难以在问题出现后进行责任认定。应当打通公司与物流企业之间的沟通渠道，并实现物流信息的实时共享和留存，保证公司对成品货物运输的监控，以防止丢件、调包、冒领问题的发生。

（4）物流体系并未完全信息化，不能实时监视和控制物流的进行过程，无法自动化完成订单管理和生产。公司正在加快物流信息化、线上化体系的建设，预计新系统将给公司的物流环节创造更多的价值。

企业物流环节有很多可通过区块链技术改善的地方，例如，区块链可实时共享区块中的信息，无论是企业、客户还是物流运输方都能及时获知相应的物流信息。对于企业，随时可查询自身的库存余量和用料需求等信息的系统将为其进货采购和库存管理提供重要的分析数据。对于客户，及时获得发货、运输与送达的相应信息可便于对收货及后续动作做好准备。另外，库存余量也是客户在下单前需要提前了解的重要信息，对于批量下单的客户来说，物流体系上线共享将有助于节省大量的查询成本。对于物流运输方来说，及时分享物流信息也是极为关键的。一方面物流公司上传的信息是其他节点获取相应内容的基础，另一方面物流公司通过区块链物流信息系统可以快速获知企业的物流运输需求，并通过区块链系统对车辆及其他运输工具进行快速调度。

此外，区块链技术应用于物流管理体系具有其天然的兼容性。原因主要是区块链技术是实时分享、共同储存的分布式账本，每一个节点都可获取区块链中存储的信息。而物流环节中多方均需要对物流信息进行实时的了解，所以如果在区块链中将企业、客户和物流运输方作为分布式账本的节点，就能够实现信息的快速、及时分享。下面来分析一下区块链物流实现的设计模型。

1. 订单系统

订单系统是指企业通过外部区块链物流系统获得订单并进行相应记录和处理的系统。订单系统作为企业开展业务的开端，其重要性不言而喻，它应该具备客户查询功能、下单功能、退款发起功能和支付验证功能。上述4个功能除支付验证功能因法规禁止ICO及发行代币而无法实现外，查询功能、下单功能、退款功能均可在区块链物流系统上实现。区块链订单系统从构建到客户下单的流程如下。

（1）企业明文发布产品的信息，包括价格、库存数量和发货地址等，并打包成创始块，向所有节点发布。各节点验证企业的身份后将创始块存储于自身的存储器中，并作为外部区块链的第一个区块。

（2）客户通过各方渠道了解到企业区块链下单系统，下载相应区块链软件，同步区块链信息。同步区块链信息完成后，企业的产品信息均被共享至客户的计算机中，客户可随时进行解压浏览。

（3）客户下单时，系统会以客户的私钥对下单操作进行签名，并同时提交银行转账交易凭证，加密后发送给其他节点，其他节点验证其上传的哈希值与客户上传的内容是否一致，转账交易凭证是否满足要求。如一致且满足要求，则每过一定时间（如设定为一小时），由企业将这一段时间内认证成功的下单信息的哈希值打包成区块，并向网络中的区块链节点发布。由其他节点验证哈希值与上传信息是否一致，并在一致时将新区块添加至区块链中，或在不一致时实时联系企业查找问题。

2. 运输管理系统

运输管理系统用于企业和物流方对接，并与客户实时共享物流信息。这是外部区块链物流系统的关键部分，要实现物流系统的关键功能，必须要构建物流运输管理系统。运输管理系统的主要功能有企业通知物流公司来揽件、物流公司实时上传和分享物流信息、客户确认收货等，要实现以下功能，区块链运输管理系统的运行流程如下。

（1）企业收到客户订单后进行内部生产，或直接从库存中调取相应产品并完成打包，一次将一小时内（每个区块的间隔时间，可进行调整）所有的通知信息打包发送给其他节点，并将其原始信息进行哈希运算打包成新区块后一并发送。

（2）物流公司获得信息后，验证企业的签名，在检验无误后将之添加至区块链中。物流公司得到信息后，进行揽件并开始运输工作。物流公司每隔一小时将过去一小时内所有的物流信息打包至区块链，并向客户开放查询窗口。物流公司在打包新区块时，用客户的地址对其对应的物流信息进行标记，客户可在区块链中查找有其标记的哈希值，并用自己私钥签名后发送至物流公司作为查询凭证，随即物流公司将哈希值对应的物流信息传送至客户，客户确认物流信息不会被篡改后，则可将物流信息备份存储，以备未来出现纠纷时证明之用。

（3）客户确认收货后，向其他各节点发出私钥签名后的确认收货信息。银行收集一定时间内的确认收货信息，并打包成新区块添加至区块链上，如成功添加，则新区块中记录的交易则被确认完成。确认完成后，银行将资金打至企业，完成资金流转。

3. 供应链金融系统

客户的下单付款过程全程通过区块链进行，每一笔订单都可通过区块链系统直接查询验证交易的真实性，可防止合同和发票等凭证的造假。由于真实交易有商业信用进行背书，银行融资意愿更高，这对于企业和银行来说均可获益。所以区块链物流系统的另一项功能是提供物流金融业务。供应链金融流程使客户在下单之后，可向银行申请供应链融资，银行查询区块链，确认相应业务订单确实存在并确认无误，综合考虑客户的过往订单交易流水和其他信用证明，为客户发放融资。对于信用较高的客户，可由银行先行垫付相应的款项，直接向核心企业发送付款凭证，并在付款凭证中做出相应的标记，后续通过区块链系统向客户追偿。

区块链物流管理体系，通过创新化设计了存储和共识机制，在一定程度上降低了区块链技术原有的高存储、高能耗、低效率的问题，但是仍然需要一定的冗余存储以保证系统的稳定运行。另外，企业在物流环节中引入区块链技术还可能会带来推广成本、人员培训成本、系统初始的搭建成本等。

11.5 区块链的托盘资产数字化案例

单元化载具是我国推行物流标准化对托盘、周转箱、甩挂车等一类物流载具的统称。其中，托盘使用量最大，应用范围最广。因此，研究以托盘为代表的共用模式、共用系统建立和资产数字化过程无疑最具价值。在物流过程中，托盘作为系统中的作业单元存在于每个作业活动之中，将各项分散的物流活动联结成一个整体，托盘应用在实现集装单元化、物流全程有效衔接的物流运作一贯化和物流作业流程的物流信息化这3个方面，而且这3个方面被认为是建立高效物流系统的有效途径，托盘共用则是这一实现的有效组织保障。

资产数字化可以通过区块链技术为实物流通提供可靠的存在性证明，实现各种形式的资产登记、确权和转移。在区块链视角下，作为价值载体的数字化空间具有便于复制流转、溯源性强、高诚信背书和交易简便等优势。结合线下，普遍认为资产数字化有助于实物的发行与流通，便于价值的分割、验证和清算，能促进实物的交易，完成实物价值或其衍生服务价值的实现。托盘标准化是实现托盘应用的关键之一，也是建立托盘共用系统的关键因素。托盘共用层面上的物联网主要是指建立在相关标准的基础上，通过RFID、激光扫描、传感器、GPS设备实现托盘与管理系统之间的通信识别和信息传输，为托盘定位、监控、调度等功能服务的信息管理系统。托盘的资产数字化，侧重从条码技术、RFID技术的编码方式和GIS功能实现给出托盘资产数字化基础。

结合业务参与方及隐含的钱包（账户地址注册、发起交易）、资产管理平台（查询）和区块链服务端（交易确认）描述了一次交易的达成全过程，其中涉及维修、回收等业务场景，如图11-9所示。

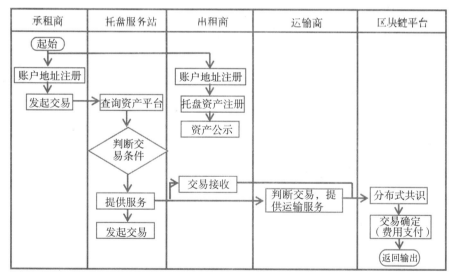

图11-9 托盘资产数字化业务流程

1. 账户地址建立

区块链的交易基础是账户地址，其本质是密钥对。在托盘共用业务组织中，所有系统角色都是以匿名账户的形式存在，借用区块链钱包的概念来实现用户与账户地址之间的联系。一般来说，钱包可以生成多对密钥和账户地址，并提供账户管理、交易查询等功能。结合 SPV 机制，钱包可以有多种灵活的表达形式，包括客户端钱包、在线钱包、APP 钱包等。和传统的用户名密码账户系统不同的是，区块链钱包的登录标识通常只有口令，通过唯一的字符串口令标识用户并加密私钥，一般没有相应的找回机制。钱包提供的功能主要有方便客户交互，包括账户注册、账户管理和联系人管理，实现了创建账户地址、编辑账户信息、管理日常联系人等功能；与托盘共用平台相关的业务功能，包括地址管理、交易发起和交易查询，能够对托盘交易进行创建、查询等一系列操作。

2. 资产注册公示

将资产数字化是为了托盘价值便于交易与分割。在建立信任时，必须就托盘的情况建立电子文档，包括托盘制造标准、服务标准和运输仓储维修标准等参考规范及说明，然后在资产管理平台上注册信息并公示以建立信任基础。托盘资产数字化的过程就是将托盘在生产制造和物流活动的条件以托盘标准化的要求给出，规范了托盘共用一体化的过程。它既满足了国家对托盘标准化的建设需求，又能够利用区块链实现无组织的信任，完成智慧物流的建设。

3. 托盘交易

在租换并用模式中，需要实现对托盘数字资产的交换和转移。在以区块链为技术底层的共用系统中，价值转移表现为记录在区块中的一笔笔交易。托盘租赁可以直接表现为交易记录，而匿名的托盘交换无法特别标识，由于交易时一般需要在业务系统作特殊规定。托盘交换直接改变账户地址和托盘标识之间的绑定关系，在必要的情况下（如确定交换周期长，同时服务站能够提供相应的服务），需要更换托盘标签和重写 RFID 标签。

托盘交换和租赁的关键都在于区块交易的达成，托盘共用系统的交易过程和一般区块链的交易过程一致，都经历交易创建、交易广播、交易验证、交易确认 4 个阶段，如图 11-10 所示。在业务系统中，交易数据组织形式和共识达成最为关键。区块链系统通过交易将价值进行转移，在托盘业务系统中，承租商除了通过交易将租赁费用、运输费用、维修费用、服务费用等交给出租商、运输方、维修方、托盘服务站等参与方之外，还通过区块链的挖矿奖励、交易等向钱包、资产管理平台、区块链服务端和受托人等支付相关费用,如图11-11所示。

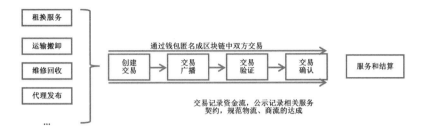

图 11-10 交易流程

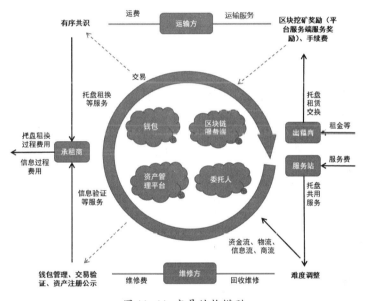

图 11-11 交易结构模型

11.6 区块链技术在"一带一路"区域物流领域的应用

经济合作使"一带一路"区域物流服务的供求缺口日益扩大,为缓解这一问题,人们开始对区块链技术在这一领域的适用性进行探索性研究。从组件视角看,"一带一路"区域的物流主体和物流需求现状使区块链技术具有理论层面的适用性。借助仿真模拟和层次分析相结合的方法对区块链技术在实践层面的可应用性进行验证,验证结果显示,这一技术有助于在"一带一路"区域提升物流服务的透明度和构建高效的物流机制,但会降低物流过程的安全水平。

在融入权重因素后,区块链技术整体上能够在"一带一路"区域物流领域产生正效应,但与预期目标存在一定差距。在此情况下,兰州财经大学的王娟娟教授从区域产业的角度将区块链技术分解成去中心化、安全性、高效性三大内核审视其在"一带一路"区域物流领域的适用性,其构思实现如下。

1. 交易主体去中心化

物流体系在管理上的去中心化取决于分布式信任系统的存在,而区块链技术的本质就是为市场主体建立提升交易质量的信任机制。区块链技术有助于消费者、卖家和第三方物流公司等主体全面了解并管理物流系统的信息。

(1)相关主体自主沟通。在区块链系统中,物流体系数据库的更新维护由分布式主体共同协作完成,并非由传统的某一中枢机构执行。所谓物流体系是由卖家、消费者、第三方物流机构等多主体通过信息共享以实现数据资源共享的多元化、多层次、多功能的链式组织。按照去中心化的思想,各主体之间平等地进行信息交换和储存共享,有相同的权利和义务。中心控制单元的缺失,使数据信息不会受到单方面的强制操控,这有利于提高数据信息的可靠性。同时,区块链的透明性决定了在物流交易数据信息存储过程中,信息记录需要多个节点共同参与且互为备份,数据信息更新也必须由多个节点共同认证才能完成,从而保证了信息质量。

(2)各主体共享平台信息。在共享平台,用户可以自主获得物流过程和结果的记录与证据,依据有效凭证自主管理物流信息,打破了长期以来物流信息只能由物流公司进行管理的传统,无论哪个物流环节出现差错,都可以实时修改共享信息。平台促进了由单一中心向外、按层级传递的传统物流模式向多中心、无层级、同步快速的物流模式的转型,有利于实现物流信息入口的广泛化、物流信息传播路径的自由化和物流系统创新的高效化。

(3)维持区域内无垄断的格局。"一带一路"区域没有绝对的经济中心和物流垄断企业的现状是区块链技术应用的天然条件。为了保障区块链技术在物流领域的运行,有必要维系这一无物流垄断的现状,这就需要"一带一路"区域的各个经济体之间建立顶层磋商机制,引导物流发展。对于各交易主体而言，去中心化的互联互通发展模式可以优化信任机制，实现各自利益最大化。对于第三方物流公司而言，要谋发展就要适当平衡各自的发展，形成良性的竞争机制。

2. 交易机制高效化

"一带一路"区域内涉及地域范围广，自然条件复杂，经济水平低下，物流效率不易提高。例如，从东非到欧洲的冷冻货物，中间要经过近30个组织200次交流，贸易文件处理和管理成本占运输成本的20%。但如果引入区块链技术，将这些交易主体的交易信息实时记录到类似于区块链账本这样的链式账本里，供企业、货主、海关、银行等实时共享，就可增加物流的透明度，提升数据的可信任度，并协助海关实现截面管理，减少重复申报与查验，提高通关的效率。

（1）将区块链技术与人工智能相结合。基于社会对高效配送的需求，人们将区块链技术与人工智能相结合，推出了智能仓储。智能仓储采用无线射频技术（RFID）、条码技术和语音视频等感知技术对仓储货物进行识别、定位、分拣、计量和监管，通过应用北斗卫星导航系统（BDS）的高分功能和北斗功能为仓储物流活动提供高精度、高可靠性的定位、导航、授时服务，通过网络信息存储技术为仓储物流活动提供支持，利用区块链的分布式"记账原理"在机制上保证智能仓储数据不被私自篡改。将区块链技术与人工智能相结合，一方面，可以将区块链与物流仓储系统数据库相连接，建立高效透明的物流交易环境；另一方面，可以使推荐系统更加高效化、精准化和智能化。在区块链技术作用下的物流系统中，物流消费端能够协助消费者提升消费理性度，与物流供给端形成零和博弈，人工智能则能够帮助消费者在智能动态定价中进行交易决策。例如，Turf公司在新加坡搭建储物柜网络，即通过采用区块链技术连接储物柜信息、追踪货物运输状况，采用分布式账本平台连接专用储物柜来帮助消费者便捷追踪包裹。

（2）建立信息共享机制。现代化物流体系从建立到功能发挥的全过程中，信息流居于主导地位。将区块链技术运用到物流体系中能有效提高物流信息的安全性，与比特币交易数据类似，任意信息均通过哈希运算生成相应的默克尔（Merkle）树并打包记入区块链，通过系统内共识节点的算力和非对称加密技术保证安全性，从而大幅度提升物流系统的效率。在区块链系统中，信息的不可篡改性、共享账本的透明性及多方访问能力等特质，有助于跟踪物流系统中商品流的变化，提升物流的效率和准确性；其时间戳特性则可有效解决体系内各参与主体的行为属性纠纷，实现有效举证与追责，提升行业协作水平。

（3）打造点—链—网的区块链物流体系管理，旨在实现一定服务水平下的系统成本最小化。传统的物流体系是简单地将节点企业串联起来形成一个链状的整体，而区块链技术可以为点—链—网物流体系管理提供技术支撑，促使节点企业组成的传统物流体系中各主体之间实现零和博弈，规避信息共享不完全引发的多次交易等问题。区块链技术将节点企业间的串联关系转变为并联关系，可降低因信任缺失产生的机会成本并提升主体之间的交易效率，解决物流系统中的信息共享、协同合作、利益分配等问题。其去中心化与分布式并存的技术能够实现每笔交易的可持续性验证，使单笔交易按照时间序列在公共"区块"中构建唯一且不断延续的"链"，从而提高物流体系管理效率，保证交易的唯一性、准确性和可溯源性。

3. 交易过程安全化

由于每一个区块都包含特定时间内系统的全部信息交流数据，这不仅使单一区块的损坏不会影响系统整体的安全性，还使信息的真实性可以在以集体维护的前提下被交叉验证。

（1）非对称加密保证商品的安全送达。利用区块链的非对称加密技术，可以实现商品的安全派送。在这一过程中，非对称加解密机制和数字签名技术能保证配送过程中的信息安全和客户隐私。非对称密钥具有两个特点：一个密钥加密信息后，只有另一个对应的密钥才能解开，从公钥无法推导出相应的私钥，公钥可向公众开放，私钥则具有保密性。例如，物流快递点或快递员拥有自己的私钥，快递交接时需要双方私钥签名，是否签收或交付可通过区块链数据库进行查询。由于快递员无法伪造私钥签名，在客户没有收到快递的情况下便不会有签收记录，从而可有效杜绝快递员或快递点通过伪造签名拖延或逃避投递等非正常行为，保证货物准确、安全、及时送达。

（2）安全数据库保证交易数据的安全化。在物流体系资金流通过程中，应用区块链技术可减少财务部门间对账和解决争议的成本，提高支付业务的处理速度及效率，这一点在跨境支付中尤为明显。区块链中的安全数据库技术可保证录入各节点的每笔交易数据真实可靠，数据交互可匿名进行且无须相互信任，从而有效避免了信任主体的违规行为。同时，区块链技术没有中央支付清算机构，节点间可直接进行信息交互，任一节点损坏均不会影响全网运行，可有效提高业务连续性和交易效率。

（3）分布式数据库有效实现信息共享。区块链技术能有效采集和分析原本孤立的物流信息，并借助大数据分析对物流发展进行预测，为完善各项物流保障提供依据。这一技术的数据透明化特性有助于提升流通效率和降低运营成本，其与人工智能结合的智能决策过程能够优化物流运输路线和运输方案设计，使客户不仅能够全程跟踪物流信息，而且能随时修改、优化运输信息，保证在物流主体参与者运输过程中进入同一网络就能实现物流信息实时共享。分布式数据库可以保证时序数据不被随意篡改和伪造，这也与物流的可追溯和可预警发展要求相符。

总体来说，区块链技术在"一带一路"区域物流领域的应用具有正效应，但也存在风险。对自身发展能力较弱的"一带一路"区域而言，政府介入有助于降低应用风险。一方面，"一带一路"区域的各个经济体需要充分深入研究区块链技术，对本国物流与区块链技术的对接性进行研判，条件成熟的国家应积极掌握国际组织对区块链技术的认知，主动借鉴发达国家出台的发展政策，制定本国扶持区块链技术应用的政策。例如，政府制定扶持中小物流企业的政策，引导区域内物流企业间的相互交流与合作，可使物流企业在不断发展与完善自身的过程中形成良好的服务准则与市场规范，实现共同发展。另一方面，政府应在了解区块链技术的应用领域、潜在用途及成本收益等可能产生的社会影响的前提下，将区块链纳入适当的监管框架之内。除此之外，政府还应着力构建区域内统一的物流服务标准，减少各个国家之间的物流服务摩擦，从而完善物流运输网络，加速"一带一路"区域物流体系的国际化发展进程。

第 12 章
区块链 & 物联网

近年来，人们已经开始探索区块链技术在各个领域的新发展。随着物联网设备规模的爆发式增长，传统的技术方案和体系结构已经无法再适应物联网技术未来的发展，中心化的体系结构在未来数以百亿计的物联网设备管理问题上，很可能会给生产运营商带来巨大的压力和挑战，并可能导致设备数据无法更好地利用和保护。

物联网作为一项飞速发展的技术，在智能电网、智能供水网络、智能家居、智能交通等各项领域已有广泛的应用。不久的将来，物联网应用将深入生活的方方面面，在未来科技生活中担当不可或缺的角色。随着越来越多的智能设备接入网络，物联网应用受到安全威胁的概率大幅增加。根据美国 ABI 调查公司的数据，2018 年，大约有 100 亿台可使用无线网络接入互联网的设备，到 2020 年年底，这一数字将超过 300 亿。可以预见的是未来将会有更多拥有廉价传感器的物联网设备进入人们生活，分享消费者的敏感信息。物联网设备的安全管理问题将成为物联网产业可持续发展的核心问题之一，人们必须对此高度重视。区块链去中心化、去信任和高安全隐私性的特点，为物联网应用提供了点对点直接进行数据传输的解决方案。

12.1 区块链物联网初级实验案例

要实现基于区块链系统的物联网平台应用，应该主要关注能够使区块链保持数据一致性的方法，这种方法一般被称为共识算法，它起源于分布式一致性算法。其核心思想是引导系统上的所有不可靠的节点达成如何产生下一个区块的一致性算法，但是这种分布式一致性算法在实现技术细节上有很大的区别。从人们开始使用比特币并进行技术上的积极探索，区块链技术得到了蓬勃发展，并衍生出各种新技术和产品，成功地证明了其在不同领域的高安全性、灵活性、隐私性和容错性，人们开始将分布式共识基于不同的目的，进行更加准确和专业的使用。

共识算法是分布式应用软件中特有的算法机制，而如果没有一个好的算法理论作为支撑，将根本无法实现一个好的分布式应用。这是因为在中心化的软件设计中，复杂问题设计的解决方案可以通过不使用复杂的算法逻辑实现，但是在分布式软件开发中，节点间的互操作和节点行为的统一管理都会因为分布式而变得十分的复杂多样，无法通过普通的方式去预先设定运行产生的结果，所以需要使用共识算法来完成应用并维持分布式一致性。

常用的区块链下的共识机制主要有 PoW、POS、DPOS、Paxos、PBFT 等，基于区块链技术所需要应用到的不同场景和各种共识算法自身的特性，人们一般通过以下 4 个标准来评价各种共识算法的适用性。

（1）合规监管：可否支持设定某些权限节点对全网节点、数据进行监管。

（2）性能效率：在交易达成共识后被确认的效率。

（3）资源消耗：在一次共识过程中，耗费的计算能力、存储和网络带宽等计算机资源。

（4）容错性：是否具有防攻击、防欺诈的能力。

一般来说，区块链的类型可分为两种，一种是公众所熟知的公有区块链，其代表者是比特币系统，在该系统中，所有节点享有同等的权利和义务，每一个节点根据自己的能力参与并作为区块链共识的一部分。在目前的公有区块链中，所采用的共识算法通常是由内在的经济激励制度通过引导所有区块达成共识获取相关奖励的工作量来证明 PoW 共识算法。另一种是私有区块链,可用于运行环境完全只对内部开放的私有链,或系统跨越几个网络彼此连接,并能够互相通信和操作的部分私有链系统,为作进一步区分,人们通常把这种区块链系统称为联盟区块链。在物联网系统中,私有链场景是最为适合物联网使用的场景,其安全许可的严格限制和设置特权节点的灵活性可用于更明确地设定设备、用户的管理权限和优先级别,解决当前系统无法完全满足的需求。

在初步测试实验中,人们利用以太坊区块链作为底层的技术支持,基于已有的物联网平台,建立了一个能够在用户与其他用户设备之间或用户与物联网平台之间获得数据、达成购买数据和设备服务的不可篡改的契约交易关系的区块链应用平台。

整个区块链系统由多个客户端节点组成,各节点都是完整的数据节点,每个节点内都有整个区块链数据地址的完整备份。这些节点可以分别由不同的机构或一个机构内部的多个数据中心来分别维护。实验中的区块链系统不需要相互竞争去产生新的区块,在获得竞争权后对这段时间的区块进行打包,然后分发给其他节点。所有节点达成一致后各自对区块进行存储。区块链的区块之间通过哈希值连接在一起,此哈希值由区块头部字段组合计算而成。区块中的交易通过 Merkle 树的数据结构组织在一起,其中 Merkle 树的根节点存放在区块的头部中。用户或平台制定自己能够提供数据或服务的条件,应用将条件编译为智能合约脚本再发布到系统,然后系统通过审核和编译,形成去中心化的应用提供给其他用户,其他用户如果有需求并且能够满足条件响应,智能合约通过在区块链上的执行来完成合约内容,通过所有其他全节点的验证达成合约。系统上的去中心化应用是通过与物联网平台约定好的 JSON-RPC API 进行调用和验证,获取远端物联网平台的数据和服务,提供给区块链去中心化应用的用户。

整个系统从架构设计上来说,可以分为数据层、网络层、智能合约层、物联网平台层和应用层 5 个层次,如图 12-1 所示。下面根据系统总体的架构图来分别描述各层的设计。

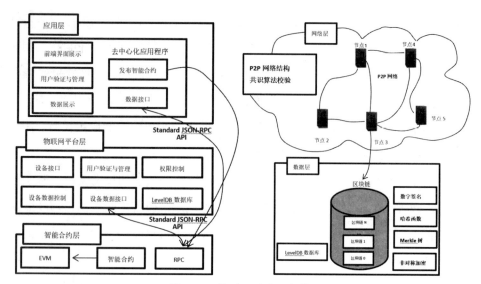

图 12-1 物联网区块链架构

（1）最底层的是数据层，主要负责存储区块链数据，包含区块数据和事务交易数据 HASH 地址的存储。一些通用的基础模块，如网络通信库、流处理、线程封装、消息封装与解码、系统时间、基础加密算法和数据存储技术等，采用改进的以太坊区块链系统对区块数据的存储进行了优化设计。

（2）第二层是系统的网络层，主要包括共识算法、P2P 网络及验证机制。这层一般包含了区块链的主要逻辑，如共识模块、交易处理模块、嵌入式数据库处理模块等，难点在于点对点网络的实现和并发处理。在本系统中，针对物联网平台下的节点承载能力与应用需求，用基于 Tendermint 共识机制的 Ethermint 替换了传统以太坊上的工作量证明共识机制。

（3）第三层是智能合约层。系统基于 Json Standard RPC 的交互 RPC 模块与 EVM（以太坊虚拟机）模块，基于 EVM 模块运行智能合约交互处理区块链与共识的相关事务，基于 JSON – RPC 通过网络从远程计算机程序上请求服务，进行区块节点的一致性处理和网络层事务的交互，从而实现各种交易转账等具体商业活动的完整过程。人们可以通过类似 JavaScript 编程语言的 Solidity 语言，灵活编写，在区块链中严格执行适用于各种应用的智能合约脚本。

（4）第四层是物联网平台层。系统通过基于 Json Standard RPC 的交互

RPC 模块，通过物联网平台已有的接口，调用物联网数据信息、操控指令和发布智能合约到智能合约层与区块链节点进行交互处理相关的事务，应用层去中心化应用用户通过底层区块链平台能够间接获取交易物联网平台设备的数据和控制权。

（5）最上层的是去中心化应用层。它通过封装以太坊 Json RPC API 的 Web3.js 接口库与智能合约层、物联网平台层进行数据信息交换。在去中心化应用中，所有的智能合约在经过编译后都以二进制代码的形式运行在区块链系统的 EVM 上，并用到了 RPC API 的调用。区块链上的智能合约可提供自治的服务，通过在平台中去中心化的应用程序提供物联网设备信息或操作为用户服务。

12.2 基于安全的区块链物联网试验案例

现在的物联网管理平台基本有集中式管理和分布式管理两种管理方案。其中集中式系统对物联网物体进行集中化管理，进行统一的分配调度和权限管理。然而随着物联网的迅速发展，接入网络的物体迅速增加，网络结构也变得越来越复杂多样，导致集中式系统的管理和维护压力巨大。更为重要的是集中式系统中存在的单点信任问题，由于集中式系统的统一控制和中央裁决，当主机出现故障或被攻击时，可能会导致整个系统停止工作，甚至出现整个系统的信息泄露，这对于系统安全是一个致命的影响。

研究人员在试验中拟通过两个方面的研究实现分布式平台的搭建。

（1）通过 Geth 客户端搭建出私有的区块链网络，该区块链网络负责平台节点的信息通信、对裁决方案进行表决、对平台信息进行账本存储，私有网络上的节点需要提供 API 供平台节点进行信息访问和结果反馈。

（2）设计分布式平台的架构，设计平台与私有区块链网络的信息交流方式、为设备提供的功能及在 Web 端的展现形式。

为了实现分布式平台对物联网设备的管理能力，人们在使用平台设备之前需要在平台进行设备注册，只有注册后的设备才能被用于在平台上进行信息交互。为了保证物联网设备之间信息交互的安全可靠，平台设备的合法性必须得到保障。接入认证功能能够在设备注册时对设备进行合法身份的鉴定,认证过程需要通过区块链的智能合约去完成,以保证每个平台分节点都参与到认证之中,以此来解决单点故障问题,保证认证的可信度。认证成功后的设备认证信息也需要存储在平台进行备案,认证信息会被存储到区块链账本中,以保证认证信息不被轻易篡改。

  物联网设备需要频繁地对自身的运行信息进行记录,接入平台的设备可以将自己的运行信息上传到平台上。在上传信息之前,平台端会对设备的权限进行验证,判断其是否具有上传信息的权限,权限验证过程也需要通过区块链的智能合约去完成,从而使每个平台分节点都参与到权限验证的过程中,以保证验证的可信度。平台在对设备进行权限验证后,验证通过的设备便可以将运行信息存储到平台上,由其再存储到区块链账本中,以备将来进行信息的统计和历史追溯。设备的上传请求需要受到容忍入侵机制的监督,以防止某些恶意设备进行频繁的错误请求以损耗系统的性能。和前面使用智能合约的原理一样,对容忍入侵模型中的恶性事件的判定也要通过区块链的智能合约去完成,以保证判定的可信度。

  设备在接入平台之前,需要进行设备注册的操作,设备注册信息被上报到平台,注册信息包括生产厂商、设备型号等设备详细信息,以及设备安全凭证信息。平台对设备上报的注册信息进行接入认证,接入认证过程会触发智能合约,该项工作由所有平台分节点共同完成。对于认证通过的设备,平台会将信息存储在区块链账本中,进行永久备份。设备认证通过后即可接入平台,进行设备登录操作,平台读取区块链账本中的注册设备表,与登录设备信息进行比对,对已经注册的设备进行上线处理。在平台中运行的设备可以进行信息交互,包括设备信息上传和数据信息获取。设备定期上传自己的运行信息到平台,平台会在权限验证通过后将上传信息存储到区块链账本中永久存储。另外,设备也可以根据所拥有的权限获取平台上其他设备的信息,或者进行信息追溯和信息统计,在此过程中平台会读取区块链账本中的相应信息,进行分析并返回结果。平台也会对设备信息交互过程进行容忍入侵检测,警告和排除出现故障的设备或恶意设备。

平台的节点需要处理平台与物联网设备的信息交互、设备信息统计分析、设备信息的数据可视化及平台对外的服务封装，还需要接入认证机制、权限管理机制和入侵检测机制的逻辑管理功能。而区块链网络完成的功能比较纯粹，只需要关注对于决策的多数表决和对于信息的永久存储。所以，在平台的总体设计中，需要将平台节点和区块链网络节点在结构上分离开来，让平台节点专注于数据处理、服务封装和管理逻辑，区块链网络节点专注于决策表决和信息存储，具体平台架构设计如图 12-2 所示。

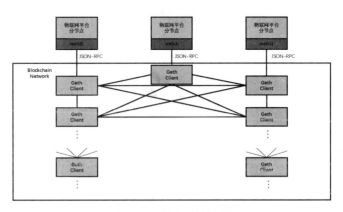

图 12-2 物联网络结构

平台的下层是由 Geth 客户端节点相互连接构建的区块链网络，它们负责交易的验证、信息存储备案及执行智能合约并返回执行结果。下层的 Geth 客户端节点之间相互连接，能保证上层平台节点的信息传递，下层网络的所有节点会对上层的裁决请求进行多数表决，给出上层裁决结果，其区块链账本会对信息进行永久存储，并对上层节点数据进行备份。

平台的上层是分布式物联网平台的分节点，每一个分节点对应着一个底层的 Geth 客户端节点。上层平台节点负责与物联网设备的信息交互，对物联网设备信息进行统计分析，将物联网设备信息数据进行可视化展示，将平台服务对外封装，提供服务接口，并完成设备接入认证、设备权限管理和平台入侵检测的逻辑功能。

平台分节点与 Geth 客户端节点之间通过 JSON-RPC 进行信息通信，平台分节点通过 Web3.js 进行接口调用，将信息传递给 Geth 客户端节点，也可以请求 Geth 客户端节点返回区块信息。分节点安全机制中的仲裁判定都是与区块链网络合作完成的，包括设备接入时进行的身份认证，设备权限控制中进行的权限判定，以及负责入侵检测的事件分析器对事件的分析判定。当分节点需要进行仲裁判定时，分节点将仲裁请求及仲裁信息通过 JSON-RPC 传送给 Geth 客户端，触发区块链网络中的智能合约，启动对信息的仲裁判定，区块链节点执行智能合约并返回合约运行结果，在区块链网络形成仲裁结果后，Geth 客户端再将仲裁结果通过 JSON-RPC 返回给平台分节点，从而完成仲裁判定。

12.3 基于区块链的 RFID 大数据溯源案例

RFID 大数据是物联网中重要数据的来源，对数据的安全性要求非常高。数据溯源追踪是 RFID 物联网技术的重要应用领域之一，目前广泛应用于农牧产品原产地追溯、工业生产的原材料和零配件追溯，以及消费品防伪等方面。区块链在改善大数据溯源安全性方面发挥着重要作用。研究人员提出了一种基于区块链技术的 RFID 大数据溯源安全模型，在 RFID 溯源物品的生产、加工、销售等多个环节建立区块链账本，建立直达终端使用者的 RFID 大数据溯源全程链式路径，形成了多方参与且信息透明、共享、保真的溯源链。

（1）物联网大数据的安全溯源。信息能用来保障数据安全，用户可以利用溯源来准确预测和标识一次攻击源。用户在确定被毁坏的文件或进程的基础上，能够核实该文件或进程的溯源图，并对一些系统的正常访问信息进行过滤，从而最终标识系统入侵的根源。而在物联网环境中，通过溯源信息可以了解这些大数据的来龙去脉，从而判断大数据的根源是否安全。

（2）物联网大数据的安全数据溯源方法，除了通用的数据引证技术，目前应用最多的有标注法和反向查询法等。RFID 大数据是物联网大数据的重要来源，传统的溯源无法保证其安全性。区块链技术以其开放性、自治性、去中心化的特点，非常适合解决分布式大数据溯源的安全性问题。

（3）基于区块链的 RFID 大数据安全溯源模型将携带 RFID 标签的物品在交易（流通）过程中形成的大数据溯源信息保存到云端或集群服务器，形成携带溯源信息的数据库。通过区块链操作形成首尾相连的数据块，从而形成携带数据溯源信息的 RFID 大数据溯源数据库。这个过程的逆过程所经历的路径能够实现数据溯源的各种操作（如数据追踪、信息评估、过程重现等），并保证其安全性。根据相关资料，基于区块链的 RFID 大数据安全溯源模型，如图 12-3 所示。

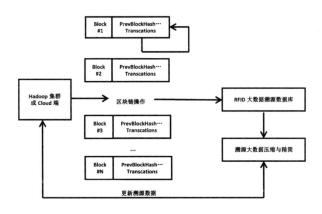

图 12-3 区块链 RFID 大数据溯源图

RFID 大数据溯源数据库是一个自带信任、防篡改及能进行多签名复杂权限管理的分布式记录系统，可以通过采用 Hadoop 集群或云端实现。利用区块链可以集成不同数据库中的信息，创建互操作，实现数据共享并能安全可靠地存储数据。区块链的价值就体现在把数据构造出了某种程度的"唯一性"。将带有唯一标识的数据附在区块链上进行交易，就很自然地解决了数据难以溯源的问题。通过区块链,用户可以明确区分数据流通产业链上的各个角色(拥有方、使用方、中介方等)，验证正在交易的数据来源的中间环节及可能的去向，用户通过区块链的加密举证技术还可以实现对数据是否经过查阅、篡改、复制留存等内容的权威验证。倘若流通的每一环节都在区块链上规范地进行，则对数据的复原、追溯，乃至整体统一规范，都将成为现实。建立 RFID 大数据的溯源区块链，可保障数据源提供者的权益，使数据在流动过程中可管、可控,可加快数据交换和流通，是对数据交易模式的一种重要创新。物联网大数据溯源区块链的建立对数据交换过程中业务层面和控制层面的联系起到了关键作用，完善并细化了其在整个数据交易流程中的作用，可以在数据提供者、中间商、用户等参与者之间真正实现确权、许可、兑汇、核算的目标。

12.4 基于区块链的车联网数据交换系统设计

随着全球社会经济的加速发展，社会生产力发展持续加快，人们对汽车的消费水平也不断提升，我国汽车保有量呈急剧增长趋势。车联网是物联网技术在智能交通系统领域的体现，是智能交通系统领域的核心所在。车联网由多个车辆节点组成，旨在通过无线数据通信技术来采集车辆实时的运行数据，并对其进行处理，以用于进行车与车之间、车与路边基础单元之间、车与行人之间等的数据交互，从而使车辆更好地融入城市网络中。车辆通过传感器、GPS、RFID、摄像头和图像处理等装置，可以采集自身周围环境和状态信息；然后运用互联网技术，将自身采集到的信息传输至中央处理器，以便其对车辆的数据进行分析处理，去除冗余，进而计算出车辆的最佳行驶路线、安排信号周期灯、及时汇报路况信息。驾驶员可以通过无线通信不断地和数据中心进行数据交换来实现一系列多样化功能（如安全检测、故障诊断、实时导航及娱乐服务），以达到提高道路行车安全、优化利用系统资源、缓解道路交通拥堵等目标，并在车联网技术的支撑下使汽车变得更加人性化。

车联网在大数据管理、透明性和安全方面存在题，区块链的出现为其提供了适合的解决方案。另外，区块链去中心化的特点也为基于相互连接的智能设备之间的数据交互带来了极大的便利。结合区块链具有的强大优势，将区块链应用在车联网上，以为车联网服务为基础、构建智慧交通为导向，借助区块链的思想设计了一个车联网数据交换系统。

设计的车联网数据交换系统的大致结构如图12-4所示，该系统由若干个联盟链和一个侧链组成。其中联盟链是以城市为单位，由各个城市中所有的路边单元和车载单元节点所组成的区块链，又常被称为车联网联盟链。每个车联网联盟链中的RSU节点又分为中心节点和边界节点两类，其中中心节点是指部署在城市中心的RSU节点，该类节点作为共识节点参与车联网联盟链数据区块的共识过程；边界节点是指部署在城市边界，通往其他城市的高速公路口的RSU节点，每个城市都会选取一定数量的RSU节点作为边界节点；而侧链是依附于各个车联网联盟链而存在的区块链,由每个联盟链中的边界节点共同组成,主要用于实现各个城市车联网联盟链之间的数据交换。

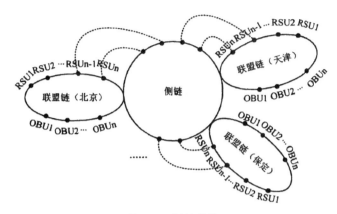

图 12-4 侧链结构

首先每个城市的车联网联盟链开始工作,节点之间不断地进行数据交换,由共识节点共同记录节点间消息传输的数据,并通过工作量证明的共识方法将数据记入区块,生成联盟链区块记录。当车联网联盟链生成区块后,侧链才开始工作,此时每个车联网联盟链通过轮流选取的方式从边界节点中选择一个广播节点,由该广播节点负责将各自车联网联盟链中的数据在侧链中进行广播。所有广播节点交换联盟链数据,并通过工作量证明的方式将其记入侧链区块,从而形成全国车联网联盟链数据的统一记录。通过去中心化的方式,每个节点都会拥有一份车联网数据记录的副本,从而可以有效保证车联网数据的真实性和安全性,同时也为驾驶员提供更加全面、安全的信息服务。

车联网联盟链是由城市中车载单元 OBU 和路边单元 RSU 共同组成的私有区块链。其中 OBU 是安装在车辆上的移动节点,其主要功能是实现车辆间的信息共享,以及和 RSU 进行相互通信,同时也可以获得由 RSU 发送的安全信息,如交通线路优化、路况信息和碰撞避免等服务。在车辆行驶过程中,OBU 会有规律地广播自身安全信息,如时间、位置、速度、方向等信息。RSU 是被大规模部署在道路两旁的固定节点,其主要功能是向车辆提供一些安全服务,如路况信息、预警信息等。相比于 OBU,RSU 具有较强的计算和存储能力,在每个车联网联盟链中，可预选取所有 RSU 为共识记录节点。所有中心节点均参与车联网联盟链的共识过程，而 OBU 和边界节点只参与数据交换，不参与数据区块的共识过程。

车联网联盟链的设计主要包括建立节点通信、节点间进行通信、生成联盟链区块三部分，节点通信部分又包括车与车（V2V）通信、路与路（R2R）通信及车与路（V2R）通信，如图 12-5 所示。WAVE 是车与车、车与路进行信息交互的协议，该协议应用层采用 SAEJ2735 协议作为安全消息集。在通信过程中，为了保证信息的完整性和可验证性，保证节点间的相互信任，要求在信息后附加采用椭圆曲线数字签名算法（ECDSA）的数字签名，当节点需要发送信息时，用户使用自身持有的私钥对信息进行签名，接收方使用发送方公钥验证签名，并在验证通过后获取其中的位置、速度等信息。

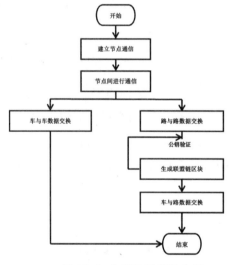

图 12-5 车联网联盟链流程

12.5 基于区块链智能合约的物联网数据资产化方法

使用基于区块链智能合约的物联网数据资产化方法，可以解决物联网系统中个人数据难以确权、数据资产的量化跟踪和价值转移无法高效完成等问题。该方法借助区块链数字指纹将数据所有权和控制权从设备生产商转移至用户，为个人数据确权；通过全生命周期管理和数字签名等技术，将设备状态和数据哈希值存储至区块链，保证数据的可靠性；使用智能合约构建去第三方数据交易平台，保证数据共享的安全性，便捷地完成数据变现和数据价值转移。对攻击可能性和攻击成功概率的量化分析结果表明，区块链智能合约技术可以为数据提供防篡改特性，消除数据交易过程中的信任问题。

随着传感器相关技术的发展，硬件成本不断降低，各式各样的物联网设备越来越普及。物联网大数据具有极高的潜在价值，是一种重要的数据资产，具有可控制性、可计量性、可靠性和可变现性等特征。其中，可控制性是指数据资产具有合法的控制权和使用权，可计量性是指数据资产具有可靠的计量方法，可靠性是指数据资产具有可追溯、可证伪和可分析等特点；可变现性是指数据资产具有转化为经济利益的可能性。目前用户普遍使用的物联网数据存储方案主要是为设备生产商提供云存储服务，云存储服务具有价格低廉、部署方便、易于管理等优点，但仍存在研究人员在本案例实践尝试中所指出的如下问题。

（1）个人数据难以确权。数据持有者通常是设备生产商而不是用户，用户的同意权、知情权、异议权等权利被剥夺，一般只具有查阅数据的权利。

（2）数据可靠性差并且不可证伪。设备生产商对云存储数据库具有绝对控制权，能够随意篡改用户数据，甚至捏造虚假数据，相关研究机构与设备生产商之间难以达成数据信任关系。

（3）数据无法共享，不具备可变现性。用户只能使用设备生产商提供的服务支持，无法将数据有偿分享给其他数据收集者。

（4）用户隐私难以得到保护。数据与用户个人信息之间通常存在强绑定关系，有泄露个人信息的风险。隐私泄露风险严重影响了用户共享数据的积极性，破坏了数据资产的变现能力。

物联网数据资产化方案为设备生产商、用户、设备和数据收集者生成一对基于椭圆曲线数字签名算法的公钥和私钥地址，将公钥地址作为访问智能合约的唯一标识。方案系统由设备签名传输协议、设备全生命周期管理合约、物联网数据订单合约3部分组成，其中设备签名传输协议负责接收设备的数据，将元数据打包成具有设备签名、可供分享的单位数据；设备全生命周期管理合约负责记录设备的出厂、绑定和数据产生，为数据收集者提供数据证伪服务；物联网数据订单合约负责接收数据收集者的订单申请，为用户提供数据资产变现后的收益提取服务。

设备签名传输协议（Device Signature Transfer Protocol，DSTP）能够实现统一化数据，将数据所有权转移到用户手中，以实现数据资产的可控制性和可计量性。为了保证数据的可靠性，设备在传输数据时，需要为数据加上包含设备签名和数据基本信息的DSTP头。下面以移动客户端获取数据所有权为例说明DSTP的特点。

（1）数据通过两种通信渠道传输。为了避免设备直接连接互联网时向设备生产商发送数据，设备使用蓝牙或局域网内的TCP连接移动客户端。

（2）数据使用compound（DSTP header，data）二元组存储。二元组中的DSTP header为设备产生的DSTP头；data为设备提供的数据，既可以是设备提供的json格式数据，又可以是字节流格式数据。DSTP要求设备生产商将数据的解析方式公布在公网上，以便于其他机构解析数据。

（3）设备需要为数据提供数字签名，以保证数据的可靠性。设备本身的数据存储容量有限，传输完整的数据包时主要有两种数据传输方式：一次性完整传输（如体检仪器）和连续传输（如跑步机或功率自行车）。DSTP要求数据传输方式不同的设备以不同的方式提供数字签名。设备使用一次性完整传输方式时，对数据基本信息（时间戳和设备生产商、设备、用户三者的公钥地址）和元数据使用SHA-256算法进行哈希运算，使用设备私钥对哈希值进行签名，并在将签名和数据基本信息打包成DSTP头后，将之与元数据一并传输给移动客户端。当设备使用连续传输方式时，则只需要对数据基本信息的哈希值进行签名，而元数据保持连续传输，DSTP头会定时传输给移动客户端，移动客户端负责对元数据进行排序，并且将一段时间内产生的元数据与DSTP头打包成数据包，移动客户端在收集到数据包后构造Merkle树，将Merkle树保存在各数据包的DSTP头中，通过Protocol3将Merkle树的根节点（MerkleRoot）保存在设备全生命周期管理合约中。

基于区块链智能合约的物联网数据资产化方法旨在实现数据资产化，保护个人用户权益,如图12-6所示。下面从数据确权、保障数据可靠性、提供数据变现、保护用户隐私4个角度,讨论该方法能否达到要求。

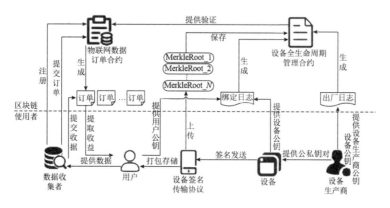

图12-6 物联网数据资产化

(1)所有权。设备签名传输协议将数据收集在用户手中,保证用户的数据所有权,实现数据资产可控制,为个人数据确权。用户可以将数据保存在本地,也可以将之加密后存储在分布式数据库或其他数据库中。在处理数据时,用户可以选择无偿发送给服务提供商,获取服务提供商提供的数据分析服务,也可以通过物联网数据订单合约,将数据有偿发送给数据收集者,实现数据变现。

(2)可靠性。用户如果选择无偿分享数据,不需要通过DLMC合约将设备信息和数据包哈希值保存在区块链中,研究机构可以通过验证设备签名,保证基本的数据可靠性。用户如果选择有偿分享数据进行数据变现,则必须通过将设备信息及数据包哈希值保存到区块链来验证数据的哈希值和时间戳,以保证数据可靠性。

(3)共享性。数据通过物联网数据订单合约实现有偿分享,便于用户将手中数据变现,实现数据价值。用户可以通过出售数据获取利益,激发用户生成数据和分享数据的动力;相关研究机构也可以通过发布订单获取数据,扩大研究数据的范围和数据量。

(4)隐私性。数据中不包含用户个人信息(如手机号、邮箱等)。数据收集者收集到数据后,只能根据数据中的用户公钥地址判断数据来源是否一致,不能获知用户的隐私信息。对于不安全或者已经泄露个人信息的公钥地址,用户可以通过更换公钥地址来避免个人信息进一步泄露。当设备不同时，用户可以通过选择使用不同的公私钥对来避免公钥和个人信息关联。此外，对于数据归属一致性要求不高的设备（如健康设备数据要求归属一致才具有分析价值），用户可以通过定期更换公私钥对的方法来增强隐私性。

第 13 章
区块链与大数据人工智能

人工智能建立在海量数据和强大计算力的基础上,而区块链技术可以很好地融入人工智能应用中,推动其进一步发展。近年来,智能终端的大数据汇集支撑起了新兴的 AI 智慧平台。在此基础上,如果再搭配当今热门的区块链交易平台,就会形成三合一的平台融合大架构:基于区块链的交易平台、基于智能终端的数据平台和基于 AI 机器学习的智能平台。本章将探讨一个大策略:以"人工智能"为核心,以"大数据"为护城河,结合"区块链"技术体系,与全球商业接轨,驱动 3 个前沿科技领域进行有机的融合。

13.1 大数据区块链

大数据和区块链是两种不同的新兴技术,但是它们有着很大的可以结合的空间。大数据一般指的是海量、复杂的数据集。传统的数据处理软件无法在合理的时长内捕捉并处理这些数据。这些大数据集包括结构化、非结构化和半结构化数据,每一种数据集都可以通过分析获得洞见。区块链的可追溯性和防抵赖性,让多方提供数据时更加可信,这种方式也有助于维护大数据的完整性。在大数据流通行业中,大数据本身就是一种数字资产。数字资产的交易可以通过区块链实现。并且在区块链上实现去中心化大数据交易,可以减少原始数据的接触者。

13.1.1 区块链大数据安全应用

进入大数据时代,大数据应用热潮兴起,数据价值倍增,大数据系统及其应用呈现出前所未有的复杂性,传统的保护手段已无法满足大数据环境下新的安全需求,应用的安全问题也日益凸显,数据丢失、泄露和被盗事件频发,大多数现有的商业大数据系统无法抵御有组织的"黑客"攻击,动辄数千万用户信息被盗,此类事件不仅影响人们的个人隐私权益,甚至会严重危害国家安全。

对于迅速成长起来的大数据,主要存在以下安全问题:一是数据安全问题,由于数据安全等级要求不同,需要采取不同密级的保护措施,以防数据被窃取、被滥用;二是数据可信问题,可信是大数据系统的生命线,对数据需要采取完整性检测、验证等措施,以防篡改、防删除;三是权限控制问题,由于大数据的使用者可能来自多个不同的安全域,身份(人与设备)认证与授权使用成为大数据安全的重要防线,也是确保大数据安全使用基本措施。

分布式环境下大数据的共享和交换需要安全保证,跨域认证是实现大数据安全共享和交换的重要手段。而区块链技术可以降低分布式环境下大数据共享和交换的成本,增强共享和交换数据的可信度。在大数据的分布式环境下,基于区块链的跨域认证关键技术,可以为大数据分析和应用提供安全保证。

13.1.2 基于区块链的数据协作共享

当前,数据已经成为推动经济发展的新能源,企业非常渴望数据的协作共享。很多重视数据资产的行业,如金融、互联网等,在合作的过程中,一直面临数据开放共享难、数据安全与隐私保护难、权益保障难等挑战,数据孤岛、数据垄断的现象非常突出。虽然也有一些数据归集型的第三方数据平台,但出于信任及数据隐私保护等方面的考虑,并不能满足很多场景的要求。而使用区块链技术,对数据安全要求高(如金融类、涉及隐私类的数据)的业务建立去归集化、去中心化的数据协作平台,可以保证数据协作的过程透明,保障参与各方能公平、公正地获取协作的成果。

基于区块链的大数据处理系统的建设,打破政府数据的条块分割是一个重要的工作。对于新建设的政务系统,使用统一数据共享平台应成为基本要求;但对于已有的政务系统,数据共享就成为打破条块分割必须解决的问题。在目前政务数据共享过程中,仍然有很多问题亟待解决,如共享数据安全定级、数据传输保密、数据传输使用的控制等。使用区块链作为政务信息共享的基础架构,可以解决以上大部分问题,如用户身份确认、数据加密交换、数据传输使用记录、政府监管等。

对于企业数据协作共享问题的解决,利用同态加解密、安全多方计算等密码技术和区块链技术,可以保证在参与企业各方不完全接触数据源及数据去归集化的基础上,多方企业协同完成任务。使用智能合约可以控制整个执行过程,并完成区块链与企业系统的数据交流。

企业数据源确认:基于数据源可信、防伪造、防篡改等特性,在实际业务中,需要对企业数据源的以上特性进行验证,并根据需要对企业系统进行加固。对于政务数据共享方案的研究,通过加入区块链可以将原本不可记录的数据交换变为不可篡改的分布式账本,通过使用多重身份验证和智能合约则可提高分享数据的安全性。但是将区块链与原有业务系统结合,可能会面临场景复杂、需要升级业务终端设备的情况,如图 13-1 所示。

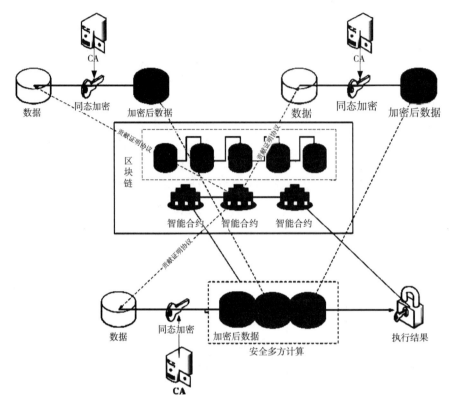

图 13-1 数据结构

  同态加密方案、贡献证明协议和智能合约技术,解决了目前企业数据协作贡献中存在的问题。数据协作、参与协作的多个企业,对需要共享的数据利用 Paillier 同态加密算法进行加密,然后将加密后的数据进行输出,利用安全多方计算技术,将事先设计好的算法融合,进行协作计算。

  结果返回:在安全多方计算得到结果后,将结果返回给数据需求方,数据需求方利用 Paillier 同态解密算法对拿到的结果进行解密,得到自己需要的数据。同时将元数据返回给数据原始拥有者。

  贡献证明协议:贡献证明协议作为一个智能合约,对数据协作共享计算过程中的贡献进行打分,每个数据提供者及协作数据结果计算方按照得到的分数,将事先设计的总奖励进行分配,并在另一个智能合约的控制下,将每一方应得到的奖励发送到这些用户的账户。

记录上链：无论是传输的数据，还是数据传输的过程、协作数据运算的过程、协作数据结果返回的过程，以及贡献证明计算的过程、奖励分配的过程及结果，都将通过智能合约被记录在区块链上。

13.1.3 基于区块链大数据的政务决策案例

大数据使公共政策更有条件实现科学性和高效率，但同时也加剧了决策的不确定性风险、控制风险、非民主化风险和碎片化风险。基于自上而下的责任机制难以有效应对大数据时代的种种决策风险。研究人员提出，利用区块链技术能够推动决策责任机制的根本变革，形成多层协作、多头互联的公共责任机制，一方面可确保公共决策能力通过信息技术得到大幅提升，另一方面也可克服海量数据造成的各种风险，强化公共决策的民主性及决策者辅助普通人发展的责任。

结合区块链的技术特征，以及公共决策责任机制创新的客观要求，提出以下5点以探讨区块链技术路径下基于大数据的公共决策责任机制变革的可能性。

（1）借助区块链技术去中心化、不可篡改、便于回溯的特征，构建一种"政府辅助之下政务服务平台自组织式运作"的公共决策责任机制。这就要求改变之前强制数据信息开放的做法，转而构建数据平台、监督运行和纠纷处理的各方责任，如要求由各个主体（包括政府各部门、社会组织、企业和公民个人等）对所掌握的数据进行哈希运算（借助第三方专门技术机构），并在区块链中予以记录。公共机构仅承担区块链平台搭建、维护和监督运营的职责。通过区块链技术，每个数据集的访问信息和利用信息都会被记录和"封存"（即不可能删除或更改），由此可确保数据信息的安全性（因为所有人都可以看到谁访问或添加了信息）和保护隐私（因为信息已通过统一的算法去掉了个人的标记），同时也为各个主体追踪和追责使用数据的其他人提供了便利。行政强制机制及司法机制仅在有关主体间产生纠纷时启动，并根据区块链上完善的数据记录进行回溯以做出裁决。政务服务平台就这样在不必实施中心化的、自上而下监控的条件下有效运行起来。

（2）借助区块链技术的分布性特征，构建一种"推动宏观决策与定制化服务相互促进"的公共责任机制。区块链记录的数据信息具有完整性、细致性和动态性的特点，在区块链技术实现的点对点式全景性特征下，可以在规划性的公共决策与针对不同人群的具体公共服务措施之间形成分层，同时保证政策设计的宏观性与具体服务措施的针对性。例如，可以根据宏观数据确立福利政策的设置目标，然后在设计服务措施时，改变政府统一预设福利或服务标准、由服务对象自行申请的做法，转而借助区块链技术为不同的人群及个人提供个性化的公共服务安排。众所周知，"预设标准—申请—审批"这种监管色彩过于浓厚的公共服务方式会产生大量的审核和监督工作，一方面导致公职人员的扩张，另一方面也由于需要防范潜在的虚假申请而导致政府与其服务对象之间形成"猫鼠关系"。区块链技术确保了数据信息的可追溯性和真实性，这为定制化公共服务奠定了基础。而且由于区块链形成的数据信息的开放性，政府在监管方面的投入也可以大大减少，从而提升公共服务效率，改善公共服务质量。

（3）借助区块链技术的多主体扁平化式参与特征，构建一种"多元主体共同参与的扁平化决策"的公共责任机制。区块链技术使不同的参与主体有能力和有动力维护自身数据信息的安全性和开放性，多元主体之间相互协作同时又相互制衡的关系保证了公共决策无须过度渗入社会事务的细节之中，而只需要在维护公共安全、社会秩序、发展规划等重大领域做出判断，由此形成正式问责机制与非正式问责机制相衔接的公共责任结构，帮助决策者从具体事务的管理中抽身出来，并在一定程度上避免海量数据信息的干扰，保证公共政策的相对稳定性；同时，也可促使基于区块链全程开放数据，而实施的公共决策工作处于各类社会主体的全程监控之下，以此来保证公共政策的开放格局。

（4）借助区块链技术的协同开放性，构建一种旨在推动政府各相关机构"向前看"的责任机制。区块链的开放性、安全性，激励具有技术能力的企业和其他社会主体充分挖掘数据信息中蕴藏的商业价值和科技价值，而普通人在参与监督和追踪这些数据应用的过程中，同样也提升了其自身参与大数据发展的技能。相应地，政府承担的责任就不能囿于对既定规则的遵从，而是必须通过加强保护数据安全、数据权属利益、隐私和交易秩序来促进普通公民增强面向未来事务的能力,以确保产生督促政府、社会和普通公民基于大数据之上合作治理的实际效果,使公共决策以促进公共利益的实现为根本,并在合作治理中强化共识,通过协同式发展实现多中心决策的整合。

(5)为确保区块链平台的良性运作,需要强化政府打造公共平台的基础责任。为推动在公共决策领域中对区块链技术的应用,政府必须承担一些基础建设方面的责任。①通过综合建设"总对总""点对点"的网络系统,将人、财、物的治理全面纳入数字化管理体系,并推动政府克服其自身的结构性障碍,实现国家认证能力的整合和民主化。其中,认证指的是在数据与人或物之间建立对应关系。作为国家基础能力之一的认证能力的建设,有助于全面实现国家治理体系和治理能力现代化。②构建数据信息开放共享平台,依照区块链技术运作要求,为多元主体参与大数据的开放与共享创设制度途径并且配备技术辅助,同时制定协同共享与责任明晰的数据信息规则,激励多元主体支持和推动大数据发展。③强化区块链的法律保护。目前属于网络自组织形式的区块链主要依靠开源智能协议、加密算法和代码等机制来保证运作,这些机制过于强调去中心化的监管,因而存在不稳定的风险。有必要建立健全与大数据和区块链技术相适应的法律制度,以较具刚性的机制来辅助自组织平台运作,加强保护数据安全、隐私和交易秩序。④推动同行评议机制的制度化建设。政府推动具有大数据处理能力的企业、社会团体、专家和其他政府部门组成评议小组,使区块链技术中基于自愿而形成的同行评议机制得以制度化,在各类个性化公共服务措施之间形成相互比较、相互学习的机制,督促公共服务的不断完善。

总之,通过区块链技术,可以形成多层协作(即宏观决策与定制化服务相衔接)、多头互联(即政府部门、企业和其他社会主体相联合)的公共责任机制,在很大程度上推动公共决策克服大数据崛起所带来的不确定性风险、控制风险、非民主化风险和碎片化风险。而这种新型责任机制,将有效保障公共政策基于全面、公开、透明的大数据而制定,促使决策者在政策制定进程中处在政府其他各相关部门、企业和社会各界的全景式监督之下,同时更紧密地回应社会的需求和为不同群体提供定制式服务,并且协助普通人获得更多参与决策和发展的机会。

13.2 区块链对人工智能的影响

人工智能是计算机科学的一个重要分支，是研究、开发用于模拟、延伸和扩展人的智能的理论、方法、技术及应用系统的一门新的技术科学。目前，人工智能已经在智能机器人、语音识别、图像识别、自然语言处理和专家系统等领域取得了巨大成就。人工智能是一门基于数据的科学；区块链是一个个区块连接在一起形成链条的分布式数据库技术体系，数据通过区块的文件永久记录在区块链网络上，新的区块追加到区块链末端，体现了数据智能。两种技术都与数据息息相关，可以进行有效结合。区块链去中心化、不可更改等特性，以及共识算法、智能合约等机制，都可以被应用到人工智能中，以推动人工智能更好地发展。

人工智能最初的研究方法大多基于固定大小的数据集，通过设计或改进某种算法来提高运算性能或结果的准确度。人工智能的关键不仅在于算法的先进性，而且在于数据的质量和规模。有更好、更多的数据，才能建立更有效的模型来解决现实问题，这也是 Google、Facebook、阿里等数据巨头成为人工智能领跑者的关键。然而数据在很多情况下都是独立的，尤其是在人们开始重视数据的重要性后，数据壁垒成为人工智能新的阻碍。而区块链技术为数据获取提供了更好的途径。去中心化／共享机制能够获取全球范围内更为健全、丰富的数据集，为人工智能带来了新的机遇。

（1）数据共享能够产生新的、更好的模型。

（2）数据和模型可审计追踪，预测结果更加可靠。

（3）可使用全球范围提供的数据集训练模型。

（4）将数据和模型作为 IP（知识产权）资产，实现数据和模型交换。

人工智能促进了社会的发展，提高了工作效率。然而，当机器通过大数据洞悉世间万物时，它不但可以识别、预测，更开始了创造（如文本生成、语音生成、图像和视频生成、二维图片3D建模等）。会创造的人工智能让这个世界耳听不再为真，眼见不再为实，有图不再代表真相，视频也不再比图片说服力强，因为极有可能是智能生成的。人工智能很容易被不正当使用。为此，特斯拉 CEO

Musk 提出了几个关键问题：在实施人工智能时应该如何监管？如何规范和监督这项技术？其中一种有效的解决方案就是采用区块链技术。

智能合约是一套以程序形式定义的承诺协议，协议一旦制定好，将会自动执行，不受干扰。智能合约可以应用到人工智能的实施过程中，避免了过程的监管。共识机制通过群体投票确认、少数服从多数的原则对外提供一致的数据结果，这个过程需要每一个个体的参与，或者由个体选出代表代为参与（DPOS 共识机制）。可以基于这种机制创造一整套完善的规则体系，用于规范和制约人工智能的实施，促使参与人工智能的每一位成员成为具备合作精神、遵从既定规范的个体。任何数字智能体在执行一些关键的网络操作任务时，包括安全访问、验证和交易等，都需要一个多方一致的签名，签名的获得取决于智能体本身是否"友好"（安全评定、信誉评判等）。将信息存储在区块链上，进行"存在性证明"，能够去伪存真，确保证据的真实性和权威性。正是出于这些原因，Google 人工智能 DeepMind 医疗保健项目宣布采用区块链技术，以增强基础设施的安全性和透明性。

1. 区块链如何助力人工智能？

（1）区块链有助于人工智能获取更全面的数据。

全数字化世界面临的一个根本挑战是"盲人摸象"，没有机构可以获取所有数据。即使是像阿里、腾讯、谷歌、亚马逊这样的互联网巨头，所能获取的也只是基于自身业务的有限数据。

不可否认，巨头企业利用自身的有限数据同样可以维持人工智能运行，但可供学习、分析的数据越多，人工智能的预测、评估、决策等才能越准确。

区块链技术则能够帮助各机构打破"数据孤岛"格局，促进跨机构间数据流动、共享及定价，形成一个自由开放的数据市场，让人工智能可以根据不同用途和需求获取更加全面的数据，真正变得"智能"。

（2）区块链可以帮助我们理解人工智能的决策。

有时人工智能做出的决定，让我们很难理解。因为它们可以根据掌握的数据评估大量的变量，并且能够自主"学习"，根据变量对实现的总体任务的重要性进行决策。而对我们人类而言，很难评估如此庞大的变量。

如果将人工智能的决策通过区块链记录下来，那我们就可以对其决策进行有效追溯和理解，及时洞察它们的"思维"，尽可能避免一些违背设计初衷的决策出现，一旦发生意外也能快速定位出原因所在并及时修正。

同时，由于区块链记录的不可篡改性，也能方便人们对人工智能设备记录进行查询和监督，提升人们对人工智能的信任和接纳度。

2. 人工智能如何驱动区块链？

（1）人工智能帮助区块链降低能耗。

众所周知，挖矿是一项极其困难的任务，需要大量的人力、物力才能完成。人工智能则可以摆脱"蛮力"的挖矿方式，以一种更聪明、更高效的方式完成任务。

现在，不少手机已经通过人工智能来优化电力消耗、提升系统性能，如果类似方式在区块链系统中实现，将会大大降低矿工挖矿硬件的成本及挖矿所需电力的消耗。

（2）人工智能辅助区块链检测欺诈。

人工智能通过大量"学习"，很容易发现并防范欺诈行为，这些目前在银行和电商业务中已经得到广泛应用。当非正常刷卡交易发生时，银行会自动发短信提醒安全风险；当网购遇到假冒客服人员时，电商平台会自动提醒注意防骗。

而区块链中欺诈交易行为并不少见，如果能将人工智能深度应用到区块链系统中，对保障区块链安全交易会大有裨益。

人工智能所面临的问题是传统技术无法解决的，转而向同为新兴技术的区块链求助或许是一个明智的选择。数据中心化的前提下，数据的使用方式也缺乏透明度，当数据提供者无法对自己的数据进行有效管理时，很多人都选择不再进行数据分享。而区块链恰恰可以解决这一问题。在链上，每一份数据的上传者、使用流向和成果都有迹可查，用户对数据拥有所有权和自主使用权。数据上传者还会收到使用方提供的数字加密货币作为补偿，当用户能够将自己产生的数据变现，并可控制数据流向时，相信会有更多的人愿意提供相关数据。

对于 AI 来说，安全的数据共享意味着更多的数据，然后就会有更好的模型、更好的行动、更好的结果，以及更好的新数据。

区块链能为人工智能行业带来光明的前景，反过来人工智能也可以为区块链加油助威。一个智能系统或许能实时计算出某个特定节点成为第一个执行特定任务的节点的可能性，从而让其他矿工有可以选择放弃针对该特定交易的权力，进而削减总成本，减少做无用功，以此提高效率。AI 和区块链可以说是技术领域的两个极端方面：一个是在封闭数据平台上培育中心化的智能，另一个则是在开放数据环境下促进去中心化的应用。但两者天然优势互补，在人工智能为区块链提供更强大拓展场景与数据分析能力的同时，区块链技术可为人工智能提供高度可信的原始数据以支持其持续的"深度学习"。

人工智能发展到今天，已经涌现出了一批优秀的开发框架。然而，框架之间彼此独立，在一个框架上训练好的神经网络模型无法直接在另一个框架上使用。

区块链的加密技术和代币体系，有望实现各类 AI 核心算法的有效保护，快速在商业上获利，并最大限度地促进技术共享。区块链搭建的人工智能共享平台，由矿机提供算力支持，通过免费或代币付费的方式提供 TensorFlow 和 AlphaGo 等其他人工智能产品的使用。平台能够鼓励更多的人投入 AI 的研究中，同时将研究成果在全球范围内共享。Atmatrix 是一个类似于以太坊的项目，致力于搭建共享的人工智能平台。

Atmatrix 提供了一个基于共识的、分布式虚拟的 AIaaS（人工智能即服务）云基础设施，借助区块链经济系统，调用全球 AI 技术力量，打造世界人工智能。代表技术是人工智能即服务技术、分布式机器人技术（DBot，DBot 账户、DBot 平台、DBot 主链）和 Oracle 跨链互操作技术，如图 13-2 所示。智能合约为了确保各个节点最终执行结果的一致性，在执行过程中无法直接访问外部数据或调用外部的 AI 服务接口，以免引入不确定性。Atmatrix 在区块链网络和外部 AI 服务之间引入了 DBot 平台，使智能合约和外部接口的通信是异步的。智能合约对外部 AI 服务的调用首先触发 DBot 平台中的节点，DBot 节点将请求信息发送给外部 AI 服务，并将外部 AI 服务返回的数据信息通过链下共识机制达成一致后，以交易的形式发送到区块链对应的智能合约上，使这些信息成为区块链账本数据的一部分，从而消除非确定性。

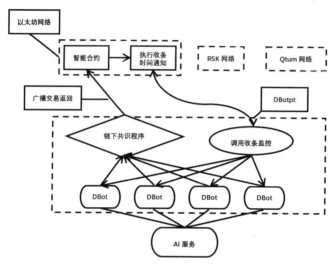

图 13-2 AI 智能结构图

DBot 平台设计了服务注册合约及对应的 DBot 账户管理策略，在被调用合约的区块链网络中存在收条证据和 Merkle 记录，因此也可以无须链下共识过程即可证明调用过程的可靠性和确定性。通过设定多个 DBot 账户来竞争执行该调用，以支撑在可靠性竞争执行的过程设定经济激励。智能矩阵区块链包括主链，支持与其他区块链网络（如以太坊、量子链、元界、小蚁股、超级账本等）互操作的服务，主链是基于兼容 EVM 智能合约的石墨烯技术，并利用 Oracle 提供 AIaaS 和互操作服务的区块链。Atmatrix 旨在构建具备人工智能能力的下一代区块链平台，为各个区块链网络的 DApp 服务，使各个区块链网络的 DApp 具备人工智能能力，使智能矩阵网络的 DBot 生态繁荣，同时促进人工智能成果在全球范围内实现共享。

参考文献

[1] 邹均，张海宁，唐屹，等．区块链技术指南 [M]．北京：机械工业出版社，2016．

[2] 颜阳，王斌，邹均，等．区块链＋赋能数字经济 [M]．北京：机械工业出版社，2018．

[3] 宋华，陈思洁．供应链金融的演进与互联网供应链金融：一个理论框架 [J]．中国人民大学学报，2016（5）．

[4] 高源．互联网背景下供应链金融模式研究 [D]．杭州：浙江大学，2017．

[5] 姐慧颖．我国商业银行供应链金融模式研究 [D]．济南：山东财经大学，2016．

[6] 张雪．区块链在商业银行跨境清算中的应用研究 [D]．保定：河北金融学院，2018．

[7] 董积存．区块链在 ABS 中的创新应用分析 [D]．保定：河北金融学院，2018．

[8] 杨骄．区块链助推我国保险创新研究 [D]．沈阳：辽宁大学，2018．

[9] 王燕明．JR 公司基于区块链技术的债券业务管理流程改进研究 [D]．上海：上海外国语大学，2017．

[10] 江雪，王旭．区块链技术在农产品供应链的应用与挑战以善粮味道为例 [J]．农村经济与科技，2018（17）．

[11] 张之乐．以区块链技术促进纳税遵从的设想 [J]．税务研究，2017（12）．

[12] 李颖雪．区块链技术解决电子商务中信用问题的经济学分析 [D]．北京：北京交通大学，2018．

[13] 肖丽，付亚，雷晓军，等．基于区块链的中医云健康系统 [J]．成都中医药大学学报，2018（3）．

[14] 贵阳市人民政府新闻办公室．贵阳区块链发展和应用 [EB/OL]．http://www.sohu.com/a/126543390_353595，2017-02-17．

[15] 王娟娟，刘萍．区块链技术在"一带一路"区域物流领域的应用 [J]．中国流通经济，2018，32（2）．

[16] 刘耀宗，刘云恒.基于区块链的 RFID 大数据安全溯源模型 [J].计算机科学，2018，45（11）.

[17] 张永乐.基于区块链的车联网数据交换系统设计 [D].天津：天津工业大学，2018.

[18] 周致成.基于区块链的大数据安全应用跨域认证关键技术研究 [D].郑州：战略支援部队信息工程大学，2018.

[19] YANG JH, Dai ZD, Yang DY, et al. An elliptic curve signature scheme and an identity-based signature agreement[J]. Journal of Software, 2000,11（10）:1303-1306.

[20] YU HF, Yang B. Identity-Based hybrid signcryption scheme using ECC[J]. Journal of Software, 2015,26（12）: 3174-3182.

[21] Lewison K, Corella F. Backing rich credentials with a blockchain PKI[R]. Technical Report, 2016.

[22] SWAN M. Blockchain: Blueprint for a new economy[M].O'Reilly Media, Inc,2015.

[23] SWAN M. Blockchain thinking: The brain as a decentralized autonomous corporation [commentary][J]. IEEE Technology and Society Magazine,2015,34（4）: 41-52.

[24] FAN YF. Theory and Structure of China's CBDC[J].China Finance, 2018,17:10-12.

[25] Pilkington M. 11 Blockchain technology: principles and applications[J]. Research handbook on digital transformations, 2016: 225.

[26] Bitcoin: A Peer-to-Peer Electronic Cash System[EB/OL].https://bitcoin.org/en/bitcoin-paper, 2008-11-01.